庆祝澳门特别行政区成立十五周年

Celebração do 15.º Aniversário da Região Administrativa Especial de Macau

庆祝中国葡萄牙建交三十五周年

Celebração dos 35 anos das relações diplomáticas entre a China e Portugal

庆祝中国巴西建交四十周年

Celebração dos 40 anos das relações diplomáticas entre a China e o Brasil

澳门基金会资助出版

Coordenadora　Wei Dan　魏 丹 主编

全球化世界中的葡语国家与中国

OS PAÍSES DE LÍNGUA PORTUGUESA E A CHINA NUM MUNDO GLOBALIZADO

社会科学文献出版社
SOCIAL SCIENCES ACADEMIC PRESS (CHINA)

樂與舟舟

《全球化世界中的葡語國家與中國》（葡文版）

公元二○○九年六月

何厚鏵

何厚铧　全国政协副主席、原澳门特别行政区行政长官

中葡津筏

己丑年夏日白志健书

白志健　全国人大华侨委员会主任委员、原澳门中联办主任

致《全球化世界中的葡語國家與中國》

彙聚諸家觀點
增進相互瞭解

中華人民共和國外交部駐澳門特別行政區特派員

盧樹民

二零零九年七月

卢树民　外交学会党组书记、原外交部驻澳门特区特派员

魏丹教授获葡萄牙政府邀请参加卡瓦科·席尔瓦总统访华活动
（2014年5月，中国上海）

卡瓦科·席尔瓦教授参加魏丹所著《中国与世界贸易组织》新书
发行仪式（2002年1月，葡萄牙里斯本）

魏丹在巴西前总统费尔南多·恩里克·卡多佐教授的办公室
（2006 年 12 月，巴西圣保罗）

编者的话

今年正值澳门特别行政区成立 15 周年，中国与葡萄牙建交 35 周年，中国与巴西建交 40 周年。《全球化世界中的葡语国家与中国》中文版的出版有着特殊的意义。

《全球化世界中的葡语国家与中国》一书的问世，首先要特别感谢的是巴西前总统费尔南多·卡多佐先生给予的巨大支持和指引。2006 年 12 月 12 日我在巴西卡多佐先生办公室受到热情接待。在会晤中，我谈到为促进中国与葡语国家的交流及支持澳门更好地发挥平台作用，想编辑一本包括政治、外交、经济、法律等多角度、多领域、跨学科的理论著作，用葡萄牙语和中文双语来出版。这个想法当即得到卡多佐先生的赞许和支持。他提出请巴西前外交部长塞尔索·拉费尔教授参与并立刻同对方进行了联系，同时他也建议请葡萄牙前总统若泽·桑帕约先生写篇文章。此书的问世没有卡多佐先生的大力支持是不可能完成的。

1995 年 12 月卡多佐总统访问中国时，在一次活动中我有幸见到了总统，也正是这次会晤使我有了要学习葡语的想法并决心将来为中国与巴西的交流做些事情。今天，我所取得的一切进步都离不开卡多佐先生的支持与鼓励，他是我终生难忘的良师。

《全球化世界中的葡语国家与中国》中文版出版之时也正值葡萄牙卡瓦科·席尔瓦总统访华。应葡萄牙政府的邀请，本人有幸参加此次活动，在同席尔瓦总统的交谈中，我回想起在葡萄牙留学的难忘岁月和宝贵经历，对他当年在葡萄牙里斯本我的葡文版新书发行仪式上亲自到场并祝贺，激励我在葡语世界与中国交流的道路上不断努力，表示诚挚的谢意。

　　在本书的写作、编辑和出版过程中，得到了很多领导、同仁和朋友们的大力帮助，我谨致以真挚的感谢。万永祥先生曾任中国驻巴西大使和外交部驻澳门特别行政区特派员。当我致信给万大使希望他能在百忙中为此书题词写些祝语时，万大使欣然接受而且非常谦虚，他说还是写篇文章更好些。今天，万大使虽然已离开大使和特派员的岗位，但他仍然关心中国与葡语国家交流事业的发展，他作为资深的外交家，这种敬业和谦虚做人的精神，值得我终生学习。

　　特别感谢前任澳门特别行政区行政长官何厚铧先生、前任中联办主任白志健先生、前任外交部驻澳门特派员卢树民先生。他们在本书葡文版出版前夕纷纷惠赠题字，体现了特区政府以及中央政府驻澳门领导对中国与葡语国家交流的高度重视和大力支持。

　　衷心感谢澳门基金会行政委员会主席吴志良博士，他不仅精通葡语，在葡语界有着重要影响力，而且一贯大力支持推动中国与葡语国家的文化学术交流，做出了卓越贡献。澳门基金会长期致力推动学术研究，本书中文版的问世正是得益于澳门基金会的资助。

　　诚挚感谢为此书无偿供稿的尊敬的全体作者，还有帮助葡文翻译的各位同仁。

　　同样感谢澳门大学和葡萄牙阿梅迪娜出版社以及社会

科学文献出版社为此书葡文版和中文版的出版所付出的辛勤努力。

最后，我谨代表全体作者希望本书也能为即将在巴西举行的庆祝中巴建交 40 周年的系列活动增光添彩。

魏 丹

2014 年 6 月 17 日于澳门

序 一

正值澳门特别行政区成立十周年、"中国—葡语国家经贸合作论坛（澳门）"第三届部长级会议即将召开之际，《全球化世界中的葡语国家与中国》一书的出版，具有特殊的作用，其意义深远。

首先，要特别感谢为此书供稿的全体作者。这些作者中有些是现任或前任著名的政要，有些是国际知名的学者。他们为了坚定地支持中国与葡语国家多层面和多领域的交流与合作，挤出自己宝贵的时间，热情地、无偿地供稿。这本书从政治、外交、经济、法律及社会学等多个角度精辟地论述了在愈加全球化的世界中，中国与葡语国家合作的战略优势和重要性以及澳门的特殊作用。该书既突出了加强和深化多层次、跨区域务实合作的理论依据，也明确了实施这一战略的指导原则。

葡语国家分布在四大洲，总人口有 2 亿多。每个国家都具有各自的特色，都在所处的地区中发挥着独特的作用。发挥各自优势、加强多边合作和促进全方位和多领域的合作成为大家未来的行动目标。在中国与葡语国家经贸合作方面，也有一些困难和障碍，这主要与沟通和相互了解不够、文化和语言存在差异有关，而这些困难和障碍恰恰为澳门能够成为连接这些地方和相关文化的桥梁提供了竞争优势。澳门与葡语国家有着历史的渊源，在主权回归以后，享有基于"一国两制"概念的政治优势。此外，特区政府把建立"中国与葡语国家经贸合作的服务平台"定为澳门战略发展的一项目标。

澳门大学是澳门特别行政区一所主要的公立高等学府，承担重要的责任与使命，为本地区的可持续发展提供必要的理论和学术支持，培养多领域的人力资源，应需求配合政府的多项行动。澳门大学开设以葡文为授课语言的课程，特别是在语言和法律范畴，法学院的中文法律课程和葡文法律课程（清楚体现了《澳门基本法》规定的澳门特别行政区两种官方语言和双语的特点），是澳门大学独一无二的特色。澳门大学有能力培养合格人才，为中国与葡语国家的合作提供全方位的服务并做出重要的贡献，这也是我们的宗旨。

在此，特别值得一提的是本书的主编魏丹博士，她是中国第一位用葡萄牙语攻读学位的法学博士，在葡萄牙科英布拉大学取得了博士学位。她的《中国与世界贸易组织》一书也是第一部由中国人用葡萄牙语写成的法学专著。她2002年就职澳门大学以来，除了用中文、葡萄牙文、英文三种语言教学（硕士课程级别）与开展学术研究之外，还参加中国与葡语国家的交流活动。例如，2005年，巴西工业、发展和贸易部部长办公室致函澳门大学校长，邀请魏丹博士参加巴西贸易部路易斯·费尔南多·富尔兰部长同中国商务部部长关于两国双边贸易的技术谈判；2006年，巴西政府向澳门特区政府提出，邀请魏丹博士陪同巴西商务部伊万·拉马略副部长参加在澳门召开的第二届中国—葡语国家经贸论坛部长会议的活动；2007年，葡萄牙议会葡中友好小组主席维达利诺·卡纳斯议员邀请魏丹博士在葡萄牙共和国议会组织的研讨会上做演讲。近年来，魏丹博士还作为澳门大学的代表，赴佛得角、巴西和安哥拉参加世界葡语大学协会召开的会议。《全球化世界中的葡语国家与中国》一书的问世代表着她这些年来工作的成果。毫无疑问，凭借魏丹博士的努力和全身心的投入，她一定能在将来继续推动中国和葡语国家的关系中做出积极贡献。

澳门大学副校长（研究）

马许愿　教授

2009 年 5 月 31 日

序　二

　　飞得更高才使人看得更远。

　　魏丹博士主编的《全球化世界中的葡语国家与中国》文集正是试图使人们看得更远。该文集汇聚了一大批令人印象深刻的作者——他们来自中国和多个葡语国家——从多学科的角度对一整套具有强烈现实意义的主题进行了研究。

　　在澳门讨论中国与葡语国家间关系，以下三者都是很重要的问题：

　　·相关国家；

　　·21世纪的世界重组；

　　·澳门在这一交流中的作用定位。

　　在双边层面，对每个葡语国家而言，中国与各葡语国家的关系都是其目前重要的双边关系之一。这对每个国家来说都是一样，无一例外。作为经济增长率持续保持世界第一的经济体，中国在政治、经贸、投资等领域都是不可或缺的合作伙伴。

　　在全球层面，已经没有人怀疑中国在21世纪国际秩序调整重组方面的重要性。值得注意的是，葡语国家作为一个整体，也将成为世界政治经济新格局中的显著因素之一。葡萄牙语是世界第六或第七大语言，同其他具有类似人口规模的语言相比，葡语国家更为平衡地分布在所有大洲。

葡语世界包括经济增长——实际或潜在的——前景看好的经济体,在欧洲、美洲和非洲大陆的多边论坛中拥有话语权,在亚洲实质存在,经济涵盖范围广泛,所有成员均具有开展富有成效的合作的可能性。仅以能源为例,中国是重要能源买家;葡语国家可以成为能源供应地:安哥拉拥有石油,巴西拥有石油和生物燃料,莫桑比克拥有生物燃料,葡萄牙拥有风能、水能和太阳能,以及相应的能源获取技术。上述所有因素结合在一起,为中国同整个葡语国家世界开展合作开辟了广阔的空间。

那么澳门可以在这方面发挥什么作用?

我认为,澳门作为中国与葡语国家之间的衔接平台,具有特定的作用,这几乎是老生常谈。这种作用显然还需要我们进一步加以发掘。要做到这一点,我们还需应对不少挑战。重点包括以下三方面:

· 考虑到中国其他地方——包括北京、上海或广州——也清醒地意识到中国与葡语国家关系的重要性,如何给澳门定位?正如葡语国家共同体的一个非洲成员国官员曾经说过:"如果我们可以同皇帝对话,为什么还要去找大臣?"要回答这个问题,必须认识到,任何社会,不同层次的权威机构肩负着不同的职能。澳门的确不是北京,但澳门可以成为北京的补充。我的看法是,大家都一致认为,如果澳门能够切实保存地道的葡萄牙语言、文化(广义上的含义)、葡式法律体系等葡萄牙遗产,或者澳门继续成为以葡语为资产的教育中心,澳门将能够保持其汇合点的地位。这也正是未来将实行几十年的联合声明和基本法的概念。我知道这同时也是北京和葡萄牙希望加强的一个信号。

· 如何确保澳门居民——其中绝大多数在种族和文化上是中国人,大部分于1981年以后抵达澳门——敏感地认识到保留葡萄牙传统是一件有意义的事？虽然澳门是中国、葡萄牙和澳门当地人民共同意愿的产物，并已经存在了450年。这在世界历史上是独一无二的例子，事实上澳门特别行政区现有的50多万居民都是在此后才到达这里。作为一个开放、民主的社会，要保留葡萄牙遗产，仍需要得到当地人民的理解。这种理解不仅以《中葡联合声明》相关条款为基础，而且，非常务实地，建立在所有人都同意保留葡萄牙传统的生动存在，并以此作为澳门特别行政区的"特性"的基础上。

·那么，如何操作保留葡萄牙文化遗产的这一原则，并在实践中加以落实？我无权干涉澳门特别行政区的自身选择，只想在此指出，这是一项涉及多学科的任务，应包括在澳门特别行政区坚持把葡萄牙语作为一门外语开展葡文教育，继续保持葡人社团欣欣向荣的存在，保护和创新文化遗产，保存葡萄牙法律体系，以及切实履行澳门论坛职能，协调中国与南美洲、欧洲、非洲和亚洲葡语国家的关系。

魏丹博士主编的《全球化世界中的葡语国家与中国》文集在很多方面涉及上述内容，我很高兴应邀为文集作序，并祝所有读者拥有美好丰富的阅读体验。

葡萄牙驻澳门和香港总领事

柯马诺

2009 年 5 月于澳门

目录

经济全球化背景下的中国
与葡语国家关系

万永祥

经济全球化在争议和曲折中不断前进，是当今世界发展的一个基本特征。在全球化带动下，世界各国、各区域间的融合、交流与合作正被推向一个空前紧密的程度，中国与葡语国家间的关系发展也更多地吸引了国际社会的目光。中国是世界上最大的发展中国家，而葡语国家则分布于全球四大洲，以发展中国家为主体且涵盖多种类型的国家。在全球化的强有力驱动下，在各自发展需要的带动下，中国和葡语国家在政治、经济、文化等领域的关系正不断深化，其合作的战略性、全局性、互利性、广泛性和示范性不断凸显。

一　中国与葡语国家合作的战略性

基于地缘分布、发展特性、在国际格局中的地位等因素，中国和葡语国家间的合作具备一定的战略性，体现在：

（1）从历史角度看，中国与绝大多数葡语国家有着相同或相似的历史遭遇；而在当前国际体系演变过程中，中国和葡语国家彼此间没有根本性的战略分歧和纠葛，相反，双方均是国际关系民主化和多边主义的积极倡导者和推动力量，在国际事务中有着诸多相同的诉求和共同语言。

（2）在经济全球化和政治多极化背景下，中国与葡语国家的合作既是南南合作的缩影，也有新兴发展中大国间合作以及南北对话的成分，丰富了双方运筹国际事务的手段和层次。

（3）在国际多边领域，中国与葡语国家在联合国、世界贸易组织等重要国际组织中建立了良好的合作关系。中国与巴西在金砖四国、G20、发展中五国等重要平台保持了密切的沟通与协调。在地区层面，葡语国家又是中国发展同欧盟、南共市、里约集团、西非国家经济共同体、南部非洲发展共同体等次区域组织关系的重要对象。

（4）中国与巴西两个新兴大国间的合作，正成为中国与葡语国家合作的一大亮点，也为双方合作赋予了全球战略内涵。

二 中国与葡语国家合作的全局性

葡语国家分布于欧洲、亚洲、非洲、拉丁美洲，总人口约2.37亿，总面积超过1074万平方公里，涵盖了当今世界不同类型、不同发展阶段的国家，既有中等发达国家和新兴发展中大国，也有世界最贫困国家；既有欧洲古国，又有建国不足10年的国家；既有国土辽阔、人口近两亿的大国，也有面积微小、人口不多的岛国。可以说，中国与葡语国家的合作，亦是中国与不同地区、不同类型国家间合作的一个缩影。从地缘角度看，这种合作覆盖了世界上除北美洲和大洋洲外的所有大陆。与此同时，葡语国家中的巴西、安哥拉等在国际和地区事务中的地位正呈不断上升的趋势，葡萄牙在欧盟内部发挥着独特的作用，莫桑比克、佛得角等国也在各自所在地区有着一定的地缘战略价值。在某种程度上，中国与葡语国家的合作可起到"以点带面"的作用，具有一定的辐射效应。在全球化背景下，这一全局性的合作对双方具有更为特殊的意义。

三　中国与葡语国家合作的互利性

中国是近年来发展最为迅猛的国家，有着独特的自然资源、人力资源、技术资源和制造能力，而且拥有全球最大的消费市场。葡语国家虽然大小不一，但都具备各自的发展优势。葡萄牙是欧盟成员国和葡语国家中唯一的发达国家，巴西铁矿、铀矿、铝钒土等储量位居世界前列，安哥拉、东帝汶等国的石油、天然气资源丰富，莫桑比克、几内亚比绍等国渔业资源丰富。中国与葡语国家所处环境各异，发展进程不同，但都面临建设各自国家、改善人民生活的共同任务，优势互补，合作前景广阔。在世界各国围绕各自综合国力的提高而不断展开竞争之际，资源、能源正日益成为这一竞争的重要环节。而妥善利用全球化带来的便捷条件，寻求在更大范围内对资源、能源进行合理调节，以实现各国间互利共赢、共同发展，正是中国与葡语国家的共同需要。

近年来，中国和葡语国家经贸合作成效显著，双方的经贸关系达到了历史上的最好时期。2008 年中国和葡语国家的进出口总额达到 770 亿美元，较 2007 年增长 66%。中国和巴西已互为对方在各自地区最大的贸易伙伴，而安哥拉则成为中国在非洲的第一大贸易伙伴。在多元化国际形势下，中国和葡语国家都需要建立互补互利的合作关系，都有取长补短、互通有无的强烈愿望。双方合作意愿强烈，合作潜力巨大，在拓宽合作领域、提高合作层次等方面大有可为。

四　中国和葡语国家合作的广泛性

中国与葡语国家间的合作并不仅局限于政治和经贸领域。近年来，中国与葡语国家的文化交往得到了长足发展。双方在科技、教育、文化等领域的交流日益丰富，中国与大部分葡语国家建立了文化、科技等领域的混委会，定期举行会议，研究制定交流合作计划。在科技方面，中国与葡语国家尤其是巴西在空间、可再生能源、新材料等领域的合作进展顺利，地球资源卫星、支线飞机等高科技项目已成为南南合作的典范。双方的民间交往形式也丰富多彩。双方举办的各项交流、展览、演出等活动，大大促进了人们对不同文化的了解。与此同时，中国与葡语国家的人员交往也更加紧密，人们间的相互了解和友谊得到了空前的深化和发展，巴西等国成为中国公民出国旅游目的地国。多元合作，无疑为双方在政治、经贸等领域的务实合作创造了良好的"软件环境"。

五　中国和葡语国家合作的示范性

中国和葡语国家间合作关系的发展，对当今国际关系格局中各国关系的发展具有一定程度的示范作用。首先，中国与葡语国家的合作基本上属于发展中国家间的合作，既包括中国、巴西两个新兴发展中大国间战略性极强、愈来愈超越双边范畴的合作，也包括中国同部分最不发达国家间的平等合作。而无论何种合作，其均以和平共处五项基本原则为基础，追求合作的平等性、互利性和共赢性，注重发展中国家的团结以共同应对挑战，是新形势下南南合作的良好典范。其次，中国与葡语国家的合作，也是不同社会制度、不同国情、不同文化背景国家之间的合作。尽管中国和葡语国家间有着诸多差异，利益诉求也不尽相同，但双方多能本着友好协调、平等对话的原则，建设性地去寻求问题的解决，做到相互尊重、彼此借鉴，在求同存异的基础上积极发展彼此关系。这是对和谐世界理念的具体诠释，也为全球化背景下国与国之间建立良性的互动关系树立了积极榜样。

战略性、全局性、互利性、广泛性和示范性，无疑为全球化背景下中国与葡语国家间关系的发展注入了强大的活力，为中国和葡语国家更好地抓住全球化机遇、妥善应对全球化挑战提供了更广阔的空间。

值得一提的是，中国澳门特别行政区在中国与葡语国家合作中扮演了独特作用。回归后，澳门发挥"一国两制"优势，凭借广泛的国际商贸联系网络和融通中西文化的人力资源，成为中国与葡语国家的纽带和桥梁。2003 年 10 月成立的"中国—葡语国家经贸合作论坛（澳门）"为澳门更好地联系中国与葡语国家提供了一个创新机制。随着中国和葡语国家合作关系的不断深化，相信澳门的这一平台作用将更为凸显。

当前国际形势正经历着冷战后最为复杂深刻的变化，和平、发展、合作仍然是时代的主流，促进普遍发展、实现共同繁荣成为国际社会的共识，人类社会相互依存程度日益加深。与此同时，影响和平与发展的不稳定、不确定因素也在增多，全球化给各国、各地区带来巨大发展机遇的同时，也带来了巨大的挑战。中国与葡语国家的友好交往与合作，是中国"和谐世界"理念的具体体现，符合各自发展的需要，符合人类社会发展的趋势，也有利于世界的和平与稳定。当然，全球化背景下，双方的合作在迎来巨大机遇的同时，也难免会遇到一些问题和困难，但我深信，在双方的共同努力下，中国与葡语国家的关系一定能够迎来更加美好的明天。

关于社会发展模式
这一问题的思考 *

若泽·桑帕约

在本次夏季研讨会闭幕之际，要对"为了发展的社会模式"这样一个既充满吸引力同时又十分复杂的问题做出回答，对我来说是一个双重挑战。幸好我素以自告奋勇而闻名，否则我都不敢面对这个问题。或许这所谓的自告奋勇不过是莽撞而已。谁让研讨会的组织方已经邀请了我这么长时间，而我同科英布拉大学法律系的关系又这么好呢？

我认为这项任务很难。一方面，不管是谁最后发言，通常都要对研讨会内容做出总结，而且可能不仅要对有关信息做出概述，还需要有所超越。

另一方面，此次研讨会所收集的材料虽然非常新，而且很有意思，但其本身是非常有争议的。

总体看，交给我的任务是一项"不可能完成的任务"，但对我这样的人来说，又很难拒绝这项任务，因为这样的材料不可能不引起我的兴趣。

所以，我非常高兴地接受了这个挑战，不过前提是请你们对我多加包涵。我不是这个领域的专家，甚至连一般

* 本文承蒙葡萄牙前总统若泽·桑帕约博士所赠。在 2007 年科英布拉大学法学院欧洲研究协会举办的一次夏季研讨会上，主编同桑帕约博士进行了接触。此文为本书增添了光彩，主编对此深表感谢。

学者都谈不上。因此，我是以一个对此问题感兴趣的公民的身份来对其进行探讨，而这一问题无疑是绝大多数人所关注的中心话题。我不打算给大家传输什么新的想法，而只是想对这个问题进行展望，尝试去探讨"为了发展的社会模式"到底意味着什么。在此过程中，我不想去讨论技术或专业问题，因为在这次研讨会上，这些问题肯定已经得到了深入探讨。为了同大家一起理清思路，我建议大家围绕以下三个相关梦想开始思考：

（1）全球化——梦想还是噩梦？

（2）为什么欧洲不再激起欧洲人的梦想？

（3）为什么我们的社会模式仍然激起其他人的梦想？

我们一起来看看第一个问题。

一 全球化——梦想还是噩梦？

当然，我不会在此赘述什么是全球化，这早已是无数演说和论述的主题。但我想强调的是，全球化给世界经济以及国际、地区和国家层面的人类发展条件均带来了深刻变化。不断发展的经济全球化促成了富有活力的新经济体之间的一体化，对此前一直由欧洲和美国主导的中心位置造成冲击。

20 世纪 60~70 年代的日本如此，70~80 年代的亚洲"四小龙"如此，目前的中国、印度、巴西也是如此。这些经济体在构建具有世界规模和竞争力的工业体系（纺织、电子、金融、机械等）方面取得长足进步。另一方面，运输成本的降低（以集装箱为代表）加强了新兴经济体的竞争力，使其得以同欧洲国家直接展开竞争。因此，从外部大环境看，全球化加剧了产品和产业领域的竞争，迫使欧洲经济体调整其产业结构。

这种调整一方面意味着"新的国际产业分工",另一方面则意味着"资源从衰落或竞争力不够的领域向富有活力和竞争力领域的转移"(其实也可以包括劳动力的转移)。

其间,至少会发生三种过程:

(1)世界产业中心的重新分配,进而导致欧洲工业模式的重组(包括工业区的搬迁和改造)。

(2)世界范围内收入和财富的再分配。

(3)世界范围内与日俱增的"社会倾销"风险。

此外,由于全球化在各地区和各大洲之间造成了严重的机会不均等现象,移民压力在继续增加,而运输成本的降低和全球通信的便利更使这种情况愈演愈烈。

为此,联合国秘书长在上周二发表的一篇文章中提到"我们正处于一个移动的时代",这是在资本和产品实现自由流动后的全球化时代,其特征之一是越来越多的人走出国门,去异国他乡寻找更好的机会。回到我开始时的问题——"全球化——梦想还是噩梦?"我们很快可以发现我们并非面临排它的选择,而是面对着竞争性很强的现实。对某些人而言,全球化并非一个美好梦想,因为像我们这样的欧盟发达国家会产生焦虑,如认为低工资水平的经济体对我们构成竞争,造成产业迁移,减少了对本国低素质劳动力的需求,进而造成了他们的失业。

与此同时,全球化对其他一些人则是可以成为现实的美好梦想,因为它带来了发展的机会和财富的重新分配。

只要看看由中国、印度、巴西和俄罗斯组成的所谓金砖国家就够了。而最后,对成百上千万人而言,全球化不过是一场噩梦,因此即使世界经济在重组,他们仍然在失去发展空间。

不要忘了世界上还有19%的人口生活在绝对贫困的境

况中。以非洲为例，那里的人均收入同发达国家相比差距依然在扩大，甚至有些国家的绝对数量也在下降。我的结论是，无论是梦想抑或噩梦，全球化是我们这个时代的现实，其对人类历史的重要性和冲击不可低估。

这是一个无法阻挡的现实，但未必是不可控制的现实，同时也不是一个无法管理的现实。当然，作为全球化的结果，建立同一世界（同一并不意味着团结或统一）对治理模式提出了巨大挑战。欧洲及欧洲各国所经历的危机充分显现了这一点。下面我们就来看看这些困难。

二 为什么欧洲不再激起欧洲人的梦想？

欧洲从"二战"的废墟中得以重建后，欧洲人重新拥有了追求和平与繁荣和实现欧洲统一的梦想，这在今天已经几近完成。

在这些年当中，欧洲孕育了梦想，延伸了梦想，而且追梦者越来越多。在欧洲近半个世纪的建设历程中，这种梦想的深化和扩大是一种常态。

因此，欧盟被视作一个成功的例子，它或许是 20 世纪最有意义的一项工程。但今天的问题在于：

面对 21 世纪不断加快的变革调整以及全球化不可阻挡的事实，欧洲仍能以令人满意的速度对其做出应对吗？

欧洲能以不可或缺的视野和眼界做出应对吗？

欧洲能以合适的战略做出应对吗？

持负面看法的意见数不胜数，批评之声四起，而效果则苍白无力。

但令人担心的是，欧洲人惰性日增，怀疑情绪上升，自信心日益减少。

更糟糕的是，欧洲已经不再能够产生梦想，不再能够激发关于安全、幸福和繁荣的梦想，甚至有时连和平的梦想都无法激起。这是因为在欧洲，和平已经开始变得时断时续，不再是一个不可动摇的事实。2000 年通过并于 2005 年经过重新审议的《里斯本议程》，其目的就是要使欧洲经济重获竞争力，更好地适应全球化。

但是，关于社会公正的讨论变得越来越滞后，"社会欧洲"仍未能实现妥善建立。

实际上，我们还没有找到能够推进必要改革的合适手段。在我看来，我们更愿意逃避挑战，采用无效的保护主义手段来应对问题。在全球化塑造的无疆界世界里，如果欧洲找不到一个合适的社会公正模式，不对如何重新平衡"自由"与"公正"、自由经济体系、互助社会体系等关系这些问题做出令人满意的答复，欧洲人将永远沉迷在昏睡当中，无法看到任何梦想的色彩。今天的欧洲人特别关注社会和经济问题，如就业、失业、购买力、社会流动性、社会保障体系、医疗、养老金等。

今天，欧洲人感到了威胁，因为他们看到现状已经不可持续，而未来变革的方向依然不明朗、不确定。但是，变革必将带来调整和适应，并会带来一些损失——地位、权益、特权和安全的损失。在我看来，即使再通过一项新的条约，如新的欧洲一体化条约，也未必能够解决这场信心危机。

虽然目前欧洲处于活力危机，但只有欧洲的活力，以及将民众担忧和恐惧转化为问题，并将问题转化为政治举措的能力，才能够解决和克服挑战。

换言之，现在欧洲的梦想正在破裂，而随着这一梦想的破裂，欧洲激发欧洲人梦想的能力也在破裂。我认为，如果我们想走一条可持续的持久发展道路，欧洲应当对现行的欧洲社会模式进行改变。但是，我们永远不能放弃社会公正和凝聚的原则。

因此，我认为必须在欧洲推动有效维护社会公正的项目。

我们现在缺少的是一个社会议程，从雄心、战略和目标看，其对欧洲经济的作用应相当于或致力于成为当年的《里斯本议程》。它应更大、更好地融合欧洲经济，使其更具竞争力，这对发展来说是不可缺少的条件。

但在另一方面，必须加大对跟进型社会政策的投入，同时更加注重收入的公正分配。实践证明，那些致力于对自身经济社会发展模式进行改革的国家往往更加成功，比如北欧国家。

虽然在谈论"欧洲社会模式"时我们其实是指一个远远谈不上完全一致的多元情况，但只要我们能够根据具体情况的差异小心地加以调整，这并不妨碍丹麦"灵活保障"式的成功模式被移植到其他地方。众所周知，在丹麦的"灵活保障"模式中，最基本的一条就是将解雇员工的灵活性同加强对失业者的社会保障机制相结合。这种想法能够将灵活性和保障两方面较好地结合起来，也就是说，公司和企业能够在雇用和解雇人员方面具有更多的灵活性，而工人的权益也拥有保障，因为他们能够在两份工作合同期间领取工资并接受适当的职业培训。

但与此同时，工会组织对"灵活保障"提出质疑，因为他们担心这会造成工人工作条件的普遍恶化。

但我们或许应该学会怎么样将"恶化与流动性"这两者区分开来。两者虽然内容相似，却是两个有着相反象征意义的概念。不管怎么说，我觉得相对而言，欧洲在社会领域需要扮演的角色要重要得多。

我们迫切需要建立一个新的社会欧洲，推动欧洲各国在社会保障体系改革方面采取共同行动，同时加强相互间经济政策的协调。正如我刚才所说，如果我们希望欧洲再次获得经济竞争力，同时避免社会倾销的负面效果，我们就需要一个"社会一揽子计划"，就像当年为了创立欧元需要制订"稳定和增长一揽子计划"一样。

面对一个如此复杂的问题，我自然无法向大家提供一个神奇的解决之道。

但正如法国著名前总理德洛尔所说："竞争能够带来激励，合作能够带来强大，互助能够加强团结。"这仍然是我们可以努力的方向，是我们可以让欧洲人产生梦想的药方。

三 为什么我们的社会模式仍然在激起其他人的梦想？

莫奈曾经将欧洲的使命归结为"欧洲是对千年世界的一大贡献"。这句话实际上涵盖了这次研讨会的主题——"什么样的社会模式能够更好地服务于发展？"换言之，我们生活在一个唯一的世界，但它既不统一，也不团结。但如果欧洲不能为全世界的社会公正做出贡献，欧洲本身的社会公正也无从谈起。所以，在我们这个流动的时代，欧洲仍然面临巨大的外来移民压力，是成百上千万名移民的梦想之地。

也正因为如此，欧洲在逐渐形成其统一对外政策方面扮演着决定性的作用。这不仅体现在对全球化进行规范方面，同时也体现在欧洲是第一个推动发展的世界性合作伙伴。欧洲经常会被严重低估。在我看来，在对外政策领域，必须要关注如何处理好"自由"与"社会公正"的关系，因为在欧洲进行关于社会公正的讨论，肯定无法脱离世界范围内关于公正问题的更广泛讨论。因此，欧洲积极介入并推动全球化朝着更加公正的方向发展是必不可缺的。同时，欧洲在全球治理方面也有重要作用，而全球治理的主要挑战仍然是如何对布雷顿森林体系所创建的机构及八国集团、联合国安理会等进行调整。

我认为，必须本着全球问题全球应对的态度分担责任，同时要探索建立全球范围内可持续共同发展的新型视野。

必须打破市场能够解决一切问题、政治已经完全无所作为的新自由主义神话。最后，还要打破所谓全球化不可驾驭、应弃除政府规范功能的神话。我赞同约瑟夫·斯蒂格利茨的观点，即另外一种全球化是可能的，这种全球化以机会均等、团结互助、社会公正和人权普化为根本原则。因此，经济、社会和文化权利有着同样的重要性。

对于新兴经济体来说，一个巨大的挑战就在于如何建立高度融合、公正和包容的社会。在我看来，这离不开建立一个以欧洲社会模式为参考指数的社会保障体系，因为欧洲的模式仍在激起无数人的梦想。

葡语国家共同体、澳门地区和中国：论中国与葡语国家经贸合作论坛

塞尔索·拉费尔

一

柏林墙的倒下和冷战的结束使得国际体系的运行更为灵活，同时也为国与国之间的协作带来了新的机遇。正是在这一背景下，1996 年，葡语国家共同体在里斯本成立，并公布了章程和成立声明。该组织前身之一是 1989 年在巴西马拉尼昂州首府圣路易斯召开的一次葡语国家会议，会议宣布成立葡萄牙语国际研究所。

葡萄牙语是推动葡语国家共同体成立的一个因素，但共同体成立的背景与英联邦或法语国家组织成立的背景有所不同。这两大组织的创立是在非殖民化进程的框架和两极格局的大背景下进行的，目的是在英语和法语为纽带形成的文化遗存的基础上，建立原欧属殖民地成员和原宗主国英国、法国之间的联系。葡语国家共同体则是在非殖民化进程结束后成立的组织，它出现于以两极格局终结为标志的后冷战时期。鉴于此，1996 年 7 月 17 日，时任巴西总统费尔南多·恩里克·卡多佐在里斯本举行的葡语国家共同体成立大会上代表巴西做出如下陈述："……共同体的成立符合现代国际关系的发展趋势，即国与国结成的有序

联盟不再以南北或东西地域划分，而是以各国人民可识别的共同利益为依据。"卡多佐总统在演讲中还说："我们希望建立一个平等、远离霸权勾结并致力于和谐合作的完整意义上的共同体，它的所有决策应符合我们的民主精神。"①

葡语国家共同体的产生正是基于这一视角。推动其诞生的葡萄牙和巴西，一个是已加入欧盟的后殖民民主国家，一个刚经历了再民主化进程。两国在 20 世纪 90 年代都在为形成外交联盟寻求新的制度空间，而这一诉求在包括安哥拉、佛得角、几内亚比绍、莫桑比克、圣多美和普林西比在内的共同体其他成员国中得到响应。在互利的基础上，这些国家通过加入共同体发现了新的合作机遇。在后冷战时期，这些新机遇对满足其各自内部需求和巩固国家发展十分重要。

《葡语国家共同体章程》第三条提到了该组织成立的主要目的，内容如下：

（1）加强成员国在国际关系领域特别是在国际论坛中的政治和外交沟通。

（2）加强成员国在经济、社会、文化、法律和科技领域的合作。

（3）落实葡萄牙语推广项目。

二

作为葡语共同体成立的三大目的之一，葡萄牙语这一

① 摘自费尔南多·恩里克·卡多佐总统 1996 年 7 月 17 日在葡语国家共同体成立峰会上所做的演讲。卡洛斯·恩里克·卡丁和若昂·巴蒂斯塔·克鲁斯编著《葡语国家共同体：机遇和展望》，巴西利亚：巴西国际关系研究所，2002，第 400 页。

语言因素是用以识别该组织的主要因素。它是共同体成立的源头，是实现另外两大目标的基础，但是葡萄牙语在不同成员国中的使用情况也有差别。葡萄牙语在葡萄牙和巴西既是官方语言又是全国通用语言，在共同体其他成员国则是作为官方语言的一种沟通语言，与其他语种共存。基于此，葡语国家共同体成立宣言要求"各国在巩固自身和多元文化的基础上确立葡语国家的整体特点"。在这个多元模式下需要强调的是，葡语是共同体成员国共同的历史纽带和文化遗产，是所有说这一语言的人民文化传承和文化价值国际化的方式，同时也是成员国共同行动的基础和相互沟通的工具。

有关语言因素的差异，巴西社会学家费尔南多·莫朗认为葡萄牙语一方面是促成葡语国家共同体成立的理解基础，另一方面也促进其成员国融入后工业社会中。从这个意义上来说，葡萄牙语是一门文化语言，其词汇和文学传统为人们走进现代社会开启了一扇门 ① 。葡萄牙诗人、作家费尔南多·佩索阿曾说过，葡萄牙语是一门全球化的语种，它拥有"能够充分表达各种意境"的能力 ② 。

卡多佐总统在共同体成立大会上发表的演讲对此也有所阐述。他说："我们的语言不惧怕被用来比较，它不求显得比别的语言高级或是低级，因为正如我们所知，这是一门可以用来表达各种情感并将人类精神提升至最高境界的语言。"卡多佐总统还说："葡萄牙语是西方世界第三大语言，全球五大洲共有 2 亿人说葡语，这为扩大其影响力奠

---

① 费尔南多·奥古斯托·阿尔布开克·莫朗：《葡语国家共同体评论分析——组织、运行机构和政治可行性》，载卡洛斯·恩里克·卡丁和若昂·巴蒂斯塔·克鲁斯编著《葡语国家共同体：机遇和展望》，巴西利亚：巴西国际关系研究所，2002，第 52 页。

② 费尔南多·佩索阿著，路易莎·梅代罗斯编《葡萄牙语》，圣保罗：文学出版公司，1999，第 149 页。

定了很好的人文和地理基础。" ①

　　葡语的重要性中值得一提的是，它除了是一门开启进入现代社会之门的文化语言之外，还在经济领域占有一席之地。毫无疑问，市场是当今世界范围内国与国之间互动的平台之一。在这一平台中，贸易通过语言进行 ②。世界贸易组织在全球范围内为推进国际贸易不断出台法律法规的事实正印证了这一点。

　　在这一背景下，葡萄牙语的作用逐步显现，而澳门则一直关注着这一问题。至此，我们的讨论也开始接近本文的主旨。世界贸易组织的报告称，为保护消费者利益以及避免不公平竞争和欺诈行为，澳门所有食品和医药产品的商标上都要求配有葡、中、英三语的产品介绍 ③。澳门特区政府官方网站（http://www.gov.mo）葡文版也发挥了葡语作为沟通语言的作用，公布大量信息。

　　具备了这一沟通条件，澳门为中国和葡语国家间经济领域合作架起一座桥梁。通过中葡翻译，中国与葡语国家可跳过第三种语言（一般情况下为英语）直接进行沟通。值得一提的是，澳门官方网站葡文版为推动中国—葡语国家经贸合作论坛发挥了积极的作用。另外，据原中国国际广播电台葡萄牙语部主任喻慧娟介绍，国际在线葡文网是目前世界范围内由非葡语国家共同体成员国开办的规模最大的葡文网站 ④。

①　摘自费尔南多·恩里克·卡多佐总统 1996 年 7 月 17 日在葡语国家共同体成立峰会（里斯本）上所做演讲。卡洛斯·恩里克·卡丁和若昂·巴蒂斯塔·克鲁斯编著《葡语国家共同体：机遇和展望》，巴西利亚：巴西国际关系研究所，2002，第 402 页。

②　参见埃尼尔德·福尔施蒂希《葡语国家共同体：一个发出多种声音的地方》，载若泽·弗拉维奥·松布拉·萨赖瓦编著《葡语国家共同体》，巴西利亚：巴西国际关系学院，2001，第 106~107 页。

③　摘自世界贸易组织秘书处《中国澳门贸易政策一览》，WT/TPR/S/82-19，2001 年 2 月，第 31 页。

④　《中葡翻译在中国与葡语国家经贸合作中发挥的作用》，中国—葡语国家经贸合作论坛秘书处（澳门）2006 年季报第三期，第 11~13 页。

三

费尔南多·莫朗在他的分析中强调,一个相互理解的经济基础对加强各葡语国家成立共同体的政治意愿极为重要。他指出,共同体成员国除了可在经济领域进行交流,还可在其他领域寻找到新的和互补的机遇[①]。

表1、表2可反映葡语国家共同体成员国间合作的经济基础。表1列出的是共同体成员国的各项宏观经济数据,其中包括在2002年宣布独立并于当年就加入共同体组织的东帝汶。东帝汶的独立得到了葡语国家共同体的政治支持[②]。表2是巴西与其他共同体成员国间的贸易往来数据。

表1　2005年葡语国家宏观经济数据

2005	人口 (单位:百万)	GDP(2000年不变 价格,单位: 百万美元)	人均GDP (2000年不变 价格,单位:美元)
安哥拉	15.9	14197	891
巴西	186.4	670450	3597
佛得角	0.5	675	1331
几内亚比绍	1.6	213	135
莫桑比克	19.8	5773	292
葡萄牙	10.6	108845	10311
圣多美和普林西比	0.2	56	356
东帝汶	1.0	330	338
总　计	236.0	800539	3392
除巴西外总计	49.6	130089	2623

资料来源:世界银行。

[①] 费尔南多·奥古斯托·阿尔布开克·莫朗:《葡语国家共同体评论分析——组织、运行机构和政治可行性》,载卡洛斯·恩里克·卡丁和若昂·巴蒂斯塔·克鲁斯编著《葡语国家共同体:机遇和展望》,巴西利亚:巴西国际关系研究所,2002,第47~51页。

[②] 塞尔索·拉费尔:《风云变幻——巴西外交2001~2002》,巴西利亚:巴西国际关系学院、亚历山大·德古斯芒基金会,2002,第109~114页;外交部长塞尔索·拉费尔的讲话摘录,摘自卡洛斯·恩里克·卡丁和若昂·巴蒂斯塔·克鲁斯编著《葡语国家共同体:机遇和展望》,巴西利亚:巴西国际关系研究所,2002,第17~20页。

表 2　巴西与其他葡语国家贸易往来

单位：百万美元

指标	对巴西出口			从巴西进口			与巴西贸易差额		
年份	2003	2004	2005	2003	2004	2005	2003	2004	2005
安哥拉	8	4	4	259	392	448	−251	−388	−444
佛得角	0.02	0.02	0.03	9.8	18.4	21.9	−9.8	−18.3	−21.9
几内亚比绍	0	0	0	0.3	0.3	0.4	−0.3	−0.3	−0.4
莫桑比克	1.9	0.1	0.1	8.4	15.2	18.2	−6.5	−15.1	−18.1
葡萄牙	146	193	223	752	1060	1153	−606	−867	−930
圣多美和普林西比	0.13	0.4	0.5	0.3	0.3	0.4	−0.2	0.1	0.1
东帝汶	0	0	0	0.1	0.04	0.1	−0.1	−0.04	−0.1
总　计	156	198	228	1030	1486	1642	−874	−1289	−1414

资料来源：巴西贸促网。

在这样的经济和政治背景下，葡语国家共同体成员国致力于从多方寻求利益前景。巴西国际关系学院院长若泽·弗拉维奥·松布拉·萨赖瓦曾指出，共同体为巴西对非洲政策提供了重要的数据参考 [①] 。

四

正如费尔南多·莫朗和本人所提及，为了寻求新的和互补的机遇，同时也为从多方寻求利益前景，中国与葡语国家共同打造了一个以澳门为焦点的论坛——中国—葡语国家经贸合作论坛。论坛第一次会议于 2003 年 10 月召开。

有关论坛值得一提的是，澳门曾是葡萄牙管治地，中华人民共和国于 1999 年 12 月 20 日恢复对澳门行使主权并成立澳门特别行政区。根据在葡萄牙进行的关于澳门过渡谈判达成的协议，中国政府对澳门实行与香港相同的"一

[①]　若泽·弗拉维奥·松布拉：《葡语国家共同体：一个富有成果的政治外交协调平台》，载若泽·弗拉维奥·松布拉著《葡语国家共同体》，巴西利亚：巴西国际关系学院，2001，第 74~76 页。

国两制"方针，也就是说，维持澳门资本主义制度和生活方式五十年不变。该方案赋予澳门在除国防和外交以外的行政、立法和司法方面实行高度自治的权利。

非主权地位并不妨碍澳门特区政府根据指导其活动的《中华人民共和国澳门特别行政区基本法》在经济、贸易、金融、航海、旅游、文化、科技和体育领域与其他国家和组织开展交流。澳门与他国和国际组织签订的各项协议的法律效力是被承认的。根据中国澳门特区政府 2001 年向世贸组织递交的年报中关于澳门贸易政策的表述，澳门特区在国际经贸领域享有完全的法人地位 [①]。鉴于此，中国澳门作为世贸组织成员并不与中国同样作为该组织成员相冲突，因为根据《关税和贸易总协定》规定，世贸组织以关税区划分确认其成员地位。只要是具备外贸自主权并满足关贸总协定乌拉圭回合谈判确认的其他附加条件的地区或国家，都可成为世贸组织成员。在乌拉圭回合谈判签订的《马拉喀什协议》确定建立世贸组织。基于这一法律框架，澳门作为一个曾隶属葡萄牙管理的自治关税区和世贸组织成员，其国际贸易地位在成为中华人民共和国澳门特别行政区后并无任何改变。这与曾在英国管辖下的香港所经历的一切如出一辙。

有趣的是，自葡萄牙 16 世纪开始占领澳门，该地区就逐步发展成为中日和中西贸易中介，澳门也因此从一个小渔村变为一座繁荣的贸易港口。澳门的这一作用得到了中国政府的认可 [②]。由于这一历史原因，我们可以理解为

---

① 世界贸易组织：《中国澳门贸易政策一览》，中国澳门特区政府，WT/TPR/G/82，2001 年 2 月 19 日，第 6 页。

② A. H. 德奥利韦拉·马克思：《从文艺复兴到自由革命》，载《葡萄牙历史》（第二卷），里斯本：Presença 出版社，1998，第 206 页；查尔斯·R. 博克斯：《1415~1825：葡萄牙海上帝国》，圣保罗：文学出版公司，2002，第 78~79、341 页。

何当代中国将澳门视为其融入全球经贸版图战略的一部分，中国—葡语国家经贸合作论坛应运而生[①]。

旅游业和博彩业是澳门的主要经济支柱。然而，澳门的地理位置为其在经济领域的发展提供了更多的机遇。这一说法的原因在于澳门有潜力成为通往大珠江三角洲地区的枢纽和门户。中国的大珠三角包括福建、江西、湖南、广东、广西、海南、四川、贵州、云南和香港及澳门特区。这一地区覆盖了中国 1/5 的国土面积，人口数和 GDP 均占全国数量的 1/3。因此，中国政府提出了发挥澳门服务平台功能以带动大珠三角地区发展的设想。澳门 2001 年提交给世贸组织有关澳门贸易政策的报告已对这一设想有所阐述[②]，港澳与广东省的经贸关系也为这一设想奠定了基础。到 2003 年，该设想已成为澳门的一项公共政策[③]。

正是在这一背景下，中国与葡语国家于 2003 年 10 月 12 日至 14 日在澳门举行了第一届部长级会议并宣布成立了中国—葡语国家经贸合作论坛。安哥拉、佛得角、几内亚比绍、莫桑比克、葡萄牙、东帝汶、中国和巴西的官方代表参加了此次会议。卢拉执政时期巴西发展、工业和贸易部长路易斯·费尔南多·富尔兰代表巴西政府出席会议。

论坛在澳门设立常设秘书处。作为一个跟进论坛活动的机制，秘书处负责为该组织实现其目标和完成各类项目提供后勤和财政支持。论坛的目的是为中国和葡语国家间经贸合作寻找新的途径，发挥澳门的平台作用。论坛的宗

①　许亚民：《澳门以及其在国际贸易中重要的中介作用》，中国—葡语国家经贸合作论坛秘书处（澳门），2005 年 9 月季报第二期，第 6~9 页。

②　世界贸易组织：《中国澳门贸易政策一览》，中国澳门政府，WT/TPR/G/82，2001 年 2 月，第 6 页。

③　参见 http://www.gov.mo 中有关大珠三角（9+2）和珠江三角洲一文。

旨是促进中国与葡语国家间的经济合作和双边贸易。在此背景下，论坛本身和澳门的平台及门户作用为推动葡语国家共同体与中国的双边关系提供了新的机遇。基于这一广阔的视角，论坛的活动范围除了涉及贸易、投资、农业和渔业外，还包括基础设施工程建设、自然资源和人力资源等领域。

概括说来，从其活动范围看，中国—葡语国家经贸合作论坛的设立符合中国与葡语国家在多领域的共同利益，而澳门因为其特殊性成为促进有关方面更广阔合作的平台。葡萄牙语作为沟通语言，正是该平台的要素之一。

正如上文提及，澳门的平台作用包括它可为大珠三角地区（9+2）发展互动带来机会。同时，澳门也是中国对非洲采纳积极经济政策的一个组成部分，葡语国家共同体含有非洲国家成员国，尤其是安哥拉和莫桑比克。

与此同时，论坛也是中巴伙伴关系的一部分。由于中国与巴西均为各自所在洲大国，除了在双边领域享有"特定利益"外，在国际关系中也拥有"广泛的利益"，所以中巴伙伴关系有其历史意义和更广泛的目标[1]。比如，中巴同为世界贸易组织和20国集团成员国。一直以来，20国集团在推动多哈回合谈判上都发挥着重要作用。

经济基础决定论坛政治影响力。因此，中巴经贸往来的数量多少和密切程度无疑对论坛发展尤为重要（见表3）。

---

[1] 参见埃德蒙多·藤田《巴西和中国——战略伙伴关系的典范》，《对外政策》2003年第11卷第4期，三、四、五月刊，第59~70页；塞尔索·拉费尔：《风云变幻——巴西外交2001~2002》（第2卷），巴西利亚：巴西国际关系学院、亚历山大·德古斯芒基金会，2002，第87~89页。

表 3　中巴贸易关系

单位：百万美元

对巴西出口额			从巴西进口额			与巴西贸易差额		
2004 年	2005 年	2006 年	2004 年	2005 年	2006 年	2004 年	2005 年	2006 年
3710	5354	7989	5440	6835	8400	1730	1481	411

资料来源：巴西发展、工业和外贸部。

2006 年 10 月，论坛按计划举行了第二次部长级会议。巴西发展、工业和外贸部副部长伊万·拉马略代表巴西参加了此次会议。延续费尔南多执政时期的一贯做法，发展、工业和外贸部在卢拉当政期间继续对推动巴西对外经贸政策发挥着举足轻重的作用。2006 年，担任巴西发展、工业和外贸部部长的正是参与论坛创立的路易斯·费尔南多·富尔兰。

论坛第二次部长级会议上，中国与葡语国家共同体双边贸易额在当年达到 232 亿美元，较两年前翻一番；双边投资额达到 5 亿美元。论坛的目标是在未来三年内达到成员国间双边贸易和投资额再翻一番[①]。

总之，加强和密切中国—葡语国家经贸合作论坛相关国家间的联系将为这些国家带来新的机遇。对巴西来说，论坛为发展同中国的双边关系开辟了新的空间。随着中巴经贸往来不断加强，中巴两国在面临机遇的同时也将不可避免地需要应对某些摩擦和冲突。

---

① 参见《澳门》系列四第 5 期，2006 年 12 月，第 46~90 页。

中国与葡语国家经济关系
以及澳门的服务平台作用 *

李炳康

一　背景与概述

随着经济全球化和区域经济合作的相互推动、并存发展，以及信息和通信技术的发展，区域经济合作已经打破了地域相邻的自然联系，开始向跨区域经济合作的方向演进。

自从中国加入世界贸易组织以来，在参与全球市场的一体化进程中，国内经济持续暴露于不断增加的外部冲击下，而区域经济合作却可以在某种程度上提供避免全球化风险的"安全区"，同时帮助减少在中国和平崛起过程中与主要经济体的摩擦与争议。所以，积极参与跨区域经济合作将成为中国的一个战略性解决方案，以便适应经济全球化的发展。

中国内地与葡语国家不仅在自然资源禀赋上具有互补性，它们所处的位置以及发挥影响力的范围还能延伸到一些地区性的经济合作组织，这都是葡语国家与中国开展跨区域经济合作无法估量的政治与经济潜力。中国与葡语国家各方都期待建立一种多边的、有利于各方的国际合作框架。

对于澳门而言，澳门具有语言、文化、营商环境、信息和服务等优势，因此，这些得天独厚的条件完全可以使

---

* 本文基于作者作为访问学者于 2008 年 5 月 8 日在哈佛大学肯尼迪政府学院的一次演讲而成。

澳门成为中国与葡语国家经贸交流的平台。另一方面，在"一国两制"的原则下，澳门作为特别行政区享有高度的自治并拥有独立的经济政策。

关于中国与葡语国家经济关系以及澳门作用研究的重要性和贡献可总结为以下几点：从理论角度来看，中国与葡语国家的跨区域经济合作有助于深化理解跨区域经济合作理论和全球化理论。此外，相关研究能帮助澳门根据"一国两制"的原则，明确其作为一个小型、开放的经济体和区域的服务平台所应采取的经济发展战略。从实践角度来看，这类研究能为学者、政策决策者以及对中国与葡语国家经济合作和澳门经济发展有兴趣的企业领导者提供参考。

二　中国的崛起和中国与葡语国家跨区域经济合作

自从 1978 年实行开放政策和经济改革以来，中国成为全世界增长最快的经济体之一。中国保持了 30 多年的高速度年增长率，现在已经全面融入了全球经济的一体化。2001 年，中国加入了世界贸易组织并已成为国际经济的主角之一。

在一个经济全球化的时代，跨区域经济合作成为一种趋势。与其他地区深化互动和一体化已成为发展中国家发展战略的重要组成部分。除了参与全球一体化进程之外，参与跨区域合作符合发展中国家的战略。在亚洲、非洲和拉丁美洲就有很多成功的例子（见表 1）。

表 1　跨区域贸易协定占所有区域贸易协定的比例（2006 年 12 月）

单位：%

	跨区域	区域内
已生效的	12	88
已签署 / 正在洽谈中	43	57
筹备建立	52	48

跨区域经济合作的一种形式是签署区域贸易协定。直到 2006 年 12 月底，通报给世界贸易组织并已经生效的区域贸易协定中的 12% 是跨越不同区域的，跨区域协定占所有已经签署或正在洽谈中的区域贸易协定总数的 43% 和筹备建立的区域贸易协定的 52%（见图 1）。

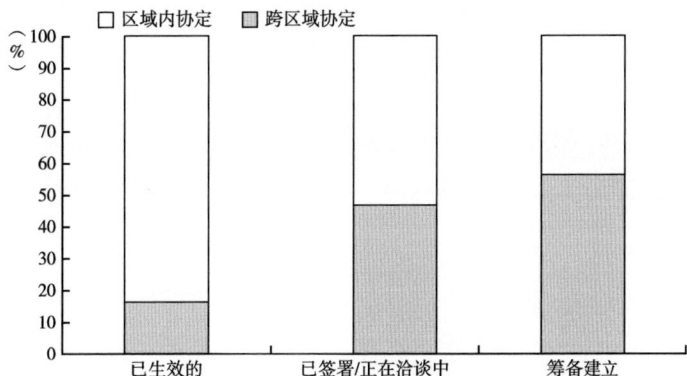

图 1　跨区域贸易协定占所有区域贸易协定比例

资料来源：Roberto V. Fiorentino, Luis Verdeja and Christelle Toqueboeuf, "The Changing Landscape of Regional Trade Agreements: 2006 Update", Discussion Paper No. 12, The World Trade Organisation Publication, Geneva, 2007, p.10.

Available to download at http://www.wto.org/english/res_e/booksp_e/discussion_papers12a_e.pdf.

葡语国家分布在四大洲，总人口超过 2 亿人，分别是安哥拉、巴西、佛得角、东帝汶、几内亚比绍、莫桑比克、葡萄牙、圣多美和普林西比。

除了圣多美和普林西比之外，中国已经与其他所有葡语国家都建立了外交关系。中国与几内亚比绍自 1998 年 4 月 23 日恢复外交关系以来，相对保持稳定。中国同安哥拉及莫桑比克的双边关系分别自 1983 年 1 月 12 日和 1976 年 6 月 25 日建立外交关系后得到了健康的发展。中国与巴西于 1974 年 8 月 15 日建立了外交关系，两国在 1993 年结成了战略合作伙伴关系。中国与葡萄牙于 1979 年 2 月 2 日建立了外交关系并于 2005 年 12 月建立了全面战略伙伴关系。自从东帝汶获得独立后，两国深化了双边关系 [1]。

我们使用表 2~表 5、图 2 来比较这些国家的国情以及中国与葡语国家的贸易。

表 2　中国与葡语国家比较（2006 年）

国家或地区	面积 （平方公里）	人口 （千人）*	GDP （百万美元）**	GDP 人均 （美元）	首都
中国	9600000	1311798	2668071	2034	北京
中国澳门 ***	28.6	463	14285	28857	—
安哥拉	1246700	16391	44033	2686	卢安达
巴西	8547400	188694	1067962	5660	巴西利亚
佛得角	4033	518	1144	2208	普拉亚
几内亚比绍	36125	1633	304	186	比绍
莫桑比克	799380	20144	7608	378	马普托
葡萄牙	92090	10590	192572	18184	里斯本
圣多美和普林西比	1001	160	123	769	圣多美
东帝汶	15000	1029	356	346	帝力

*、**、*** 世界发展指数数据库，世界银行，2007 年 7 月 1 日。http:// siteresources.worldbank.org/DATASTATISTICS/Resources/GDP.pdf; http:// siteresources.worldbank.org/DATASTATISTICS/Resources/POP. pdf；澳门特别行政区统计暨普查局（DSEC），http://www.dsec.gov.mo/c_index.html；其他国家和地区的官方网站，DATA REFLECTS 2006 INFORMATION。

表 3　中国对葡语国家出口

单位：百万美元，%

葡语国家 （PSC）	2000 年	2001 年	2002 年	2003 年	2004 年	2005 年	2006 年	2007 年
安哥拉	33.7	45.8	61.3	145.8	193.5	372.8	894.2	1231.3
巴西	1223.6	1351.1	1466.4	2144.8	3674.9	4827.6	7380.0	11372.0
佛得角	5.2	2.2	1.8	2.6	2.8	5.2	10.1	14.7
几内亚比绍	4.7	8.3	4.5	12.4	6.0	5.8	5.7	7.3

[1]　资料来源于中华人民共和国外交部网站，http://www.fmprc.gov.cn。

葡语国家（PSC）	2000 年	2001 年	2002 年	2003 年	2004 年	2005 年	2006 年	2007 年
莫桑比克	24.7	22.0	25.9	45.0	75.2	91.5	128.0	160.2
葡萄牙	260.8	260.6	301.0	406.4	588.4	912.0	1359.7	1826.3
圣多美和普林西比	1.2	1.3	0.2	0.2	0.2	0.6	1.2	1.8
东帝汉	—	—	—	1.1	1.7	1.3	5.8	9.5
所有葡语国家	1553.9	1691.3	1861.1	2758.2	4542.6	6216.6	9784.6	14630.6
中国出口总量	249211.6	266154.6	325565.0	438370.8	593368.6	761999.1	969072.8	1218014.5
葡语国家出口在中国出口总量中的比重	0.62	0.6	0.57	0.63	0.77	0.82	1.01	1.12

资料来源：中国海关：《海关统计》，历史数据；中国国家统计局：《中国统计年报》，历史数据；中华人民共和国商务部网站，http://www.mofcom.gov.cn。

表 4　中国从葡语国家进口

单位：百万美元，%

葡语国家（PSC）	2000 年	2001 年	2002 年	2003 年	2004 年	2005 年	2006 年	2007 年
安哥拉	1842.7	721.8	1087.1	2205.9	4717.3	6581.8	10933.3	12888.7
巴西	1621.4	2347.3	3003.1	5843.8	8684.1	9989.7	12920.0	18333.0
佛得角	0	0	0	0	0	0	0	0
几内亚比绍	0.2	0	0	0	0	—	—	0.2
莫桑比克	8.8	11.2	22.6	26.7	44.3	73.5	79.8	123.9
葡萄牙	46.9	71.5	82.7	194.6	280.9	323.9	353.8	384.5
圣多美和普林西比	0	0	0	0	1.3	—	—	0
东帝汉	—	—	—	0	0		11.0	
葡语国家总量	3520.0	3151.8	4195.4	8271.1	13728.0	16969.0	24297.9	31730.3
中国进口总量	225096.6	243613.5	295203.1	412836.5	561423.0	660118.5	791613.6	955818.5
葡语国家进口在中国进口总量中的比重	1.56	1.30	1.42	2.00	2.45	2.57	3.07	3.32

资料来源：中国海关：《海关统计》，历史数据；中国国家统计局：《中国统计年报》，历史数据；中华人民共和国商务部网站，http://www.mofcom.gov.cn。

表 5 贸易增长比较

单位：百万美元，%

	2000 年	2001 年	2002 年	2003 年	2004 年	2005 年	2006 年	2007 年
葡语国家贸易总量	5073.9	4843.1	6056.5	11029.2	18270.6	23185.6	34082.5	46360.9
增长率	102.6	-4.5	25.1	82.1	65.7	26.9	47.0	36.0
中国贸易总量	474308.2	509768.1	620768.1	851207.3	1154791.6	1422117.6	1760686.5	2173833.0
增长率	31.5	7.5	21.8	37.1	35.7	23.1	23.8	23.5

资料来源：中国海关：《海关统计》，历史数据；中国国家统计局：《中国统计年报》，历史数据；中华人民共和国商务部网站，http://www.mofcom.gov.cn。

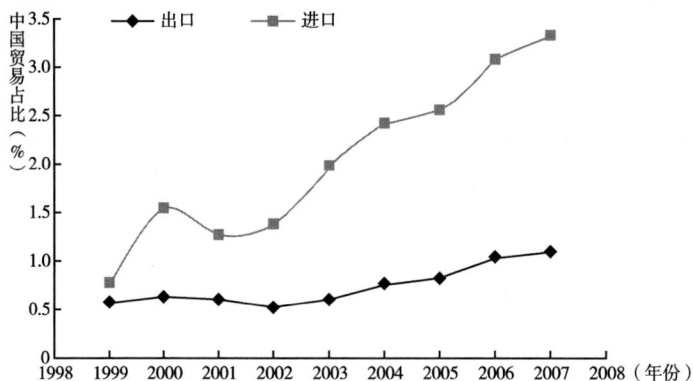

图 2 中国进出口贸易占比

资料来源：中国海关：《海关统计》，历史数据；中国国家统计局：《中国统计年报》，历史数据；中华人民共和国商务部网站，http://www.mofcom.gov.cn。

中国与葡语国家的经济合作有一些突出的特点。总之，它们的合作虽然数量价值还不是很大，但是增长非常迅速且潜力巨大。

当我们分析双边贸易结构时，可以看出，中国主要向葡语国家出口工业品（例如，消费产品、电子产品、纺织品和成衣、机器设备等），葡语国家出口到中国的主要为原材料（例如石油、大豆、木材、矿产、软木等）。

在投资方面，葡萄牙和巴西是葡语国家中最吸引中国投资者的两个国家。政府一直帮助双方的投资者通过组织代表团访问以及提供商业信息等在投资界加强合作。中国同葡萄牙和巴西开展了高级技术合作，例如，通信、航空、航天、水力发电、新材料、生物工程等。中国也为非洲的葡语国家在基础设施项目、工业技术转让等方面提供技术援助。此外，中国还与一些葡语国家在自然资源开发方面密切合作。

中国与葡语国家在经济上高度互补。它们的要素禀赋以及互补性可以通过表6演示。

表6　中国与葡语国家经济合作的互补性

指标 ＼ 国家	中国	葡萄牙（与欧盟联系）	其他葡语国家
劳动力	充足	缺乏	缺乏 *
资本	相对充足且易扩张	充足	缺乏
技术	实用技术充足但高科技缺乏	高科技充足	缺乏 *
自然资源	减少	缺乏	相对充足
市场	规模较大	规模较大	一定规模且易扩张

　* 最大的葡语国家、拥有超过1.8亿人口的巴西是个例外，其劳动力市场相对充裕。巴西在不同领域举办活动并与中国在多种产业合作，例如卫星、飞机、生物能源、替代能源等。

　资料来源：The Study Group, *Development Hand in Hand-Triangular Cooperation Between China's Mainland, Macao and Portuguese-speaking Countries*, October 2003, Intertrade, p. 27。

在发展跨区域合作方面，经济动力绝非唯一的考虑因素。中国与葡语国家开展更紧密的关系不仅符合双边利益，也可以从更广泛的地缘政治因素来解释。葡萄牙是欧盟的成员国。在 2007 年 11 月 28 日于北京召开的第 10 届欧盟—中国峰会上，领袖们认识到葡萄牙作为中国的全面战略伙伴在加强欧盟与中国关系方面的作用。巴西是拉丁美洲的一个地区性大国，同时也是拉丁美洲最大的区域经济组织南方共同市场的成员，从这个意义上讲，中国与巴西的双边合作将为中国与南方共同市场的其他成员和拉丁美洲国家的互动创造更多的机会。安哥拉、佛得角、几内亚比绍、莫桑比克、圣多美和普林西比都位于非洲，在南南合作的框架内，中国政府对开展和非洲国家的友好关系给予高度重视。

三 澳门服务平台的作用

1. 澳门简介

澳门已经从一个葡萄牙管治下的地区变为中华人民共和国的一个特别行政区。在葡萄牙地理大发现时代，澳门是西方与东方交流的一个重要桥梁，尤其是 16~17 世纪是澳门作为贸易港的黄金时期。在葡萄牙的海上帝国中，有一些连接澳门非常重要的海上通道，例如，里斯本—果阿（印度）—澳门、澳门—马尼拉（南亚）—阿卡普尔科（墨西哥）、里斯本—澳门—长崎（日本）、澳门—阿瑜陀耶，丹老、帕拉尼（南亚）。

澳门在明朝和清朝也是基督教传教的地点。第一所远东的"大学"——圣保禄书院于 1594 年被耶稣会会士在澳门率先创立。连续几代外国传教士在澳门生活，例如，利玛窦（1522~1610）、罗明坚（1543~1607）、汤若望（1591~1666）、南怀仁（1623~1688）。澳门已经成为西方文明进入中国的一个重要门户。此外，澳门活生生地见证了东西方文化的融合与持续共存。在 2005 年，澳门历史城区被联合国教科文组织列为世界文化遗产。

在 1987 年，中华人民共和国政府和葡萄牙政府签署了关于澳门问题的联合声明，并存放于联合国。1999 年 12 月 20 日，中国对澳门恢复行使主权。根据"一国两制"原则和基本法，中央政府负责澳门的防务和外交事务；澳门特别行政区享有高度自治。社会主义的制度和政策不在澳门实行，原有的资本主义制度和生活方式五十年不变；澳门享有行政管理权、立法权、独立的司法权和终审权；在管理本地区的事务中，澳门可以自行制定经济政策。中文和葡文都是澳门特别行政区的官方语言。特别行政区可以"中国澳门"的名义，参与有关国际组织和国际贸易协定（例如世界贸易组织）。

澳门是一个小型开放的经济体。拥有 28.6 平方公里和 531400 名居民，澳门采用了简单和低税率的税制（3% ~12% 的公司所得税，7% ~12% 的个人所得税，无增值税）。澳门是自由港，对资本的流动没有限制。在 2006 年，出口货物和服务达到了 GDP 的 10.3%。自从回归之后，澳门在旅游博彩的驱动下，经济高速增长，在过去这些年，维持了平均两位数字的增长率，尤其在 2007 年 GDP 增长率达到了 27%。在 2002 年博彩业开放之后，美资公司（威尼斯人、永利、美高梅）都在澳门进行投资。在 2007 年，澳门游客数量达到了 2700 万人次。同时，酒店和综合度假区项目获得了持续投资和发展。现在，澳门成为全世界博彩收入最高的地区。对于像澳门这样小的经济体而言，其财政储备量可观（外汇基金 + 土地基金 + 累积财政盈余 =210 亿美元，或者相当于超过 7 年的政府开支）。

由于旅游博彩业的持续增长，服务行业，例如零售业、营商支持 / 专业服务、离岸贸易、航空运输和创意产业获得了长足的发展，其中会展业具有经济的战略重要性。

随着经济不断增长，澳门也面临着未来进一步发展的挑战。此刻，无论是硬件还是软件设施都不能跟上高速的经济增长。本地的中小企业受到来自跨国公司外国直接投资的压力。由于博彩活动以及外国对本地政治的压力与影响，我们可以看到一些社会—政治的影响。目前，澳门太过于依赖单一产业的收入（多于70%的政府收益来自博彩业），因此，有必要让澳门的经济更加多元化，重视澳门服务平台的作用（会展、创意产业、航空运输、专业服务、离岸贸易等）。

2. 澳门作用的 SWOT 分析

为了开发澳门作为中国与葡语国家良好的服务平台的潜力，我们应用 SWOT 分析法来做出说明。

优势（Strengths）：

· 制度优势，"一国两制"；

· 历史和文化优势；

· 区位优势；

· 营商环境优势；

· 国际网络与信息优势。

劣势（Weaknesses）：

· 小型经济体，缺乏资源，市场有限；

· 高度依赖单一产业。

机会（Opportunities）：

· 与内地合作：CEPA，"9+2"，粤港澳合作；

· 与葡语国家合作和与欧盟合作。

威胁与挑战（Threats and Challenges）：

· 内地经济的国际化（加入世界贸易组织）；

· 内地参与区域经济合作；

·海峡两岸直接联系；

·在博彩和酒店业的潜在区域竞争。

总之，澳门成为中国与葡语国家的经济合作平台具有巨大的优势，主要包括：(1)语言、文化、历史的联系；(2)法律制度和机制；(3)政治和经济网络；(4)进入中国市场；(5)北京中央政府的强大的政治支持。

关于最后两点，需要指出的是，澳门与中国内地根据世界贸易组织的规则，在2003年签署了一个类似自贸区的协定，被称为更紧密经贸关系安排(CEPA)，于2004年1月1日开始生效。更紧密经贸关系安排包含了三大范畴：货物贸易(澳门制造的产品可享受零关税出口到中国内地)，服务贸易(38个服务部门可以更加优惠的待遇进入内地市场)以及贸易和投资便利化(8个领域，简化贸易及投资程序)。在2003年和2006年，澳门在中国—葡语国家经贸合作论坛的框架内成功地召开了两届部长级会议。论坛的常设秘书处就设在澳门。

基于上述分析，我们坚定地认为澳门作为中国与葡语国家服务平台的角色是澳门实现经济多元化的一个杰出战略。一方面，这将帮助中国和葡语国家的中小企业获得商业支持和专业服务；另一方面，也为中国和葡语国家的企业加强彼此了解，通过离岸贸易、创意产业、会议展览和旅游博彩等共同开拓商机。澳门经济的特点和比较优势表明，澳门发展这些具有高附加值和高增长潜力的新兴服务业有巨大的竞争优势。在这些新兴行业中，会展业对澳门的经济具有特别的重要性，它能促进其他相关服务业(诸如酒店、餐饮、运输和物流等)的增长，使全世界的企业家到澳门相聚，从而巩固澳门作为商业服务平台的角色。

经济多元化和区域经贸服务平台对于澳门的可持续增长而言是相互依赖的要素。一方面，区域经贸服务平台有助于经济多元化进程，而且与此同时，澳门经贸服务平台的作用也可以吸引更多的公司在澳门运作，从而为一个优化的营商环境做出贡献。

论澳门特区的国际法主体资格：基础、特性和实践[*]

曾令良

一　导语

澳门特别行政区的国际法主体资格问题^①，是中国及其特别行政区践行国际法所不可回避的理论和实际问题。然而，虽然澳门回归祖国已有10年，但这个问题在国际法理论界，至少在中国国际法学界并没有得到解决。迄今为止，国际法教科书，不论是外国的，还是中国的，也不问其以何种语言出版的，在必不可少的"国际法主体"章节中，大都固守的撰写范式是：国家—交战团体—叛乱团体—国际组织—正在争取独立的民族，或在此基础上还论及个人，基本上不涉及一个国家的构成体或行政区域，更谈不上专门提及澳门。在中国国际法学界，偶有涉及这一问题的专门探讨，也主要是针对香港

* 本文原是作者应邀向中国国际法学会（Chinese Society of International Law）2009年学术年会提交的论文（2009年6月20~21日，上海），感谢澳门大学博士研究生王丽娜女士为本文收集了部分资料和数据。

① 本文的论述和基本观点同样适用于香港特别行政区。

特别行政区的 ① 。

对澳门特别行政区国际法主体资格问题的长期沉默、回避甚至漠视，也许有多种原因。从客观上看，澳门地方较小，人口较少，对外关系的广度和深度相对有限，从而在很大程度上容易导致被忽略。从主观上，这一问题具有高度的政治敏感性，使得多数国际法学者（主要是中国的）采取回避的态度，至多在课堂上开展适当的讨论。

这种现状显然是令人遗憾的。这暴露了当代国际法的传播、教学和研究的一个不容忽视的缺陷：没有及时、充分、完全反映国际社会的现实，尤其是正在和平崛起的中国所独创的"一国两制"对国际法发展产生的深远影响。

从目前公开发表的几篇关于特别行政区国际法主体资格的文章来看（尽管主要针对香港，但基本上同样适合于澳门的情况），观点分歧是显而易见的。持否定论者认为，中国并不因为香港和澳门回归实行了"一国两制"而改变其单一的国际法主体资格；即使将来实现了两岸统一，也是如此。持肯定说者则不以为然，香港和澳门《基本法》规定两个特别行政区享有"高度自治"和一定的独立对外关系权，意味着分别赋予它们享有国际法主体资格，这同样适用于两岸统一后的台湾。即使在肯定论者之间，对于特别行政区国际法主体资格的依据、性质和特点，各自也有不同的看法和表述。

---

① 参见倪学伟《"一国两制"下的中国国际法主体资格》，来源：论文天下论文网，http://www.lunwentianxia.com/product.free.6664677.1/，2009 年 4 月 4 日访问；倪学伟：《"一国两制"的国际法意义》，《西南政法大学成教院学报》1999 年第 1 期；《论香港的国际法律地位》（作者不详），来源：中华法律网（www.chinafalv.com）；王鹏、宋阳：《"香港特别行政区"的国际法主体地位探析》，《贵州工业大学学报》（社会科学版）2006 年第 8 卷第 2 期；葛勇平：《香港国际法主体地位及其缔约权限的理论与实践》，《比较法研究》2007 年第 5 期。

本文首先解剖否定论的主要观点，试图运用现代国际法的基本原理，尤其是现代国际法主体的一般理论及其实践，论述否定论所依据的理论和事实是过时的，不完全的，甚至有时在概念和逻辑上存在混乱。然后，着重论证澳门国际法主体资格的国际法和国内法依据，并通过比较其他类型的国际法主体，揭示澳门国际法主体的隐含性、授权性和有限性特质。接着，从澳门丰富的对外关系实践和广泛的国际认可进一步论证澳门国际法主体资格的事实。最后，拟对澳门国际法主体资格的理论基础、法律依据和国际承认得出一个概括性认识，以作为本文的结论。

二 不敢苟同的否定说

那些认为中国只能有一个国际法主体，而澳门特别行政区不是国际法主体资格的否定论者所持的主要依据有：

（1）中国是一个单一制度国家，只有一个实体具有国际法主体资格，那就是中国；

（2）只有中国拥有主权，主权不可分割，澳门不具有主权，只有自治权，因而也就没有主权；

（3）澳门不拥有外交权，不能在国际法上代表中国，因此，不具有独立的国际人格，不是国际法上的"国际人格者"，不具有国际法主体资格 ① 。

笔者以为，上述否定说难以成立，至少值得商榷，因为其依据和推断缺乏说服力，而且与香港和澳门回归中国十多年来的实践不相符合。

首先，不能将国际法主体资格同国家的类型和要素概念混为一谈，尽管彼此之间具有密切的关联性。国际法主

---

① 倪学伟：《"一国两制"的国际法意义》，《西南政法大学成教院学报》1999 年第 1 期。

体资格，概括地讲，是指某个实体在对外关系中具有独立享有权利和承担义务的能力。国家的类型是根据一个国家依照其宪法所确定的权力结构而做出的分类，即通常将国家区分为单一制国家和复合制国家，后者又可以进一步划分为联邦、邦联、政合国、君合国四种形式。国家的要素，作为一个国际法概念，是指任何一个冠名为国家的实体必须具备的最基本的成分，即通常所说的定居的居民、确定的领土、一定的政权组织和主权四要素。

由此可见，国际法主体资格是一个实体的对外权力能力和行为能力的概念范畴，而国家的分类是一个国家的权力在其内部配置的国家结构概念。国家是固有的、最基本的和完全的国际法主体，是毫无争议的既定国际法理论和事实。但是，国家在国际法上的这种固有的、最基本的和完全的主体资格，与一个特定国家是何种类型并无直接的关系。换言之，一个特定国家，无论采用什么结构形式，丝毫不影响它在国际法上的主体资格。至于这个国家的主体资格，是由一个国家的整体来体现，还是通过两个或两个以上的实体分别体现，则同样是该国的内政。例如，在复合制国家类型中，联邦体的国际法主体资格一般由联邦统一体现，尽管联邦的组成对内拥有绝大多数的权力；而在邦联体制中，其自身并不是国际法主体，而这种资格分别由其组成体来享有。

单一制国家通常在国际法上是一个国际法主体，因为其权力大部分集中于中央政府，尤其是对外关系权几乎是中央专属的。但是，我们不可因此认定单一制国家不能或不可能有一个以上的国际法主体，就像我们不可武断地认为国家是现代国际法和当代国际法上的唯一主体一样。这是因为，国内和国际两层社会在不断变化，服务于这两种社会的法律制度必然随之创新。一个国家既然可以在一个主权下实行两种不同的制度，为何这个国家就不可以存在两种不同的国际法主体呢？！

同样地，既然国家的要素是衡量一个实体是否构成国家的基本标准，将这些基本标准作为国际法主体资格的前提条件显然是张冠李戴。当然，在传统国际法中，由于国家是唯一的国际法主体，将国家要素与国际法主体资格画等号似乎顺理成章。如今，国家之外的一些实体，如国际组织、正在争取独立的民族等，也被公认为国际法的主体。因此，国家要素绝不可以等同于国际法主体资格。

其次，在现代国际法上，尤其是在当代国际法上，不可将主权视为国际法主体资格的必备条件。在传统国际法上，由于国家是唯一的国际法主体，主权又是国家的要素之一，国际法主体资格只有主权拥有者享有。自现代国际法以来，政府间国际组织和正在争取独立的民族等非主权的实体具有一定的独立开展对外关系的权力能力和行为能力，如缔结条约、派遣和接受对外关系代表或使团、以原告或被告身份或第三者身份参与国内或国际诉讼和争端解决程序，等等。其结果是，现代国际法的主体不仅数量上显著增多了，而且类型上不再是非主权国家莫属，而是呈现出多样性的特点。

再次，不可将国家的外交权与国际法主体资格画等号。的确，无论是单一制国家，还是复合制国家，外交权通常由中央或联邦政府代表整个国家统一行使；国家的行政区域体，不问其享有多高的自治权，均不具有外交权，在任何情况下都不能对外代表其所在的国家，因为国家的外交权与国家的领土主权一样具有统一性和不可分割性。但是，国家统一的外交权并不排除这样的可能性：国家根据自己的国情，通过专门立法方式，授权其特定的行政区域体在特定的领域和范围内或一定的条件下享有单独开展对外关系的权力。特定的行政区域体要在实践中充分、有效地行使国家法律赋予的这种对外关系权，就必须拥有相应的国际法主体资格。可见，外交关系是国家之间的关系，相应地，外交权只能由国家来行使；对外关系既可以是国家之间的，也可以发生在非主权实体与国家之间以及非主权实体相互之间，从而对外关系权并不是非国家者莫属。当今的欧盟就是一个典型：它在三个支柱领域（欧共体、共同外交与安全政策、内务和刑事司法合作）享有广泛的对外关系权，但这种对外关系权，无论如何，均不是严格法律意义上的外交权，后者仍由欧盟的各个成员国拥有。

最后，不可将澳门特别行政区的国际法主体资格与中国的国际法主体资格对立起来。毫无疑问，中国作为一个主权国家，享有完全的国际法主体资格；在国际上，只有中央人民政府唯一和全权代表中国。但是，中国的主权属性、完全的国际法主体资格以及中央人民政府代表中国的唯一性和全权性，并不一定排除其设立的特别行政区在一定条件下和一定的范围内享有国际法主体资格的可能性。换言之，中国与其设立的特别行政区之间在国际法主体资格方面并不存在必然的冲突。否则，就难以解释数以百计的多边条约，除了中国是其缔约国外，中国澳门也是其缔约方；难以解释为何中国澳门单独与其他国家和地区缔结了许多的双边协定；难以解释中国和中国澳门分别是有关国际组织的成员。实践证明，澳门在中央授权的范围内以自身的名义充分、有效地开展对外关系活动，不仅丝毫不影响中国主权的完整性和国际法主体的固有性和完全性，而且极大地丰富了这种固有性和完全性的内涵和外延。

三　澳门的国际法主体资格及其特性

澳门的国际法主体资格，不仅在国际法理论上是站得住脚的，而且还有坚实的法律基础，即《中华人民共和国和葡萄牙共和国政府关于澳门问题的联合声明》（以下简称为《中葡联合声明》）、《中华人民共和国宪法》（以下简称为《中国宪法》）和《中华人民共和国澳门特别行政区基本法》（以下简称为《澳门基本法》）。的确，无论是《中葡联合声明》，还是《中国宪法》或《澳门基本法》，都没有明确规定澳门的国际法主体资格。但是，这不能成为否定澳门国际法主体资格的依据。其实，世界上包括中国在内的绝大多数国家的宪法都没有做出此等明文规定，但中国和这些国家的国际法主体资格从来就没有受到过质疑。类似地，很多国际组织的章程也没有做出这样的规定，但同样不影响这些国际组织是一种派生的国际法主体。几乎没有条约明确规定叛乱团体、交战团体、正在争取独立民族的国际法主体资格，但这也不妨碍这些非主权实体在特定的范围内和条件下享有特定的国际法主体地位。

（一）澳门国际法主体资格的条约或国际法基础

从国际法角度出发，《中葡联合声明》是推定澳门国际法主体资格的条约依据。在这一个里程碑式的法律文件中，中国向世界庄严承诺：从中国恢复澳门行使主权之日起，"澳门特别行政区直辖于中华人民共和国中央人民政府，除外交和国防事务属中央人民政府管理外，享有高度的自治权。澳门特别行政区享有行政管理权、立法权、独立的司法权和终审权"[①] 。这是中国关于澳门的基本政策，也是首

---

　　①　参见《中葡联合声明》第二（二）点。

要的基本原则。从中可以推定，除了外交和国防事务外，澳门享有的"高度自治权"，包括"行政管理权、立法权、独立的司法权和终审权"，不仅仅是针对澳门的内部事务，而且也包括其相应的对外关系事务。其实，这一基本政策或首要基本原则声明间接隐含着中国中央政府对澳门国际法人格的授权。

不仅如此，《中葡联合声明》在多处明确赋予澳门在一些具体领域开展对外关系的权能，从而进一步为澳门的国际法主体资格提供了一系列直接的隐含授权。例如，澳门"可以'中国澳门'的名义单独同各国、各地区及有关国际组织保持和发展经济、文化关系，并签订有关协议"[①]；"可以'中国澳门'的名义，在经济、贸易、金融、航运、通信、旅游、文化、科技、体育等适当领域单独同世界各国、各地区及有关国际性或地区性组织保持和发展关系，并签订和履行协议"；"对以国家为单位参加的，与澳门特别行政区有关的、适当领域的国际组织和国际会议，澳门特别行政区政府的代表可……以'中国澳门'的名义发表意见"；"对不以国家为单位参加的国际组织和国际会议，澳门特别行政区可以'中国澳门'的名义参加"；"对中华人民共和国已经参加而澳门目前也以某种形式参加的国际组织，中央人民政府将根据情况和澳门特别行政区的需要采取措施，使澳门特别行政区得以适当形式继续保持在这些组织中的地位。对中华人民共和国尚未参加而澳门目前以某种形式参加的国际组织，中央人民政府将根据情况和需要使澳门特别行政区以适当形式继续参加这些组织"[②]；"中央人民政府将协助或授权澳门特别行政区政府同有关

---

① 参见《中葡联合声明》第二（七）点。
② 参见《中葡联合声明》，附件一，第八节。

国家和地区谈判和签订互免签证协议"①；"澳门特别行政区……继续参加关税和贸易总协议、国际纺织品贸易协议等有关国际组织和国际贸易协议"②。

（二）澳门国际法主体资格最根本的国内法基础

《中国宪法》是断定澳门国际法主体资格最根本的国内法前提。我国现行宪法第三十一条规定："国家在必要时得设立特别行政区。在特别行政区内实行的制度按照具体情况由全国人民代表大会以法律规定。"上述规定明确授权全国人大通过单独立法的形式设立特别行政区并根据"具体情况"实行不同的制度。这里所指的"不同的制度"，不仅是指特别行政区内的政治、经济和社会制度，同时还包括相应的对外关系领域。众所周知，目前，澳门特别行政区及其特别制度，包括其独立的对外关系权，就是通过人大制定的《澳门基本法》予以确立的。所以，从国内法的角度考察，《中国宪法》第三十一条是推定澳门具有国际法主体资格的最高法律授权。

（三）澳门国际法主体资格最直接的国内法基础：《澳门基本法》

如何推断《澳门基本法》的规定隐含着澳门的国际法主体资格呢？

首先，《澳门基本法》在强调澳门是中国"不可分离的部分"的同时，明确规定该特别行政区"实行高度自治，享有行管理权、立法权、独立的司法权和终审权"③。

其次，《澳门基本法》进一步明确规定了澳门特别行

---

① 参见《中葡联合声明》，附件一，第九节。
② 参见《中葡联合声明》，附件一，第十节。
③ 参见《澳门基本法》第一条、第二条。

政区的属性及其在对外关系领域与中央人民政府之间的权能划分原则，即：澳门是"一个享有高度自治权的地方行政区域，直辖于中央人民政府"；"中央人民政府负责管理""特别行政区有关的外交事务"；同时，"中央人民政府授权""特别行政区依照本法自行处理有关的对外事务"①。

另外，《澳门基本法》在规定特别行政区行政长官的职权时明确授权其"代表特别行政区政府处理中央授权的对外事务……"②。

然后，《澳门基本法》在规定特别行政区政府的职权时，进一步确定其"办理本法规定的中央人民政府授权的对外事务"③。

此外，《澳门基本法》在一系列特定的领域明确赋予澳门的对外关系权。例如，"在中央人民政府协助或授权下……特别行政区政府可与外国就司法互助关系做出适当安排"④。又如，作为单独的关税地区，可以"中国澳门"的名义"参加《关税和贸易总协定》、关于国际纺织品贸易安排等有关国际组织和国际贸易协定，包括优惠贸易安排"⑤。

最后，《澳门基本法》在第七章集中规定澳门的对外关系权⑥。其要点是：（1）外交谈判参与权，即可以作为中国政府代表团的成员，参与中央人民政府进行的与澳门直接有关的外交谈判；（2）协定缔结权，即"可在经济、贸易、金融、航运、通信、旅游、文化、科技、体育等适当领域以'中国澳门'的名义，单独地同世界各国、各地区及有

---

① 参见《澳门基本法》第十二条、第十三条。
② 参见《澳门基本法》第五十（十三）条。
③ 参见《澳门基本法》第六十四（三）条。
④ 参见《澳门基本法》第九十四条。
⑤ 参见《澳门基本法》第一百一十二条。
⑥ 参见《澳门基本法》第一百三十五至一百四十二条。

关国际组织签订和履行有关协议"；（3）国际组织和国际会议的参与权，即对于以国家为单位的国际组织或会议，如果与澳门有关，不仅可以参与中国政府代表团，而且可以"中国澳门"的名义发表意见；对于不以国家为单位的国际组织或会议，均可以"中国澳门"的名义参加；（4）单独的护照和旅行证件签发权，即经中央授权，对持有澳门特别行政区永久性居民身份证的中国公民签发中国澳门特别行政区护照；对在澳门的其他合法居留者签发中国澳门特别行政区的旅行证件；（5）独立的出入境管制权，即对世界各国、各地的人员入境、逗留和离境，实现独立的管理制度；经中央协助或授权，可以与有关国家或地区签订互免签证协议。

（四）澳门国际法主体资格的特性

诚然，特别行政区的国际法主体资格不可与中国的国际法主体同日而语：前者的资格是经中央授权的，而且是有限的；后者的资格是固有的，而且是完全的。

授权性是澳门国际法主体资格的本质属性。没有中央以直接或间接方式的授权，澳门就不可能享有这种资格。这种授权性根源于中国对澳门实行"一个国家，两种制度"的基本政策，取决于澳门被确定为中国的一个"特别行政区"，而非一般行政区，法律依据是上述《中葡联合声明》《中国宪法》《澳门基本法》。

澳门国际法主体资格的授权性与国际组织此等资格的授权性有着一定的类似性。例如，都是通过有关法律的明示授权或隐含授权来实现的：国际组织主体资格的授权性依赖于其组织章程或基本文件，澳门国际主体资格的授权性基于上述三项国际法和国内法文件。但是，二者的授权性有着根本性区别：国际组织的授权来源于其成员的合意或意志的协调，而澳门的授权来源于中国的最高权力机关——全国人民代表大会和中央人民政府，体现的是包括澳门同胞在内的全体中国人民的意志。

有限性是澳门国际法主体资格的具体特征。与中国国际法主体资格的固有性和完全性相比，澳门国际法主体资格的有限性表现在其权能的派生性和对外关系领域的特定性，二者相辅相成，密不可分。由于这种资格是经过其母体的法律行为铸造定型的，作为祖国的特别派生体，澳门的国际行为能力和权力能力在层次上必然是低一级的。同样地，根据中国最高权力机关和最高行政机关的授权，澳门的国际主体资格必须严格地限定在"与澳门有关的对外事务"，而不包括"与澳门有关的外交事务"，更不涉及澳门以外的中国对外事务和外交事务，后三者属于中央的权能。

四 澳门国际法主体资格的实践与国际认可

澳门的国际法主体资格，不仅具有坚实的理论基础和国际法与国内法的双重法律依据，还有大量的事实证明。这些事实可以从两个方面阐释：一是澳门特别行政区 10 年来积极和丰富的对外关系实践，二是其他国家和地区以及国际组织的广泛认可。

（一）积极而富有成就的对外关系事务

1. 缔约实践

截至 2008 年 9 月 30 日，适用于澳门特别行政区的多边条约共 259 项 ①。其中 37 项涉及外交、国防的多边条约是由中央人民政府代表中国参加并适用于澳门，29 项建立

---

① 澳门特别行政区政府国际法事务办公室网站，http://www.gov.mo/egi/Portal/s/treaty/rights-of-child/Mult_treaties_appli_chi.pdf，2009 年 4 月 12 日访问。

国际组织类多边条约中的绝大多数也是由中央人民政府代表中国参加并同时适用于澳门，其余的193项多边条约或由中国参加并声明同时适用于中国澳门，或者由中国和中国澳门分别参加，或者仅以"中国澳门"的名义参加，涉及广泛的领域或部门（见表1）。

表1　适用于澳门特区的多边条约

单位：项

合计	领域或部门	数目
259	民航	15
	海关	11
	禁毒	4
	经济金融	7
	教育、科技、文化、体育	6
	资源环保	11
	外交、国防	37
	卫生	3
	人权	20
	知识产权	4
	国际犯罪	10
	国际贸易	2
	劳工	36
	海事	32
	国际私法	10
	道路交通	2
	邮政电信	4
	建立国际组织	29

截至2008年11月21日，澳门特别行政区与其他国家或地区缔结的双边协定有61项，其中有7项适用于澳门的外交和领事关系协定由中国政府与有关外国缔结（见表2）①。

---

① 参见澳门印务局网站，http://cn.io.gov.mo/Legis/International/2.aspx，2009年4月12日访问。

表2　澳门特区缔结的双边协定

单位：项

合计	领域或部门	数目
67	法律及司法合作	5
	贸易技术合作	9
	投资促进保障	2
	外交和领事关系	8
	空运服务	27
	课税	1
	免签证	15

2. 政府间国际组织的成员资格

由于绝大多数的政府间国际组织的成员资格限于主权国家或其成员，不对非主权实体或国家的行政区域开放，迄今为止，澳门特区享有单独会员资格的政府间国际组织共13个，其中拥有完全会员资格的有6个，地区会员资格的有1个，准会员资格的有4个，联系会员资格的有2个（见表3）。

表3　澳门特区以"中国澳门"名义享有
独立地位的政府间国际组织

国际组织名称	澳门特区地位	加入时间
世界贸易组织	会员	1991年
联合国教科文组织	准会员	1995年
国际海事组织	联系会员	1990年
世界旅游组织	联系会员	1981年
世界气象组织	地区会员	1996年
世界卫生组织西太平洋区域委员会	会员	1993年
世界海关组织	会员	1993年
亚太电信组织	准会员	1993年
亚太地区发展中心	准会员	1993年
联合国亚洲及太平洋经济社会委员会	准会员	1991年
国际纺织及成衣局	会员	1984年
台风委员会	成员	1992年
亚太反洗钱小组*	成员	2001年

＊在中葡联合联络小组谈判中，该组织被视作非政府组织。

资料来源：参见中华人民共和国外交部驻澳门特别行政区特派员公署网站，http://www.fmcoprc.gov.mo/chn/gjzzhy/t241602.htm，2009年4月12日访问。

3. 出席和举办政府间国际会议

根据中国外交部驻澳门特区特派员公署的不完全统计，截至 2009 年 1 月底，澳门特区派人作为中国代表团成员出席政府间国际会议 141 个，以"中国澳门"名义单独组团参加官方性质的国际会议 244 次，承办大型官方性质国际会议 9 个。此外，在特派员公署的指导、支持和协助下，澳门特区还成功申报了澳门历史城区为世界文化遗产，联合国亚太经社会 / 世界气象组织台风委员会秘书处落户澳门，澳门妇联总会获得联合国经社理事会咨商地位，澳门电讯有限公司成为国际电信联盟电信标准化部门成员，中国联通（澳门）公司获得国际信令点编码 [1]。

4. 执行国际组织决议

按照中央人民政府的指示，行政长官根据澳门特别行政区有关法律规定，命令公布和执行了大量的联合国安理会决议。根据印务局公布的信息，从 1990 年 8 月 6 日起，澳门政府公布了共 70 项安理会的决议，其中 52 项是澳门回归后以行政长官公告命令公布的 [2]。这些决议都是安理会依照《联合国宪章》第七章而采取的强制行动，对世界各国都具有约束力。

（二）其他国家和地区及国际组织的广泛认可

长期以来，一个国际主体是否应该取得国际承认，在国际法理论上一直是一个颇有争议的问题，形成了"构成

---

[1]　参见中华人民共和国外交部驻澳门特别行政区特派员公署网站，http://www.fmcoprc.gov.mo/chn/gjzzhy/t241605.htm，2009 年 4 月 12 日访问。

[2]　不过，根据中国外交部驻澳特派员公署的统计，迄今澳门特区政府按照中央政府指示公布并执行的安理会决议为 68 项。参见澳门印务局网站，http://cn.io.gov.mo/Legis/International/4.aspx；澳门特派员公署网站，http://www.fmcoprc.gov.mo/chn/gjzzhy/t241605.htm，2009 年 4 月 12 日访问。

说"和"宣告说"两种具有代表性的且相互对立的学说。"构成说"认为,一个新的实体(尤其是国家)必须得到其他既有国际法主体的承认,其国际法主体资格才得以成立。"宣告说"则主张,一个新的实体(尤其是国家)只要符合国际法主体的要件,即具备此等资格,无需其他国际法主体的承认,后者的承认行为只具有宣示性效果,即表明其愿意与被承认者建立外交关系或开展对外关系。如今,绝大多数国际法学者倾向于"宣告说",但同时也强调国际承认对一个新的国际法主体的重要性,如果一个新的国际法主体得不到应有的国际承认,其开展外交关系和对外关系的能力必然大大受到限制,国际空间必然大大受到挤压,从而其国际法主体资格的实际效用就会大打折扣,甚至受到国际质疑。

上述澳门特区积极而又富有成就的对外关系实践本身充分证明了其他国家和地区及国际组织对其国际法主体资格的广泛承认。理由很简单,如果没有广泛的国际承认,澳门特区就不可能参加 200 多项多边条约、缔结近 70 项双边协定、以"中国澳门"名义获取一系列政府间国际组织的成员资格以及以"中国澳门"名义在有关政府间国际组织中或国际会议上发表意见。可见,澳门回归祖国的 10 年在对外关系领域的丰硕成果,是国际社会对中国实行"一国两制"及澳门作为中国的一个特别行政区的广泛认可,是对中国与澳门特区之间在有关澳门对外事务的职权划分的充分肯定,从而是对澳门特区享有授权性的、有限的国际法主体资格的普遍承认。

五　结论

综上所述,我们可以对澳门特区的国际法主体资格问题得出如下概括性的认识：

第一，正确认识澳门特别行政区的国际法主体资格，不能固守传统国际法主体理论，甚至生搬硬套现行国际法教科书，而是需要与时俱进的理论创新，至少是认识上的创新。当然，这种创新必须符合科学发展观，即必须基于对有关国际法理论的科学分析、有关法律的科学解释和客观实际的科学解答。

第二，当今国际法主体已经结束了非主权者莫属的时代，呈现出多元的发展趋势。虽然主权国家仍然并永远是国际法固有的、基本的主体，但是政府间国际组织、正在争取独立的民族、交战团体、叛乱团体等非主体实体也被普遍承认为国际法主体。当然，这些非主权实体的国际法主体资格不可与国家同日而语，它们或者是派生的，或是过渡的，抑或是有限的。澳门特区作为一种经中国最高权力机关和中央人民政府授权而派生的国际法主体，符合这种多元的国际趋势，这不仅丝毫不影响，反而大大地丰富了其母体——中国的国际法主体资格的固有性和完全性。

第三，澳门特区的国际法主体资格使得一个国家在国际法上拥有一个以上的主体资格成为现实，这是中国对当代国际法发展做出的创造性贡献。这种创造性有着坚实的国际法和国内法的双重基础，即《中葡联合声明》《中国宪法》《澳门基本法》。尽管这些基本法律文件并没有直接、明确地规定澳门特区的国际主体资格，但此等资格是这些基本法律文件中"一国两制""特别行政区""高度自治"等核心法律概念的应有之义和必然的逻辑隐含。

第四，澳门特区的国际法主体资格限于与澳门有关的对外事务，不包括其外交和国防事务。尽管如此，其

10年来积极而又富有成就的对外关系实践充分体现了其国际法主体资格的特有价值和作用；而其他国家和地区及有关的政府间国际组织愿意并卓有成效地与澳门特区建立和发展各种对外关系，进一步证明了后者的国际法主体资格在特定的范围内和一定的条件下物质存在的客观事实。

巴西如何看待中国

阿尔多·雷贝罗　路易士·保利诺

> 真正的中国是特有的矛盾体，并不为中国人所了解。由此可以想象，对我们而言，中国是深藏在城墙间的秘密梦想。
>
> ——莱多·伊沃（1924 年）

一　前言

很多有关中巴关系的论调和文章认为，巴西与中国只是刚刚开始相互了解，双方建立的是一种利益关系，主要受中国对原材料的需求、巴西的丰富资源以及巴西对中国廉价工业制成品的需求等驱动。如果谁这样想，就好像在观察河流的时候，并没有意识到在表面的激流涌动之下，是那些更深层的水流决定着河流真正的速度和方向。中巴关系历史悠久，源远流长，其深度和广度远远超过从报章上读到的浅显内容。

吉尔贝托·弗莱雷在其经典著作——《大房子和奴隶》《大厦和窝棚》中记录了 16 世纪到 18 世纪巴西文化和社会形成过程中中国和亚洲的存在。19 世纪，巴西与中国的发展进程风云变幻，其间巴西经历了再欧洲化，巴中两国均因可憎的"不平等条约"受到英帝国主义的枷锁，两国关系由此逐步冷却。1808 年，巴西宣布港口向所有友好国家开放，1810 年，若昂六世屈从于英国压力，赋予英国同巴西开展贸易的优先权；两次鸦片战争（1839~1842 年、1856~1860 年）期间，中国倍受屈辱，英国迫使中国进口英国商人出售的鸦片，以此换取欧洲青睐的中国丝绸、瓷器、茶叶等商品。

这段时期之后，到 20 世纪下半叶，受中国 1949 年建立共和国、巴西在"二战"至 1964 年军事政变前采取民主体制及国家发展政策等因素驱动，巴中关系取得新的活力。

值得纪念的一个例子是，时任巴西副总统若昂·古拉特 1961 年访问中国，作为中国的伟大朋友受到中国政府和人民的热情接待。1964 年巴西实行军事政权后，两国外交关系中断了 10 年。1974 年内斯托·盖泽尔将军任总统期间，巴西同中华人民共和国的外交关系得以恢复。此后，特别是在 1985 年巴西实现再民主化后，两国外交、政治和经济关系日益密切。21 世纪初，中国与巴西在双边和多边领域已经成为重要伙伴。

此文旨在突出巴中关系在历史、文化、政治、外交和经济等领域的重要性，强调巴西与中国作为发展中国家，肩负着相互支持的共同责任。作为非盎格鲁－撒克逊文明，两国将有望为建立一种新的世界文明模式做出贡献，这种模式将有别于全球资本主义发展和危机凸显出的自由主义－个人主义二项式发展模式。

二　巴西：热带的中国

吉尔伯托·弗莱雷在《大厦和窝棚》中写道，尽管有一些人认为他夸大了东方在巴西男权社会文化形成过程中的重要性，但事实上，在巴西这样一个总体重男轻女，特别是男性耕种土地，一个种族剥削另一个种族的社会，东方曾对巴西风土文化带来相当实质性的影响，而不仅体现在一些更为闪亮的色彩上。这种实质性的影响并不局限于文化色彩：东方加剧了领主与奴隶共处的形式，即家庭和社会中的等级模式。生活方式、服装、交通等因素不可避免地影响了思维方式。

（弗莱雷·G., 2003，第 24 页）

作者认为，只有英国工业资本主义，受革命性的生产方式和同样革命性的交通体系的带动，为了寻求殖民和半殖民地市场满足出口大量工业制成品的需要，

才能在较短的时间内使东方对巴西生活、景观和文化的影响沦为灰烬。18 世纪末至 19 世纪初，中国的轿子、草席、杂货店、喷泉、烟火、凹瓦、手推小车、木制百叶格或百叶窗、女士披肩和头巾、粉刷成白色或艳色的宝塔形房子、月亮形的屋顶飞檐瓷砖，印度的椰子树和杧果树，阿拉伯的象皮病，摩鹿加群岛的蒸粗麦粉、杏仁甜点、桂皮甜米饭，锡兰的肉桂，科钦的花椒，中国的茶叶，婆罗洲的樟脑，班度的丁香，中国和印度的农场和瓷器，东方的香水，似乎在其他任何美洲地区都不像在巴西这样如鱼得水；它们同印第安、欧洲和其他国家的价值观一道，共同构成了我国自然文化共生体。好像从生态角度而言，东方比西方同我们更具有血缘关系。

（弗莱雷·G., 2003，第 25 页）

19 世纪，为逃离拿破仑的军队，葡萄牙王室由里斯本

迁至里约热内卢,为巴西的再欧洲化进程提供了便利。一大批英国和法国顾问跟随若昂六世抵达巴西,其中最著名的是利尼亚雷斯伯爵和经济学家席尔瓦·里斯本等亲英分子。他们表示,要想拯救葡萄牙和巴西,就要尽快摆脱占主导地位的东方特色,照搬西方完美文明的风俗品味。为此,吉尔伯托·弗莱雷举了一些例子,如强制要求破坏里约热内卢的木制百叶窗,改用英国产玻璃窗和铁阳台。正如作者强调指出:

> 百叶窗格等东方特有的室内建筑风格的消失,似乎标志着西方在文化或文明战争中对东方取得了决定性胜利……
>
> (弗莱雷·G.,2003,第31页)

把巴西纳入西方或次欧洲文化的愿望主要旨在为英国的商业利益和资本主义扩张服务。正如弗莱雷所说:

> 在经济上,当时巴西和东方间关系日益密切,双方建立的定期和不定期贸易是巴西殖民时代农业宗法体系最坚实的基础之一。
>
> (弗莱雷·G.,2003,第37页)

东方对巴西社会文化进程的影响体现在巴西生活方式和城乡风貌的许多方面。巴西所形成的文明,如同一个热带大熔炉,将来自亚洲、非洲、欧洲的不同影响与本地原生元素相融合,而巴西原住民肯定也来自亚洲,可能在几个世纪前抵达了巴西。这一文明具有自身特性,与盎格鲁－撒克逊文明的种族零容忍和个人主义迥异,代表着一种新的社会承诺,不会像西方那样试图用铁腕和武器强加其自封的"平整世界"的使命。

　　幸运的是，世界并不是扁平的。这赐予我们一种希望，在人类历史的某一时刻，哪怕是在很久远的未来，我们可以找到一种社会、经济、生态与人类更加和谐共存的新的文明模式。

三　巴西如何看待中国

　　巴西社会很重要的一部分阶层已经习惯用西方的变形镜看待中国。他们指责中国，并认为中国应对世界所有问题负责，至少在2008年国际金融危机前是万无一失的成功方程式。在巴西，一批所谓"意见领袖"也持同样论调。从全球气候变暖到全球失业率，从非洲的独裁统治、多哈回合谈判失败到粮食、石油价格高企，世界上不管发生什么问题，马上就有人给出现成的答案：这是中国的错。

　　显然，这样的分析充斥着偏见和欧洲中心主义观点，认为占世界人口20%的欧美人口的发展模式不可能拓展到世界其他地区，尤其是中国这个占世界人口20%的国家。不可否认的是，近年来中国在世界经济舞台上日益崛起，改变了全球政治经济力量的平衡，使得国际权力关系的天平向亚洲倾斜。

　　一个重要的问题是，这些变化对全球地缘政治和经济平衡带来了什么影响？巴西应该把中国的崛起视为摆脱欠发达的机遇还是威胁？巴中关系是否面临重蹈同发达国家几世纪以来不平等交换模式覆辙的风险？

　　在回答这个问题时，如果我们只考虑两国现有的贸易结构，就不会意识到当前巴西同世界其他国家间的传统贸易格局发生了显著变化。正好相反，随着中国超过欧洲、美国和拉美国家成为大宗农业品和矿产品买家和工业制成品出口国，这种格局似乎正在加剧。此外，中国同巴西、墨西哥等发展中国家不仅在美国和其他拉美国家等第三方市场上就劳动力密集工业制成品出口展开竞争,还与当地企业竞争国内市场。

不过,由此推断中国对巴西的发展构成威胁将是一个错误。事实完全相反。巴西同世界其他国家间不平等的贸易格局并非取决于出口大宗商品本身,而是由于巴西对大宗商品的依赖性上升。这两者具有很大差异。

当世界愿意支付高价购买时,拥有大量自然资源却不出口,并不是明智之举。这就好比是中了彩票却不去兑奖。欧洲和美国占据了大部分世界农产品贸易,但并不因此仅依赖这些出口实现自身发展。以 2007 年为例,美国的农产品出口占其出口总额的 8.6%(阿里亚斯,2008,第 84 页)。

而中国进口巴西的自然资源首先是出于需求,并不是要向巴西强加这种或那种贸易模式。一个国家在国际劳动分工中的地位在某种程度上是一种选择,在某种程度上也是一种偶然。如果一个国家出于其天然的比较优势,擅长生产和出口一种特定产品,这不能只归咎于外部强加或突发事件。比如,古巴经济相当程度上建立在甘蔗和烟草种植的基础上,委内瑞拉最大的经济来源是丰富的石油开采,秘鲁大部分收入来自渔业捕捞,智利来自于铜矿开采,这均取决于每个国家特定的自然生态条件。如果由于不想成为大宗商品生产国,阿拉伯国家或挪威不再开采地下石油,俄罗斯不再开发丰富的天然气资源,这将是很奇怪的一件事。

不过,我们不能无视资源丰富的穷国在被局限为低附加值原材料出口国和高附加值工业品进口国方面受到的外部压力。这种压力的明显例子是发达国家关税不断升级的反常现象。通过这一机制,穷国的出口商品加工程度越高,发达国家对其征收的关税就相应提高。欧盟和美国从巴西进口未加工的咖啡为零关税,进口速溶咖啡征税 10%;进口生牛皮为零关税，进口皮鞋征收高达 50％的关税。中国本身从巴西进口大豆为零关税，但对豆油和豆粕征收高额关税。这些做法使出口原材料的穷国停留在各生产链的低端。

世界贸易组织制定的国际贸易规则也使得当前不平等的贸易格局得以为继。通过取缔多数传统产业政策措施，世贸组织试图冻结和固化现有国际劳动分工以及穷国从属于富国的利益关系。主权国家丧失了制定发展政策的能力，彻底处于欠发达状态。中国则强有力地证明，尽管这些限制客观存在并不断增多，但它们不能被看作绝对的发展障碍。中国在 2001 年加入世贸组织时被强加了重重限制，但却是从经济全球化进程中获益最多的国家。

关于当前中国对拉丁美洲国家发展构成的所谓威胁，值得注意的是，拉美地区少数国家在向第三国市场，尤其是美国市场出口工业制成品时面临中国的竞争。也许受影响最大的国家是墨西哥，其次是巴西和一些中美洲国家。对其他拉美国家包括巴西本身而言，中国对大宗商品的需求一直是积极的，因为它使得这些国家在美欧经济衰退的背景下仍保持了经济增长。即使是从中国进口的产品，也主要集中在机械设备和工业原材料领域，为保持本国在多个行业的竞争力做出了贡献。

因此，正如桑蒂诺（2007，第 8 页）所说，最大的问题是如何继续利用中国这一彩票的优势，同时避免陷入原材料死角，防范无法深入参与全球价值链一体化的风险。而这与其说是中国对地区大宗商品需求引发的问题，还不如说更大程度上是国家发展战略的问题。

四　巴西有理由害怕中国吗？

中国不是快要来了，中国是正在回来。19 世纪初，中国的 GDP 约占世界的 1/3。此后，中国备受帝国主义列强，特别是英国、法国、日本侵略。再加上当时军阀统治下的落后政治体系，中国未能保持在世界经济中的重要位置。

1949 年以来，中国开启了改变两个多世纪落后面貌的长征，并于 21 世纪初重新成为世界强国候选人。因此，西方带着怀疑和一些担心看待重返世界政治经济舞台的中国并非没有道理。

不过，中国崛起为全球经济大国不仅对美国、欧盟等西方经济强国，也对其他新兴经济体构成重要挑战。中国的经济崛起为那些自然资源丰富国家的出口注入了新的活力。中国对自然资源的巨大需求，同时也带来了货币升值等风险，降低了其工业产品竞争力。在巴西，不仅外资流入和流出受到影响，其货币也开始随着矿产品和农产品价格波动 [1]。

中国作为主要工业产品出口国崛起（中国 95% 的出口产品为工业制成品），既出口劳动力密集和低技术产品，也越来越多地出口高科技产品，对拉美工业化国家，特别是墨西哥和巴西构成了新的挑战。

面对上述状况，当前中国的扩张自然引发了一种矛盾心理。一方面，受益于中国对大宗商品需求的国家和经济部门把中国的发展热潮视为真正的福音，特别是在发达经济体步入衰退的背景下。工业部门的代表则并不抱有这种乐观情绪，他们原来占据的传统市场不可逆转地被中国出口商品占领。

不过，将部分巴西工业部门现有问题归咎于中国的竞争是错误的。主要问题在于缺乏适当的发展政策，归根到

---

[1]　斯亚雷塔·T:《雷亚尔随大宗商品价格波动》，见《圣保罗页报》2009 年 5 月 10 日 B3 版。

底，问题来自全球资本主义的自身发展。值得注意的是，从中国进口的大部分产品来自近年来在中国投资的跨国公司。甚至一些巴西公司也选择在中国生产。这是不可逆转的生产国际化进程，它利用通信、信息、运输等领域技术创新带来的便利，在全球各地设立战略生产部门，以便发挥当地廉价劳动力、高素质人才、自然资源或物流等优势，不断拓展自身市场占有率。

因此，威胁并非来自中国，而是来自资本主义全球化，中国本身也不能幸免，但中国比巴西更机智地知道如何利用环境中的优势。因此，"中国的挑战"似乎并不是威胁，而是如桑蒂索（2007，第10页）所言，"是对拉美的警醒"。

2000年以来，中国对全球GDP增长的贡献一直比美国更高，是巴西、印度、俄罗斯三个金砖国家成员国贡献总和的1.5倍。哪怕是在地区国家对美国市场出口方面，我们也必须考虑到，虽然中国与巴西等拉美工业制造商在美国市场竞争，但至少在2008年国际金融危机爆发前，有利于本地区的美国巨额外贸赤字只能依靠中国和其他亚洲国家的外部融资来维持。

关于中国对全球经济增长的贡献率，另外一个必须考虑的因素是中国市场相对更为开放了。正如布拉格兹·里朵伊（2007，第48页）所说：

> 中国作为全球贸易大国崛起，在许多方面具有无与伦比的速度和深度。中国已经比大多数新兴经济体更为开放。世贸组织数据显示，2005年中国货物和服务进出口总额约占GDP的70%以上，美国、日本和巴西则占30%。

另外一个经常提到的对巴西和拉美工业制成品出口的主要威胁是中国的劳动力成本。事实上，即使同拉美相比，中国的劳动力成本仍然相对较低。2006 年，中国产业工人平均工资每月 141 美元，低于目前本地区大多数国家的最低工资标准。1990 年，中国产业工人平均工资为每月 36 美元，1990 年至 2004 年其工资年均名义增长率达 10.2%。正如劳拉（2007，第 20 页）所说，如果我们考虑到中国同期（1990~2004 年）9.7% 的年均经济增速和 8.5% 的年均劳动生产率增速，中国的工资增长率与经济增长率是相适应的。正如劳拉所指出，上述数据表明，哪怕是中国这样一个拥有 8.97 亿适龄劳动力，其中 85% 已参与劳动力市场，劳动力供给几乎拥有无限弹性的国家，也无法阻挡工资成本随着经济增长而上升。

　　这是因为，中国的生产正在向技术更加先进的行业转移。虽然未来几年预计将有 3 亿左右农村劳动力迁移到城市，但这无法解决对熟练技术工人需求上升的问题。这些熟练工人的工资将继续保持快速上升趋势。

　　阿里亚斯（2008，第 84 页）在提请大家注意这一事实时提到：

　　　　近期，中国已经开始在电信设备等更为先进的经济产业部门展开竞争。华为、中兴等企业制造的产品直接与摩托罗拉、爱立信、西门子、诺基亚等大型生产商进行竞争。中国已经能够生产具有高度生产力的高级产品，这对一个劳动力富集而相对贫穷的国家来说很不寻常。

　　劳拉（2007，第 25 页）指出，中国的高技术产品出口在 2004 年首次超过美国。2004 年，中国出口了价值 1800

亿美元的电脑和手机等数码设备，而美国的国际销售额仅为 1490 亿美元。据经济合作与发展组织（OECD）和联合国国际贸易数据库统计，2006 年中国出口了价值 3439 亿美元的高技术产品，同期美国出口额为 3238 亿美元 [①]。

中国在多个领域，特别是电信领域创造了不同于现行国际标准的自身技术标准，这使中国企业取得了重要的竞争优势。在推迟持有其他技术标准的外国公司进入中国市场的同时，这给予了中国企业同外部供应商就技术和知识产权开展谈判的重要能力。因此，考虑到中国的对外贸易日趋成熟，那些认为目前中国出口对巴西和拉美国家出口构成真正威胁的想法越来越不符合事实。

在现阶段中国对巴西的优势中，其中最重要的或许是中国在基础设施领域的大量投资。中国基础设施建设投资增速高于整体经济增速，而巴西正好相反。近年来，中国的铁路系统作为国内运输干线，一直得到巨额投资，其中包括建设从北京到香港的第二条铁路线和铁路网向新疆喀什和西藏等偏远地区的延伸。

1990 年至 2004 年间，中国的铁路网从 53400 公里扩展到 61000 公里。高速列车将从北京到上海的旅行时间从 13 小时缩短至不到 5 小时。至 2010 年前，中国计划兴建 5400 公里高速铁路。自 20 世纪 90 年代初开始，省际高速公路从无到有，拓展到 34300 公里，公路总长度上升为 190 万公里。

中国对港口和机场的投资同样令人印象深刻。今天的中国已拥有 200 个港口，其中部分跻身世界十大港口之列。北京和上海现代化的机场每年可接待 8000 万旅客，均拥有逾 400 个登机和着陆口。或许中国基础设施领域的主要局

---

① 雷德赫尔:《中国的第二波入侵：高技术》，见《圣保罗州报》2008 年 8 月 11 日 B1 版。

限是能源供应。

在经济环境方面，巴西和中国之间的差异多种多样。比如在税收领域，根据圣保罗州工业联合会 FIESP（2008，第 27 页）一项研究表明：

> 在开展研究的 6 年间，中国的税负保持相对稳定，约占 GDP 的 15.75%。巴西的税负则在 2000 年至 2005 年呈现明显上升趋势，达到 GDP 的 34.1%。

这份研究强调的另外一个因素是利率。2002~2003 年危机后，巴西年均利率于 2005 年"跌"至 19.1%，此后一直保持小幅下降，目前约为 11%。2005 年中国年均利率为 2.3%，目前约为 1.2%。在融资成本方面，另一个重要因素是银行利差，即银行筹资利率与贷款利率之间的差额，包括所谓的"税收楔子"，即倒债资金、管理成本和银行利润等。2005 年中国的银行利差为 3.3%，巴西则高达 28.4%。

我们还必须强调巴西和中国投资的差异。2005 年中国固定资产投资约占 GDP 的 41.5%，而巴西尽管宏观经济形势好转，当年投资率仅为 GDP 的 16.3%。

在所有影响巴西出口竞争力的经济因素当中，或许汇率是最主要的。1997 年至 2007 年间，中国货币人民币兑美元汇率基本保持稳定。而巴西货币汇率则剧烈波动，从 2003 年开始呈明显升值趋势，对巴西工业制成品出口造成很大冲击。2008 年国际金融危机使巴西货币贬值约 60%，但其汇率的好转并没有抵消出口数量减少和大宗商品价格下降所造成的出口总额下降。

在教育环境方面，巴中两国的数字差异并不那么明显。这种差别可能体现在教学质量上。2002 年至 2005 年，巴西教育开支平均占 GDP 的 3.6%，中国占 GDP 的 2.0%。据联合国数据统计，中国的平均受教育年限在 1997 年至 2005 年间急转直下，从 6.4 年降到 6.0 年。同期巴西的平均受教育年限从 4.6 年增长到 5.7 年。在 15 岁以上人口识字率方面，数据也非常相似：中国为 90.9%，巴西为 88.6%。

在科技领域，巴中两国差异显著，圣保罗州工业联合会的一份研究表明了中国清晰的发展战略。中国研发开支一直稳步增长，从 1997 年占 GDP 的 0.64% 上升至 2005 年占 GDP 的 1.3%，而巴西则从 2000 年占 GDP 的 0.7% 徘徊至 2005 年占 GDP 的 0.83%，缺乏一个明确的趋势。

另外一个表明中国在科技领域相对成功的指标是注册专利的大幅增长。2000 年至 2005 年，巴西每年新注册的专利平均为 4000 项，中国的注册专利则由 2000 年的 2 万项跃升至 2005 年的 9.32 万项。这也体现在两国技术和知识密集型产品所占出口份额中。2005 年，巴西出口产品的 7.2% 为高技术产品（主要为巴西航空工业公司的飞机及通信设备），中国出口产品的 21.0% 为高技术产品。正如上文所述，目前中国已成为高技术产品的第一大出口国。2006 年，中国出口了 3439 亿美元的高技术产品，美国为 3238 亿美元，德国为 2143 亿美元，日本为 1564 亿美元。而巴西的高技术产品出口总额仅不到 97 亿美元。尽管近年来大宗农产品和矿产品国际价格上涨，巴西出口产品的平均公斤价格停滞不前，中国产品价格则不断上升。2000 年，中国出口产品的平均公斤价格与巴西相等，均为 0.27 美元 / 公斤。2007 年，中国每公斤出口产品的平均价格上升为 0.87 美元，相当于增长了 222%。同期巴西每公斤出口产品的平均价格仅增长至 0.33 美元，增速为 22%，比中国产品价格增速少 10 倍 [①] 。

---

① 雷德赫尔：《中国的第二波入侵：高技术》，见《圣保罗州报》2008 年 8 月 11 日 B1 版。

总体看，上述因素解释了为什么中国在世界出口中的份额由 1997 年的 7.58% 上升至 2006 年的 11.76%，而同期巴西在世界出口中的份额仅由 1.08% 上升至 1.25%。这也解释了为什么巴中双边贸易如此不平衡。

　　巴西从中国进口产品的 90% 为工业品，77% 的出口产品为大豆、铁矿砂、木浆和石油。铁轨是巴西在增加出口产品附加值方面所面临困难的典型事例。自从国家钢铁公司（CSN）铁轨生产线停产后，巴西开始主要从波兰和中国进口铁轨。超过 50% 的巴西进口铁轨来自中国，平均成本为每吨 850 美元。中国钢铁制造商每生产一吨铁轨使用 1.7 吨至 1.8 吨铁矿石，其巴西出口价为 136 美元。换句话说，巴西出口的原材料与进口的制成品之间的差价是每吨 714 美元 [①]。

　　不过，两国双边贸易和巴西出口产品多元化都具有巨大增长潜力。中国既是工业产品的主要出口国，也是高技术产品的进口大国。中国在 2008 年成为巴西飞机制造商巴西航空工业公司的第二大市场。中国 80 架 120 座以下飞机中，39 架产自巴西航空工业公司。据巴西航空工业公司中国区总裁关东元预计，这个数字在 2008 年底将达到 47 架或 48 架，这将使该公司在中国的市场份额超过 50%。2008 年 1~7 月，巴西航空工业公司中国市场销售额达 1.488 亿美元 [②]。

　　中国在巴西出口中的份额从 2007 年的 6.7% 增加至 2008 年的 8.3%。2008 年巴西对华出口增长 51%。巴中双边贸易额，即两国出口和进口总额从 2003 年的 66 亿美元上升至 2008 年的 365 亿美元，相当于近 5 年两国贸易增长

----

①　布里托：《我国向中国出口铁矿砂并进口铁轨》，见《圣保罗页报》2008 年 7 月 21 日 B1 版。

②　特雷维珊：《中国已成为巴西航空工业公司第二大市场》，见《圣保罗州报》2008 年 9 月 14 日 B14 版。

了 550%。2009 年第一季度，中国成为巴西最重要的贸易伙伴，超过美国和阿根廷这两个巴西多年来的第一和第二大贸易伙伴。

不过，巴中关系中有一些领域新闻界关注度较低，但同两国贸易关系一样重要。

其中最主要的是科技领域。巴西最重要的科技项目之一是与中国联合研制的。这就是中巴联合生产、发射、运行的 CBERS 卫星项目（中巴地球资源卫星）。作为双方合作成果，两国已于 1999 年、2003 年、2007 年联合发射三颗卫星，并将在 2011 年和 2014 年发射新的卫星。

得益于这些卫星，巴西能够更好地监督自然资源的利用，控制森林砍伐，并预防威胁农业生产和公共卫生的自然灾害。我们向南美邻国和非洲国家免费分发卫星拍摄的图像，其用途与在巴西一样。

随着巴中关系的深化，中国对巴西的投资和巴西对中国的投资自然而然也将扩大。2009 年 2 月时任中国国家副主席习近平访问巴西期间，中方宣布向巴西石油公司提供 100 亿美元贷款，用于投资开发近期在巴西海岸发现的新的石油储量。

除宣布向巴西石油公司提供贷款外，中国国家开发银行（CDB）行长蒋超良同巴西国家经济社会发展银行（BNDES）、巴西伊塔乌银行签署了为巴西出口提供 1 亿美元信贷的协议。

上述举措均展示了巴西和中国政府加强和扩大友好合作的意愿，也表明两国更加重视双边关系。

五 巴西与中国的合作议程

面对当前建立新世界政治经济体系的历史性机遇，巴西和中国面临共同的挑战。如果两国之间以及两国同其他发展中国家间能够制定合作议程，我们可能将更容易克服上述挑战。考虑到两国近年来在经贸、外交、政治、科技、教育和文化等领域的特殊关系一直在发展，这一议程在某种程度上业已存在。

引人注目的一个例子是，中华人民共和国全国人民代表大会仅同四国签署了合作协议，其中就包括巴西。在文化领域，两国推动相互了解的努力显而易见。值得一提的是，2008 年 11 月，巴西第一所孔子学院在圣保罗州立大学（UNESP）挂牌揭幕，其宗旨是促进两国文化交流，推广中文在巴西的传播。在科技领域，中巴开展了联合研制地球资源卫星合作。巴西农牧研究院（EMBRAPA）同中国多家研究机构签署合作协议，共同在木薯乙醇、水果种植、稀树草原农业生产等领域开展农业科研合作。

在经济领域，巴中双边贸易不断增长，中国已经成为巴西最重要的贸易伙伴[①]。此外，中国企业在巴西的存在和巴西企业在中国的存在已经成为重要事实。伊塔乌贝贝阿银行、股票商品及期货交易所（BM & F）、科特米纳斯公司、欧德布莱特建筑公司、恩布拉科压缩机公司、巴西航空工业公司、诺罗尼亚律师事务所、淡水河谷公司等巴西大型企业已经通过在中国设立工厂和办事处推进其国际化进程。另一方面，中国的大型企业也正在巴西投资兴业。世界第一大空调生产商格力只在巴西和巴基斯坦这两个中国以外的国家开展生产。全球第三大通信设备制造商华为 1999 年落户巴西，与巴西几乎所有移动电话运营商签署了基础设施合同。2008 年其在巴西的营业额约 10 亿美元，是 2007 年的

---

① 2009 年第一季度，巴西对中国出口总额比上年同期增长 62.67%，出口同比增长 41.47%。中国首次超过美国成为巴西第一大出口市场。

两倍 ① 。华为的中国竞争对手中兴也有开拓巴西市场的大胆计划。2008 年，中兴巴西分公司营业额比上年增长了三倍。中国第五大汽车制造商奇瑞计划两年内在巴西开设工厂，该项目预计投资 5 亿~7 亿美元，达到年产 15 万辆汽车的生产能力，并以此为基地向美国等美洲国家出口 ② 。

2006 年，巴西机械工业协会（ABIMAQ）在牛顿·德梅洛任会长期间在北京开设了代表处，这表明哪怕是那些中国工业竞争力被视为对巴西工业构成威胁的行业也看好巴中两国关系的发展潜力。

不过，从长远看，所有这些举措仅表明了巴中双边关系的巨大潜力以及我们为此还需要付出的努力。

作为总结，下面我们将列出巴西与中国应该深化和拓展合作的五大重点领域。

（一）外交政策

加强协调配合，推动巴中两国更加积极主动地参与国际政治经济协调机制。

（1）G20 的成立及其在摆脱国际金融危机的相关讨论中发挥的作用表明，在联合国和过时的安理会、国际货币基金组织、世界银行等布雷顿森林体系遗留下来的国际协调机制的重组进程中，中国、巴西与印度、俄罗斯、墨西哥等其他发展中大国能够扮演新的角色。上述机制的权力体系以及美国在机制中的投票权均来源于 60 多年前结束的第二次世界大战的结果。60 多年来，战胜国在全球政

---

① 克鲁斯:《巴西市场增长迅猛》，见《圣保罗州报》2009 年 5 月 10 日 B13 版。

② 塞韦洛:《中国第五大汽车制造商计划在巴西设厂》，见《圣保罗页报》2009 年 4 月 24 日 B8 版。

治经济权力中的关系经历了深刻变化，当前国际协调机制的决策机构已无法适应国际形势，尤其是未能反映出发展中国家，特别是中国、巴西、印度、俄罗斯等国的相对重要性。即使 1994 年成立、更为民主地给予每国一票的世界贸易组织，目前也无法协调国际贸易体系保持最低限度的公平、公正、平衡运行。2008 年 7 月，多哈回合谈判宣告失败，围绕降低欧洲和美国农业补贴的七年谈判无果而终，这凸显出世贸组织无力推动全球贸易服务于最贫穷的国家。

（2）要提高协调效率，必须加强两国的外交代表机构。具体到巴西驻华外交代表机构，应大幅扩充外交官和外交人员数量，改变目前巴西驻华外交队伍严重滞后于两国关系重要性和密切程度的现象。

（二）双边贸易、直接投资和企业国际化

着眼于促进双边贸易，特别是两国企业双向生产性投资的发展，我们认为应考虑采取以下措施：

（1）加强现有双边部长级磋商，促进两国贸易多元化，统一外贸统计数据，为两国贸易提供便利，扩大并保持双边贸易平衡。

（2）建立一个高层委员会，以消除目前中国扩大对巴西投资面临的官僚主义障碍。应鼓励中国企业参与巴西交通、能源基础设施建设，推动两国成立合资企业特别是高科技企业，比如中航技与巴西航空工业公司已成立了合资企业。

（3）在中国推广巴西形象，并在巴西推广中国形象。这些推广活动应主要宣传和提升两国各自文化、产品、体育和旅游景点价值，其目的不仅是扩大贸易，也包括促进两国间的休闲、商业和文化旅游。

（三）教育和文化

（1）加强和促进现有举措，不断密切两国文化交流。目前圣保罗州立大学和巴西利亚大学开设了孔子学院，巴西政府支持在华推广巴西文化，在中国的大学设立了巴西文化研究和传播中心。

（2）鼓励用葡文出版中国古典和当代作家作品，用中文出版巴西和葡文作家作品。这些举措意义重大，因为之前大部分在巴西出版的有关中国的著作均译自美国和欧洲作家作品，他们自然而然地仅从自身利益出发看待中国。

（3）提升双方共同文化遗产的价值，特别是澳门作为中国与巴西等葡语国家间重要文化历史纽带的作用。

（4）鼓励巴西、中国的研究机构和大学加强交流，重点就如何应对和解决公共卫生、农业、新技术、防务、航空、可再生能源、环境等共同关心的问题开展联合研究。

（四）公共政策

在巴西和中国公共管理部门之间建立联系网络，以促进双方在各领域的相互了解和信息交流，如社会保障、公共卫生、教育、科技、环境、农业和农产品、城市卫生和城市规划、公共安全、国防、税收制度、对中小企业和小农户的支持政策、外贸、产业政策等。

（五）发展、科技和环境

在产业政策和科技领域建立共同研究议程，有效结合各自具体发展需求与环保需求。日趋明显的是，激进环保主义是英美轴心创立的一项保守的世界政治战略，旨在确保其全球经济和政治霸权。这其实是新马尔萨斯运动，其目的是阻碍中国、巴西、印度等新兴经济体的发展，向发达国家出售所谓碳信用，使之成为发达国家的生态环境储备并得以继续维持现有的不可持续的发展模式。巴西与中国应该强烈反对这种反革命的新马尔萨斯运动，尽一切努力发展清洁技术，协调经济增长与环保需求二者之间的关系。

参考文献

Arias, J. *China y el futuro de la OMC in* Política Externa. Mayo/Junio 2008. Volmen XXI, Número 123. Madrid: Estudios de Política Exterior SA.

Blázques-Lidoy, J., Rodrígues, J. e Santiso, J. *Angel or Devil? Trade Impact on Latin American Emerging Markets in* Santiso, J. (ed.) The Visible Hand of China in Latin America. Paris: OCDE, Development Centre Studies, 2007.

Fiesp. Análise de Penetração das Importações Chinesas no Mercado Brasileiro. São Paulo: FIESP/DECOMTEC, 24/07/2008.

Elliot, L. *G20 to seek solutions for a grave new world. The Guardian Weekly,* 27th March – 02nd April, 2009.

Freyre, G. China Tropical. Brasília: Editora da Universidade de Brasília, 2003. (organização de Edson Nery da Fonseca)

Lall, S. e Weiss, J. *Competing with the Dragon: Latin American and Chinese Exports to US Market in* Santiso, J. (ed.) The Visible Hand of China in Latin America. Paris: OCDE, Development Centre Studies, 2007.

Lora, E. *Should Latin America Fear China. in* Santiso, J. (ed.) The Visible Hand of China in Latin America. Paris: OCDE, Development Centre Studies, 2007.

Santiso, J. (ed.) The Visible Hand of China in Latin America. Paris: OCDE, Development Centre Studies, 2007.

The Economist. China and the West. A time for muscle-flexing. March 21st – 27th 2009.

全球化世界中的葡语国家与中国

全球化背景下的葡语国家与地区

马努埃尔·波尔图

一 葡语国家与地区的意义

葡语国家与地区的概念不禁会令人产生疑问，其中在有的地区甚至一个国家内，葡语并非是主导性的语言。在澳门，多数居民讲中文（广东方言）。此外，讲英语的人数多于说葡语的。东帝汶的情况也很相似，那里的主要语言是土著语。

无论是澳门，还是东帝汶以及所有其他的葡语国家或地区（其他葡语国家则毫无疑问），使用葡语并把葡语作为官方语言（澳门的官方语言还有中文，东帝汶的官方语言还有土著语）反映了过去与现今政治领导人的意愿。

葡语国家与地区基于一种传统和具有某种价值观的社会群体，除了葡萄牙语之外，共同的元素也反映在其他领域，诸如法律领域，从东帝汶、澳门到巴西乃至非洲葡语国家的法律就非常接近 ① 。

---

① 即使在果阿、达曼和第乌，葡萄牙民法典在经过调整和更新后仍然被适用，这些地区自然依据的是 1867 年民法典，即《塞亚布拉法典》，当然不能期待这些领土采纳葡萄牙 1966 年的民法典，因为到那时为止，它们已并入了印度联邦。

在涉及法律制度方面，每一个国家及地区的立法者自然会考虑当地的具体情况，建立和发展他们所期望捍卫和推动的某些具体的价值和利益。然而，葡语国家和地区的法律体系的基础都是相同的，都从葡萄牙的法律制度发展而来，例如澳门就无意发展香港的判例法制度 [①]，巴西法律也没有表现出同美国法律更多的相似性。

反映在价值观和利益上，葡语国家和地区法律制度的接近也是它们之间文化、政治、社会制度接近以及企业关系密切的一个因素。中国是本书所特别关注的焦点之一，其中，澳门的法律与安哥拉、巴西及其他葡语世界中新兴市场的法律就十分接近。

二　当前背景：全球化和区域集团化的加强

我们注意到，在 21 世纪初，曾发端于 20 世纪末的两大趋势得到了增强：这就是经济的开放同时伴随着区域集团化的加强。

在此背景下，我们必须基于葡语国家与地区以及中国的开放与增长进程，来展望它们的前景。

全球化运动并非新生事物，它只不过最终回归了一个古老的趋势，例如，从 19 世纪到 20 世纪初（参见 Porto, 2004（9），pp. 209-210，393-396；Porto, 2009，pp. 553-560）就曾出现过全球化运动。全球化运动的例外是 20 世纪上半叶的贸易保护主义，两次世界大战和这两次世界大战所间隔的那些年，信奉国家主义并在实践中采取闭关政策，造成了对经济和政治的负面影响。

---

① 最近召开的一次国际研讨会（2007 年 2 月 5 日及 6 日）正是关于一个国家、两种制度、三种法律体系的问题，澳门的制度就与香港的制度十分不同。

正是记得这些过去的经历，大家可以避免重蹈覆辙，尽管或多或少会面临一些困难，希望能在世界贸易组织的体系中，继续沿着贸易和经济的开放之路前行。

但是，目前，正是在这一背景之下，又出现了区域经济一体化扩大和增强的运动。

就在 20 世纪 60 年代，出现了第一波包含许多倡议的最早的地区主义、雄心勃勃的计划和相对先进的组织结构。

然而，可以说，唯一值得称道的成功例子就是欧洲的一体化[1]。除了其他原因之外，在其他地区发生的一体化运动就显得脆弱或者至少是不太成功，例如在拉丁美洲，这主要因为是所做出的宣言和创立的架构并没有体现拉美开放的现实，拉美国家对外政策维持了保护主义的限制，而对内则延续着强大的国家干预主义[2]。

到 20 世纪 90 年代，一方面，区域一体化运动的数量得到了增加[3]；另一方面，某些实践获得了成功。

对于世界所有地方都具有重大意义的是，美国也正在以创始成员和积极推动者的角色，参与到区域一体化的进程中。美国放弃了以前的姿态，不仅关注世界层面的贸易，也加入北美自由贸易区和亚太经济合作组织，并推动成立

---

[1] 在 20 世纪 70 年代，区域一体化还是面临很多困难的，当时存在的欧洲悲观主义和欧洲僵化症质疑一体化进程的可延续性。关于对区域一体化的不信任和各种困难在 80 年代因为《单一欧洲法案》的倡议得到了克服（Porto，1988，2009，pp. 447-454）。

[2] Seitenfus 曾做出强硬的表态：在某种情况下，一种先进的制度化曾被认为是一种自我灭亡。在另外的一些情况下，人们设计了先进的制度来解决争议。总之，在其他第三种模式中，人们寻求立法机构的合作并建立区域的议会，这既无用又费力。然而，这类经验总体上的标志性特点可归结为一贯不尊重履行所达成的决定（2003，第 40 页）。

[3] 在 20 世纪 90 年代，通告给世界贸易组织执行《关税与贸易总协定》第 24 条的区域贸易协定的数量比前 40 年的总和还要多（Porto，2009，pp.579-580）。

美洲自由贸易区（ALCA，英文简写为FTAA）[1]。随着美国政策的转变，当今世界上，没有签订区域一体化协议的国家已经是少之又少。另外，我们也证实了一种显著的"多米诺效应"[2]。除了其他因素之外，一些国家不希望置身于区域一体化运动之外，尤其是越来越多的国家（包括很多周边国家）参与到这一进程中，受到了吸引效果的影响，它们也想参加加入某些区域一体化的安排。

三　区域一体化运动的含义

展望未来，自然需要解决两个问题：第一个问题是要了解区域集团的形成是否是最理想的解决方法，分析区域集团需要具备的成功条件；另一个问题是，无论考虑与否世界范围的贸易自由化是否是最佳的目标，需要知道是不是会有政策的努力来对付保护性的区域集团，即自由贸易的"绊脚石"（stumbling blocks）而非"营造物"（building blocks）[3]。这是具有重大意义的问题，解决了这些问题后，世界不同地区就可以采取相应的战略。

（一）理论的经验

随着许多区域性集团的壮大和成长，我们自然会期待深入了解经济学家的贡献，即如何从理论上证明创立区域集团必要性。

但是，这些调查的结果却不禁令人们产生某种失望

---

[1]　美洲自由贸易区的进程，由于委内瑞拉和玻利维亚的政治演变，已经中止。但是，美国转而推动双边协议，这种战略遭到 Guimarães 的批评（2005）。

[2]　这个说法是由 Richard Baldwin 提出的（1993、1995）。

[3]　这个说法是 Lawrence 提出的（1991），也可以参考 Melo 和 Panagariya（1993）。

感，在本身持支持观点的论证中，我们得到的结论是，区域集团化（从宽泛的角度来看）并非是"首选最优方案"。按照其本身的逻辑，这些理论证明，相比那些哪怕是非常成功的区域一体化案例，更好的选择是实现世界范围内的自由贸易[①]。按照 Pomfret（1986）所言，"优惠贸易的理论一直是战后经济学更加令人失望的分支之一"。

然而，区域集团的形成可被视作是通往世界自由贸易这一目标的步骤。在许多案例中，欧盟是一个出色的榜样，区域一体化是强化特定产业（产品）或其他能力（地区协作方面）必不可少的条件。获得世界范围内的优势地位，不仅会使集团内的各国受益，而且其他国家都会最终获益。欧洲最突出的例子是空客（Airbus）项目，这个项目的成功也惠及了世界其他地区。在不排除其他机会的情况下，运输企业可以通过这种方式买到更优质量及或价格条件的飞机。这些更优惠的条件反映在税率更低廉，从而对客货两方面运输都带来好处，还为商务旅行和旅游带来便利。

我们遵循"朝阳产业"或"新兴地区"的正确逻辑[参看 Porto，1979，2004（9），pp.425-432；Porto，2009，pp.183-99]，参与某个区域集团能成为保证大规模投资国内化的必要条件，有时候，除了这一理由之外，如果不参与区域一体化，可能没有任何一个国家有条件或者愿意冒险单独推动上述项目[参见 Porto，2004（9），pp.449-452；Porto，2009，pp.257-259]。

---

① 对于支持性理论的概述以及相关的评价，可以参看 Porto 2004（9），pp. 438-453；2009，pp. 223-255]；Porto，Flôres，2006，pp. 21-249。

（二）实践的经验

几十年来，世界各国确凿无疑的实践 [①] 也证明，自由贸易具有更多的优势：自由贸易不应局限在某些国家。这个道理同样也适用于区域一体化，即自由贸易不应局限在某些区域贸易集团（由某些国家组成的）。

尽管存在这些实践（以及经济学理论所教给我们的观点），我们知道，在许多情况下，政治决策的做出并非能符合广大公民的利益，即那些最不受保护的群体，反而取决于利益集团施压的力量 [②]。这样就出现了一种特定的模式，一方面由支持保护主义的行业与其工会、企业家组织等自然结盟在一起，形成了利益集团来游说政府；另一方面是广大的消费者，他们没有被组织到一起或者对他们对所受到危害的程度不敏感，此外，公众的意见很容易受游说的影响，从而反对从一些廉价劳动力的国家（比如亚洲国家）进口产品。

贸易保护主义的诱惑在诸如欧盟这样的区域集团可能会很大，因为欧盟成员内部的贸易占欧盟整体贸易的三分之二以上（参见 Barthe，2006，p.48；Porto，2009，p.589）。这种情况在美洲就小得多，特别是在拉美，其内部贸易的百分比在下降，下跌至总贸易量的 15.6%；而在非洲就会更少，非洲区域内的贸易尽管最近出现了百分比的小幅增长，

[①] 除了许多作者的研究之外 [参看 Sachs 和 Warner（1995），或者更近的 Van den Berg 和 Lewer（2007），特别指出了发展中和发达国家间的接近]，由知名的国际组织开展的集体调查也清楚证明了这一结论，例如经济合作与发展组织 [参看 Little、Scitovski 和 Scott（1970）]，美国国家经济研究局 [参看 Bhagwati（1978）和 Krueger（1978）] 和世界银行 [参看 Papagiorgiou、Choksi 和 Michaely（1990）]；其中包括关于葡萄牙的研究，由 Macedo、Corado 和 Porto（1988）完成。

[②] 有一种非常天真的观点认为，这一问题将随着政治决策者们获得更好的经济学知识而得以解决 [参看 Pechman（1975）]。

也只占总贸易量的 10.4%（2003 年的数据）。

《单一欧洲法案》被通过后引起了更大的反响。美国有意见认为，这将导致形成"欧洲堡垒"（fortress Europe）；在欧洲采用单一货币"欧元"对欧洲和世界而言都是危险。这些观点曾被美国国家经济研究局局长 Martin Feldstein 以一种特别猛烈的方式所强调（1997 和 1998）。

然而，不能由此就严肃地期待欧洲改为采取封闭的政策（尽管欧洲承受了压力）。实际上，基于很多理由 [参见 Porto，2004（9），pp.446-472；Porto，2009，pp.594-601]，可以期待欧洲既实现区域内贸易的增长，也实现与其他地区的贸易增长。

特别需指出的是，尽管单一市场的形成显然是以符合成员国的利益为目的，但它却可以促进规范的协调或者建立共同的规则，使第三国更加容易了解，第三国也因此随着单一市场提供的更大优势而获得同样多的收益。举一个例子，《单一欧洲法案》提供了规则的协调，一个美国的、日本的、中国的、巴西的或安哥拉的出口商或投资者无须在欧盟市场中去逐个认识并适应每一个国家的不同情况。因为有了统一的规则，外国出口商或投资者可以进入任何一个成员国市场。单一市场消除了物理的障碍，经过边境时无须止步，我们所具有的这一优势，不仅惠及欧盟的运输商，也同样惠及在欧洲经商的亚洲和美洲的运输商，单一市场中无须再维持边境关卡来叫停或者只是控制来自其他大陆的企业车辆。

这些优势具有重要的意义，如果在世界其他地区也有统一的市场，那么欧洲的企业家也将同样受益。也正是因此，欧洲把更大的兴趣集中在与同样取得一体化的成就其他区域开展合作，特别是拉丁美洲。

另外，欧洲拥有统一的货币可以为欧元流通的地区带来经济与社会生活的巨大便利，尤其对欧洲的消费者和企业家而言。但是，使用单一货币也同样方便了来自其他地区到欧洲活动的人，比如企业家或者旅游者，他们从一个国家到另一国家时，无须再为兑换货币而算账并损失金钱了。

四 葡语国家与地区参与区域一体化进程

接下来，我们来了解葡语国家与地区参与区域一体化的进程。

在此部著作中，不需要我们来补充论述澳门的战略：澳门是中国的领土，中国作为 21 世纪的大国，在邓小平时代就倡导了采取对外开放的战略[①]。我们在此仅提出澳门应利用现有的活力，利用自己独特的优势和与世界联系的自身网络（尤其是葡语国家），这既有利于澳门自身发展，也有利于内地的发展。

东帝汶与东南亚国家联盟有联系，此外东帝汶不能也不应该放弃与它的两个强大邻国的密切联系：印度尼西亚和澳大利亚。对于所有国家都有益处的是，东帝汶需要去开发它的独特之处并且建立更加广阔的关系网络。

从事物的本质上看，鉴于葡语国家和地区的规模和地理分布，葡语世界的重要性从绝对的角度来看，可能要比世界其他地区更大；而从相对角度来看，对于澳门和东帝汶而言，葡语世界的影响也非常之大。

（1）非洲国家（包括非洲葡语国家和其他非洲国家）有一个特点，如我们所知，这些国家与非洲其他国家（即

① 关于中国的战略参考魏丹（2006，2001），著作中指出在中国开放和增长进程中新近做出的其他贡献。Porto（2009，第 553 页及后续几页）在某些例子中比较了中印两国的情况。

使是邻国）的贸易（以及其他经济关系）处于一种次要和补充的地位。

这些国家已经加入了区域性贸易集团①，例如，几内亚比绍和佛得角加入了西非国家经济共同体，圣多美和普林西比加入了中部非洲国家经济共同体，安哥拉和莫桑比克加入了南部非洲发展共同体和东部和南部非洲共同市场②。

但是，非洲区域集团内的贸易量还非常少，稍稍超过10%（而且仅是现在才达到这一比例）。非洲与其他大陆的贸易量也不大，石油和某些原材料贸易是个例外，这些产品主要销往美国并且愈来愈多地销往中国。欧洲则是迄今为止非洲主要的贸易伙伴，非洲与欧洲贸易超过了非洲贸易总量总数的50%以上（参考 Porto，2009，p.612）③。

除了自身的重要性之外，非洲葡语国家所处的地理位置也十分重要，这些国家位于非洲大陆的两侧，对于大西洋的岛国而言也有极为重要的影响，在南大西洋的影响力日益增强。

因为不同性质的原因，特别是因为使用同一种语言，葡萄牙是迄今为止与非洲葡语国家联系最为密切的国家，无论是外国投资，还是生效的法律或者葡萄牙公民在这些国家生活的人数（目前在安哥拉就有大约十万葡萄牙人），都构成了彼此联系的极重要纽带。这些联系既不可避免，

---

① 参与区域集团化的更新信息统计（在非洲和其他大陆），参看 Telò（2007），Madeiros（2008），也可参看 Porto（2009，pp.580-588）；Soderbaum（2007）特别陈述了非洲与欧盟的联系。

② 以及非洲经济共同体，其中包括了 51 个成员并有希望囊括非洲所有国家。

③ 欧洲与非洲国家的合作尤其重要，欧洲采取了针对非洲国家的特别政策（参看最近的 Cunha，2008）。欧洲是世界上唯一一个履行联合国指引的地区，其中有的国家把国民生产总值的 0.7% 投向最不发达国家 [参看 Porto，2004（9），p.534]。

又值得继续发展（诸如企业的活动），也同时促进了欧洲和其他大洲国家的交往和联系 ①。

非洲葡语国家还毫无疑问地构成了葡语世界的一部分，没有任何人对这点会提出质疑，葡语是这些国家接受教育的居民使用的唯一共同语言 ②。

（2）巴西参与南美次大陆的区域一体化已经具有更大的意义，它加入了南方共同市场 ③。

巴西参与的区域一体化无论在机制方面还是在经济方面的重要性都远高于非洲。这里需要突出强调两点：一方面，巴西在南美洲担当重要的角色；此外，在另一方面，巴西在世界舞台上也有重要的地位，与俄罗斯、印度、中国共同组成金砖国家。

葡萄牙语也是巴西使用的语言，另外，特别有意义

---

① 我们从来没提出"进入门户"的说法，所有这些非洲葡语国家都无需一个进入欧洲的"特别门户"。但是，很自然，在互惠互利的基础上，各种各样的联系，从法律制度到人员的联系、甚至是家庭成员的联系，都有助于加强非洲葡语国家与欧洲的关系（包括企业关系）。

② 比如在莫桑比克，英语的重要性是毫无疑问的，英语是莫桑比克和全世界专业和经商领域使用的语言，但在莫桑比克，只有少数接受精英教育的人掌握英语。一种语言影响力的标志是为大多数人（尤其是经济条件一般、接受教育程度一般）的人所使用。

③ 如前所述，尽管美洲自由贸易区还远未建成，但在美洲区域一体化和加强区域合作的进程中，已然有了一些有成绩的组织，特别是南方共同市场 [关于这一专题，学术界有众多的作品问世，最近一些年出现了可理解的减缓，可以参看 Carvalho 和 Parente，1999；Diao、Diaz-Bonilla 和 Robinson，2001；Amaral Junior，2003；Bauman，2003；Bouzas 和 Motta Veiga，2003；Flôres，2003（a）2003（b）和 2004；Lohbauer，2003；Rivas-Campo 和 Benke，2003；Rios 和 Rosar，2003；Silber，2003；Luz，2005，pp.255-309。或者，涉及特别关注与欧盟的联系，可参考 Maciente，2000；Monteagudo 和 Watanuki，2001 和 2002；Bouet 主 编，2003；Caldas 和 Ernst，2003；Castilho，2003；Lacunza 主编，2003；Marconini 和 Flôres 主编，2003；Ventura，2003；Calfat 和 Flôres，2004；Kegel 和 Amal，2004；Pinto，2004； 以 及 Celare，2005（a）和 2005（b）或 者 Vasconcelos，2007]。

的是，巴西在圣保罗市的露兹（Luz）地铁站旁边建立了第一个葡萄牙语博物馆。在拉丁美洲，除巴西之外的其他国家都讲西班牙语。而讲葡语的人具备一大优势，就是无须学习就可以没有任何困难地阅读和理解西班牙语（没有核实过反向的情况）。凭借着葡萄牙语，我们可以即刻同超过 5 亿人来进行沟通，这是人类总数一个可观的比例。

当然，每个葡语国家都有自身的特性，但是，在它们之间，还是有很多途径来增进彼此的交往，从法律到文学或者再到电视剧，自然而言，巴西在这些领域的影响力是较大的。

（3）最后要提的是，葡萄牙加入欧盟具有巨大的意义。

葡萄牙在欧盟的影响力当然不能和巴西在南方共同市场中的影响力相比，另外也不能与德国在欧盟中的影响力相比。然而，欧盟的组织结构充分给予了中小国家（比如葡萄牙）积极表达意见的机会。在重要的欧盟法院，葡萄牙与其他成员国一起共同参与。葡萄牙在欧盟理事会和欧洲议会拥有投票权和相应的席位，其代表性均超出了我们的人口规模。

欧盟总统产生后，欧盟理事会专业理事会仍然会沿用轮值主席制度，这将与欧盟其他开放性的参与机制一道，为每个国家多样化的倡议创造有利条件。中小国家可能有机会担任欧盟某机构的主席，比如目前担任欧盟委员会主席这一要职的就是葡萄牙的曼努埃尔·杜朗·巴罗佐。

葡萄牙语是欧盟使用的语言，尤其重要的是，欧盟的法律文件用葡萄牙语书写，这样就可以保证某种观点得到正确的反映，不存在其他语言没有完全或可靠对应表述的风险。

欧洲是世界上最大的经济集团，占世界全部生产总值的34%，在贸易上的份额还要更大，同时也是吸引外国直接投资重要的一极，在2006年就吸引了全世界外国直接投资的41.7%（参看Porto，2009，pp. 557-607）。这样我们就能够理解葡语作为欧盟使用语言，对于其他不同大洲的葡语国家而言的优势，这些葡语国家很自然地就看到越来越多的合作空间和机会。

五　葡语国家近期以及可以预见的成功

凭借其在各自所在大洲的战略定位，葡语国家和地区已在当前的危机之前就录得了值得称颂的增长率，它们其中有些例子还取得了世界之最。我们知道，当起点较低时，就可能拥有更高的增长率。

根据国际货币基金组织的预测（参看Porto，2007，p.30，据此重新绘制的图表），在2008年，安哥拉将有27.2%的增长率，佛得角的增长率为7.5%，莫桑比克增长率为7%，巴西增长率为4%[①]，葡萄牙增长率为2.8%。

如果没有我们正在经历的世界经济危机的话，这将会是一条连续增长线。因为目前的经济危机，我们必须面对的形势是，世界上各大洲各个国家的增长率都不可避免地出现了下滑，这也包括其他大洲的葡语国家。但是，从大体上讲，葡语国家在欧洲所有国家（也包括美国和日本）产品出口减少的情况下，仍旧能保持继续增长。

我们希望目前的经济危机只是一种暂时情况，但是经济危机需要我们立刻采取措施，为未来的发展构建桥梁，

全球化世界中的葡语国家与中国

---

① 没必要在这里回顾澳门近年的增长率。

我们需要增加出口的多元化或者实现外国投资的多元化。葡语世界无疑有巨大的潜力。安哥拉自然就是一个范例，其经验正在被其他国家所学习和借鉴。

六 结论

基于上述所有理由，21 世纪提供了以前几个世纪可能都无法想象的前景，在这样的背景下，利用和发展葡语国家和地区的优势具有更大的意义。

葡萄牙语是增进交往的一个要素，葡语是欧盟的官方语言，是整个南美洲使用的重要语言，是南美大国巴西的官方语言。此外，懂葡语的人可以立刻理解西班牙语。

除了语言之外，葡语世界还包含其他的价值，从法律制度到一般文化的接近，也同时是位于不同大洲的国家有密切联系的原因。

存在于这些国家之间的联系显然不是为了取代不同类型的一体化以及其他的合作，例如，巴西在拉丁美洲和世界都扮演重要的角色，其他国家，即便是规模较小的国家（在其他大洲）也都一样在参与区域和世界经济的一体化。与葡语国家和地区加强联系并不会取代任何一体化或者更紧密的安排。而除了对这些国家本身有意义之外，同葡语国家和地区增进交往还可以为与其他地区加强联系提供多一种渠道。例如，其他大洲的国家与葡萄牙加强联系也可以同时多一种渠道与欧盟加强联系。

所以，为了所有葡语国家和地区的利益，加强与葡语世界的合作是完全有可能的，并且也是应该的。这不仅让我们受益，也是为我们所有人所向往的更繁荣的世界做出的一份重要贡献。

参考文献

Amaral Junior, Alberto

2003 – *A ALCA: Globalização e Regionalismo na Formação da Política Externa Brasileira*, em Amaral Júnior e Sanchez (org.), *O Brasil e a ALCA…*, cit., pp. 17–32.

Amaral Junior, Alberto e Sanchez, Michelle Ratton (org.)

2003 – *O Brasil e a ALCA. Os Desafios da Integração*, Aduaneiras, São Paulo.

Baldwin, Richard

1993 – *A Domino Theory of Regionalism*, em Centre for Economic Policy Research (CEPR), *discussion paper* n. 857, Londres e National Bureau of Economic Research (NBER), *working paper* n. 465, Cambridge (Mass.).

1995 – *A Domino Theory of Regionalism*, em Baldwin, Robert E., Haaparanta, Pertti e Kiander, Jaakko (ed.), *Expanding Membership of the European Union*, Cambridge University Press, Cambridge.

Barthe, Marie–Annick

2006 – *Economie de l' Union Européenne*, 3ª ed., Economica, Paris

Baumann, Renato

2003 – *Desafios na Criação da ALCA*, em Amaral Junior e Sanchez (org.), *O Brasil e a Alca*, cit., pp. 93–108.

Bhagwati, Jagdish N.

1978 – *Anatomy and Consequences of Exchange Control Regimes*, National Bureau of Economic Research, Ballinger Publishing Company, Nova Iorque.

Bouet, Antoine, Laborde, David, Tarascou, Sophie e Yapaudsian–Thibaut, Anne

2003 – *The Costs of the FTAA for the European Union with and without an Agreement with MERCOSUL*, em Valladão (ed.), *The Costs of Opting Out…*, cit., pp. 95–127.

Bouzas, Robert e Motta Veiga, Pedro da

2003 – *Introduction*, em Valladão (org.), *The Costs of Opting Out…*, cit., pp. 13–21.

全球化世界中的葡语国家与中国

Caldas, Ricardo e Ernst, Christoph

2003 – *ALCA, APEC, NAFTA e União Européia. Cenários para o MERCOSUL no Século XXI*, Lumen Juris, Rio de Janeiro.

Calfat, German e Flôres Jr., Renato

2004 – *The EU-MERCOSUL Free Trade Agreement: Quantifying Mutual Gains* (mimeo).

Carvalho, A. e Parente, A.

1999 – *Impactos Comerciais da Área de Livre Comércio das Américas*, IPEA, *discussion paper* n. 635.

Castilho, Marta

2003 – *Acordo Mercosul-União Europeia: Perspectivas das Exportações de Manufacturados para o Mercado Europeu*, em Marconini e Flôres (org.), *Acordo Mercosul-União Europeia....*, cit., pp. 213–67.

Celare (Centro Latinoamericano para la Relaciones con Europa)

2005a – *Acuerdos Union Europea/America Latina. El Miño de la Associacion Estrategica Birregional*, Santiago do Chile.

2005b – *III Cumbre ALC/UE – México 2004. Proyecciones de los Consensos de Gualdalajara*, Santiago do Chile.

Cunha, Luis Pedro

2008 – *De Lomé para Cotonou. As Razões da Mudança, em Boletim da Ciências Económicas* da Faculdade de Direito da Universidade de Coimbra, vol.LI, pp. 25–62.

Diao, S., Diaz-Bonilha, E. e Robinson, S.

2001 – *Scenarios for Trade Integration in the Americas*, International Food Policy Resarch Institute.

Feldstein, Martin

1997 – *EMU and International Conflict*, em *Foreign Affairs*, Novembro–Dezembro, pp. 60–73.

1998 – *Asking for Trouble*, em *Time* (19.1.98), p. 21.

Flôres Jr., Renato

2003a – *A Grande ALCA, a ALCA Pequena e o que Desejamos* (mimeo).

2003b – *The Case of Brazil-Costs and Opportunities of Different Scenarios*, em Valladão (ed.) , *The Costs of Opting Out*··· cit., pp. 23–44.

2004 – *O Novo Mapa do Mundo,* em *Temas de Integração*, n. 18, Almedina, Coimbra, pp. 5–17.

Guimarães, Maria Helena

2005 – *OS EUA e os Acordo Bilaterais de Comércio: Pertinência de uma Análise da Economia Política Internacional*, em *Temas de Integração*, n. 19. pp. 31–46.

Kegel, Patrícia e Amal, Mohamed

2004 – *MERCOSUL e União Europeia: Uma Perspectiva Estratégica*, em *Temas de Integração*, n. 18, pp. 19–56.

Krueger, Anne O

1978 – *Liberalization Attempts and Consequences*, National Bureau of Economic Research, Ballinger Publishing Company, Nova Iorque.

Lacunza, Hermán, Carrera, Jorge e Cicowiez, Martin

2003 – *Effects on Mercorsur of the FTAA and the Mercosur – European Union Agreement: a Computable General Equilibrium Analysis*, em *Valladão* (ed.), *The Costs of Opting Out*, cit., pp. 45–93.

Lawrence, Robert Z

1991 – *Emerging Regional Arrangement: Building Blocs or Stumbling Blocs?*, em O'Brian, Richard (ed.), *Finance and the World Economy*, vol. 5, Oxford University Press, Londres, pp. 22–35.

Little, Ian M., Scitovsky, Tibor e Scott, Maurice F

1970 – *Industry and Trade in Some Developing Countries*, Oxford University Press, para a OCDE, Londres.

Lohbauer, Cristian

2003 – *Alca: Uma Perspectiva dos Desafios do Brasil*, em Amaral Junior e Sanchez, *O Brasil e a Alca...*, cit. pp. 241–258.

Luz, Rodrigo

2005 – *Relações Económicas Internacionais. Teoria e Questões*, Elsevier/Campus, Rio de Janeiro.

Macedo, Jorge Braga de, Corado, Cristina e Porto, Manuel

1988 – *The Timing and Sequencing of Trade Liberalization Policies: Portugal 1948-1986*, working paper n. 114, Faculdade de Economia da Universidade de Lisboa (síntese dos relatórios sobre Portugal preparados para o projecto referido em Papageorgiou, Choksi e Michaely, 1990).

Maciente, A.N

2000 – *A Formação da Alca e de um Acordo de Livre Comércio entre o MERCOSUL e a União Europeia: Uma Análise Comparada*, dissertação de mestrado, FEA/USP, S. Paulo.

全球化世界中的葡语国家与中国

Marconini, Mário e Flôres, Renato (org.)

2003 – *Acordo Mercosul.-União Europeia, Além da Agricultura,* CEBRI e Konrad Adenauer Stifung, Rio de Janeiro.

Medeiros, Eduardo Raposo de

2008 – *Evolução e Tendências da Integração Económica Regional,* Petrony, Lisboa.

Melo, Jaime de e Panagariya, Arvind

1993 – *The New Regionalism in Trade Policy,* World Bank, Washington, and Centre for Economic Policy Research, Londres.

Monteagudo, J. and Watanuki, M.

2001 – *Regional Trade Agreements for Mercosur: The FTAA and the FTA with the European Union,* Banco Interamericano de Desenvolvimento, Washington.

2002 – *Evaluating Agricultural Reform Under the FTAA and MERCOSUL – EU for Latin America. A Quantitative CGE Assessment,* Banco de Interamericano de Desenvolvimento, Washington.

Oliveira, Celso Maran de

2002 – *MERCOSUL. Livre Circulação de Mercadorias. Medidas oroteccionistas a serem levantadas no Mercosul rumo ao mercado comum: processo comparativo com a União Europeia,* Juruá, Curitiba.

Papageorgiou, Demetrios, Choksi, Armeane M. e Michaely, Michael

1990 – *Liberalizing Foreign Trade in Developing Countries. The Lessons of Experience,* Banco Mundial, Washington (síntese dos volumes publicados pela Basil Blackwell, Oxford, 1990–1991, resultantes do Projecto *The Timing and Sequencing of a Trade Liberalizaton Policy*).

Pechman, Joseph A

1975 – *Making Economic Policy: The Role of the economist,* em Greenstein, Fred e Polaby, Nelson W. (ed.), *Handbook of Political Science,* Wesley Publishing Company, Addison.

Pinto, Messias de Sá

2004 – *A Área de Livre Comércio das Américas e os Interesses da União Europeia na América Latina,* dissertação de doutoramento na Escola de Economia e Gestão da Universidade do Minho, Braga.

Pomfret; Richard

1986 – *Theory of Preferential Trading Arrangements,* em *Weltwirtschaftliches Archiv,* vol 122 (editado também em Jacquemin,

Alexis e Sapir, André (ed.) *The European Internal Market. Trade and Competition*, Oxford University Press, Oxfordm 1989, citado neste artigo).

Porto, Manuel

1979 – *O Argumento das Indústrias Nascentes*, separata do número especial do Boletim da Faculdade de Direito da Universidade de Coimbra, *Estudos em Homenagem, Doutor Joaquim José Teixeira Ribeiro.*

1988 – *Do Acto Único à 'Nova Fronteira' para a Europa*, separata do número especial do *Boletim da Faculdade de Direito* da Universidade de Coimbra, *Estudos em Homenagem ao Prof. Doutor Afonso Rodrigues Queiró*, Coimbra.

2004(9) – *Economia. Um Texto Introdutório*, 2ª ed., Almedina, Coimbra (no prelo a 3ª ed., de 2009).

2007 – *The New Map of the World*, em *Temas de Integração*, nº 24, 2º semester de 2007, pp. 9–36.

2009 – *Teoria da Integração e Políticas Comunitárias: Face aos Desafios da Globalização*, 4ª ed., Almedina, Coimbra (edição em chinês, de 2004, da Universidade de Macau, e em inglês, também de 2004, do Instituto de Estudos Europeus de Macau).

Porto, Manuel e Flôres, Renato

2006 – *Teoria e Políticas de Integração na União Europeia e no Mercosul*, Fundação Getúlio Vargas (e Almedina), Rio de Janeiro.

Rios, Sandra Polônia e Rosar, Soraya Saavedra

2003 – *As Negociações de Acesso a Mercados na Alca e a Agenda Brasileira*, em Amaral Junior and Sanchez (org.), *O Brasil e a Alca...*, cit., pp. 259–87.

Rivas-Campo, José António e Benke, Rafael Tiago Juk

2003 – *FTAA Negotiations: Short Overview*, em *Journal of International Economic Law* 6(3), pp. 661–694.

Sachs, Jeffrey e Warner, Andrew

1995 – *Economic Reform and the Process of Global Integration*, em *Brookings Papers on Economic Activity*, n. 1.

Seitenfus, Ricardo

2003 – *A Construção da Alca: Doutrina Monroe, Destino Manifesto, ou Integração Soberana*, em Amaral Junior e Sanchez (org.), *O Brasil e a Alca···*, cit., pp. 33–41.

Silber, Simão Davi

2003 – *Aspectos Econômicos da Formação da Área de Livre*

Comércio das Américas, em Amaral Junior e Sanchez (org.), *O Brasil e a Alca...*, cit., pp. 67−92.

Soderbaum, Fredrik

2007 − *African Regionalism and EU-African Interrregionalism,* em Telò (ed.), *European Union and New Regionalism...*, cit., pp. 185−202.

Telò, Mario (ed.)

2007 − *European Union and New Regionalism. Regional Actorsand Global Governance in a Post-Hegemonic Era*, 2ª ed., Ashgate, Aldershot.

Valladão, Alfredo G.A. (ed.)

2003 − *The Costs of Opting Out. The EU-Mercosur Agreement and the Free Trade Area of the Americas*, Chaire Mercosur de Sciences Po, Paris.

Van den berg, Hendrik e Lewer, Joshua J

2007 − *International Trade and Economic Growth*, M.E,Sharpe, Nova Iorque.

Vasconcelos, Álvaro

2007 − *European Union and MERCOSUR*, em Telò (ed.), *European Union and New Regionalism...*, cit., pp. 165−83.

Ventura, Deisy

2003 − *Les Asymétries entre le Mercosur et l' Union Européenne. Les Enjeux d'une Association Interregionale*, L' Harmatan, Paris.

Wei, Dan

2001 − *A China e a Organização Mundial do Comércio,* Almedina, Coimbra.

2006 − *Globalização e Interesses Nacionais. A Perspectiva da China*, Almedina, Coimbra.

中国与葡语国家的合作——巴西的视角

保罗·斯柏乐

一 引言

中国与葡萄牙语之间的首次接触发生在 1513 年 7 月，距离葡萄牙水手教给巴西印第安族群图皮南巴人和图皮尼肯斯人最基本的葡语词汇已过去 13 年，距离葡萄牙语伴随着唐·杜亚特的利剑第一次进入非洲大陆大约已过去一个世纪。

第一个漂洋过海来到中国的葡萄牙人是欧维士。1513年，他乘坐一艘载满辣椒的帆船从马六甲（位于今天的马来西亚）的贸易中心启程，到达内伶仃岛，在那里竖立"发现碑"。该岛又被葡萄牙人称为达芒或屯门，位于珠江的入海口，是中国南部一个巨大的商贸中心。虽然这次旅行鲜有记载，并在很大程度上以私人商业利益为目的，但它最终实现了 16 世纪最伟大的欧洲国家和亚洲国家之间的第一次接触。在中国人眼中，最初的葡萄牙人以其异域特点和"他们的狡猾残暴"[①] 著称。在葡萄牙人看来，用加斯帕尔·达·克鲁斯修士（1520~1570）的话说，中国是一

---

① 摘自明朝正德末年（1506~1522 年），监察御史何鳌上奏朝廷的奏章。

个自给自足的国家："不从外国得到任何东西，也不对外国有任何输出……完全是自给自足。"①

今天情况如何？虽然散布在非洲、欧洲和拉丁美洲的葡语国家继续用异样的眼光审视中国，与加斯帕尔·达·克鲁斯修士的观点无甚差别，中国与葡语国家之间的政治和经贸关系却已然呈现出勃勃生机。为了更加深入地理解这一活跃的关系，本章将从三个方面展开论述：首先介绍中国与八个葡语国家之间的关系②，重点介绍中巴双边关系及中国和非洲葡语国家的关系。其次，介绍巴西在非洲大陆的作用。最后，介绍巴西近期参与非洲葡语国家发展的一项措施：创建巴西—非洲—葡语系国际一体化大学。

二　中国与葡语世界的关系

葡萄牙语系是一个在葡语国家存在的文化整体。总体而言，葡萄牙语是世界第五大语言，全世界有超过 2.4 亿人以葡语为母语。尽管只有九个国家③（安哥拉、巴西、佛得角、几内亚比绍、赤道几内亚、莫桑比克、葡萄牙、圣多美和普林西比和东帝汶）将葡语定为官方语言，但是，葡语世界的实际面积要比以"拉齐奥的最后一朵花"（巴西诗人奥拉乌·比拉克的描写）为官方语言的国家要宽广得多。葡语不仅是欧盟、美洲国家组织、南方共同市场和非盟的正式工作语言，还在印度昔日的葡萄牙属地（果阿、

---

① 加斯帕尔·达·克鲁斯修士（1569~1570）：《中国情况介绍》，里斯本：Cotovia 出版社，1997。

② 尽管正式将葡语定为官方语言的是九个国家，但是赤道几内亚并不属于葡语共同体。历史上，这个国家和葡语没有紧密的联系，该国在 2007 年将葡语和西班牙语、法语一起定为官方语言，这主要是出于政治目的，而非文化原因。

③ 葡语是巴西官方语言的表述记录在《巴西联邦宪法》第 13 条，关于国籍的章节。

达曼、第乌、达德拉和纳加尔哈维利）、澳门、加利西亚、安道尔、卢森堡、乌拉圭[①]、纳米比亚、瑞士、南非、巴黎和新泽西州等国家和地区被少量使用。据联合国教科文组织的推测，到 2050 年，葡语人群将会达到 3.35 亿人。基于葡语世界多样性、差异悬殊的显著特点和界定范围的困难程度，葡萄牙散文家爱德华多·洛伦索因此做出如下论断："葡语系与葡语使用人群的范围不一致。"[②]

中国和葡语世界的关系如何？尽管中国政府在 2003 年建立了中国和葡语国家经贸合作论坛（见下文），中国却更愿意在双边关系上给予投资。总体而言，中国的外交政策几乎完全服务于本国利益，相关国家的语言不是其制定外交政策考虑的标准。然而，出于分析目的，我们依然要把目光聚焦到葡语世界，这其中的巴西和非洲葡语国家（尤其是安哥拉）是中国重要的政治和经贸伙伴。

三 巴西

中巴经贸关系的起源可以追溯到 18 世纪，当时，葡萄牙获准在澳门建立一个商站，在里斯本和澳门之间开辟了运输航线。商船航行途中在巴西停靠，就此开启了中巴两国间彼此借鉴、相互交融的历史。此外，大约 1814 年，利尼亚雷斯伯爵曾带领约 300 名中国人抵达里约热内卢的植物园，在那里从事采茶工作。然而，中巴双边关系正式确立的标志是 1881 年《中国巴西和好通商航海条约》的签署和 1883 年巴西驻上海领事馆的设立。

---

① 乌拉圭教育部门规定，在和巴西接壤的省份，葡语和西班牙语具有同等地位。

② 埃杜亚多·娄伦古：《伊卡洛斯的帆船及葡萄牙语系的身影和幻影》，里斯本：Gradiva 出版社，1999，第 178 页。

巴西著名社会学家吉尔伯托·弗莱雷在研究了中国对巴西文化形成的影响之后得出结论：中国对巴西的影响体现在烹饪、建筑、人们着装、日常生活等各个方面，巴西堪称一个"热带中国"[1]。最近，若泽·罗伯托·特谢拉再次宣称，巴西从早期的殖民地到获得独立的三百年中，除了受到卢基塔尼亚人、犹太人、非洲人和印度人的影响，也吸收了来自中国的文化元素，如：五彩丝绸、斗鸡和风筝[2]。

近代，中国和巴西于 1974 年重新建立了外交关系，两国在巴西外交部签署了《中国和巴西确立外交关系的联合公报》。经历过毛泽东时代之后的变革，1978 年，中国迎来了新的最高领导人——邓小平。之后，两位巴西总统若奥·菲格雷多和若泽·萨尔内分别于 1984 年和 1988 年对中国进行了访问，促使中巴关系在 20 世纪 80 年代末迎来了复苏的时刻，两国恢复了贸易往来，并在国际关系中采取共同的原则立场。巴西推翻专制政权后，也遵从"和平共处五项原则"的主张，这是 20 世纪 50 年代以来中国实行的外交政策中的一个重要组成部分[3]。这一时期，中国逐渐不再自我定义为一个共产主义大国，转而积极加入第三世界阵营。中国减少了对拉丁美洲革命运动的支持，对每个政府都在不干涉内政的原则基础上采取特定的政策。然而，尽管在政治层面已达成共识，中巴双边贸易仍无甚起色。

到了 20 世纪 90 年代，随着中国和巴西经济的开放以

---

[1] 吉尔伯托·弗莱雷：《热带中国》，巴西利亚：巴西利亚大学，2003。另见吉尔伯托·弗莱雷《回归线上的新世界》，里约热内卢：Topbooks，2000。

[2] 若泽·罗伯托·特谢拉：《中国在巴西》，坎皮纳斯：坎皮纳斯大学，1999。

[3] 这些原则包括：相互尊重主权和领土完整、互不侵犯、互不干涉内政、平等互利以及社会主义国家和其他制度国家和平共处。这些原则是中国在与印度的和谈中提出的。

及两国各自周边强国经历变动，中巴关系得以加强。在此背景之下，1993年时任朱镕基副总理在访问巴西期间提出了建立中巴战略伙伴关系的宏伟构想：两个最大的发展中国家有能力为建立依照多边南南合作和反对发达国家贸易保护主义为原则的国际新秩序奠定基础。用朱镕基副总理的话说："拉丁美洲是全球经济发展最具活力的地区之一。在政治上，该地区，尤其是巴西，在世界上占有重要的战略地位。巴西是拉丁美洲最大的发展中国家，中国是世界上最大的发展中国家，两国存在很多相同点。"[1]

伊塔马尔·佛朗哥政府将亚洲作为巴西外交的一个优先地区；费尔南多·恩里克·卡多佐政府延续了这一战略（后者在首个任期内对中国、马来西亚和日本进行了访问）。

目前，在中巴关系里占据主导地位的是经贸关系。巴西开始将中国视为一个具有高消费能力的市场，而中国视巴西为弥补本国经济的食品和生产资料的重要来源地。因此，得益于政治上的亲近，中巴双边贸易近年来以惊人的速度增长。自2003年至2008年间，两国之间的贸易总额从66亿美元增至365亿美元，大大超越了两国政府确立的到2010年贸易额达到300亿美元的预期目标。中国已经成为巴西仅次于美国的第二大贸易伙伴。但是，纵然有这些数字，却无法掩盖一个阻碍双边关系发展的严重问题：巴西对中国的实际国情，包括其社会政治组织和潜在实力知之甚少[2]。

尽管存在种种障碍，两国通过商讨贸易利益和围绕国际秩序重新制定战略，让双边关系的发展进程显现出清晰

---

[1] 《中国领导人寻求拉近中巴关系》，《圣保罗页报》1995年7月17日。
[2] 参阅恩里克·阿尔德马尼·德·奥利维拉《巴西和亚洲》，载恩里克·阿尔德马尼和安东尼奥·卡洛斯·赖萨主编《巴西的国际关系：主题和议程》，圣保罗：Saraiva出版社，2006。

的轮廓。由此，虽然这两个国家都在非洲有着重大的战略利益，非洲大陆却极少在中巴双边议事日程中出现。

四　非洲葡语国家

中国与非洲葡语国家之间的关系类似于和其他大多数非洲国家的关系。中国在非洲的利益源于本国经济的飞速增长和对原材料需求的增加。冷战期间，在毛泽东的领导下，中国与部分非洲国家建立了联系，包括与埃塞俄比亚、乌干达、坦桑尼亚和赞比亚开展军事合作，以及一些民用项目的实施，如修建坦赞铁路。但是，中非之间的贸易增长却十分有限，1977年，双方贸易额只有8亿美元。

20世纪90年代中期，随着中国经济的腾飞，中国和非洲的关系开始复苏。双边经贸关系的发展可以通过贸易统计数据得到证实：2008年，中非双边贸易额首次突破1000亿美元大关，达到1068.4亿美元，比上年增长45%。在机制方面，中国和非洲大陆发展关系的中心舞台是中非合作论坛，在此框架内确定了双方部长和国家元首定期会晤的机制。

今天，中国已成为世界上最大的石油消费国，因此，能源是中国在非洲的核心利益。非洲是中国一个主要的原材料供应市场，安哥拉、利比亚、刚果、加蓬、赤道几内亚、尼日利亚、苏丹、赞比亚、津巴布韦、阿尔及利亚和南非等国向中国输出石油、铝、铁、铜、锰、铅和锌 [1]。为降低风险，这些贸易协定的签署囊括了一整套谈判，并

---

[1] 非洲拥有全球66%的钻石储量和58%的黄金储量，此外，全世界45%的钴、17%的锰、15%的矾土、15%的锌和10%~15%的石油也蕴藏在非洲大陆。

且中国投入了大量人力参与到基础设施项目当中[①]。据估算，共有 8 万名中国工人和技术人员在整个非洲大陆参与大型基础设施项目的建设。

虽然，正如我在上文所提，中国对双边关系的优先重视让多边关系的发展受到影响[②]，但是，中国政府在 2003 年创建了"中国和葡语国家经贸合作论坛"，意在加强和葡语国家之间的经贸合作与交流。为了巩固中国在非洲葡语国家的经济利益，发挥澳门作为联系葡语国家的平台的作用，中国方面将中葡论坛看作一个重要手段，旨在深化其在有着 2 亿人口的消费市场的影响。据论坛秘书长赵闯介绍，2008 年，中国和葡语国家之间的贸易总额已超过 500 亿美元，这一数字本来预计到 2009 年底才能达到[③]。

在双边关系领域，中国与安哥拉于 1983 年建立外交关系，自那时起，特别是在安盟与安人运之间的内战结束以后，双方的合作迅猛增加。目前，安哥拉是中国在非洲最大的贸易伙伴。2008 年，两国之间的贸易额达到了 253 亿美元。安哥拉从中国进口食品、机械、设备、电子产品、服装和鞋类，2006 年的进口额约为 15 亿美元。安哥拉对中国出口的主要商品是石油和钻石。在基础设施建设方面，中国是安哥拉最主要的合作伙伴，援助了安哥拉铁路建设工程、罗安达电网重建，港口扩建，以及罗安达新国际机场等项目，其中，位于首都郊区的新机场即将完工。

---

① 参阅施里斯·阿尔登《中国在非洲：伙伴、对手还是霸主？》，伦敦：Zed Books，2007；罗伯特·罗特伯格：《中国走进非洲：贸易、援助和影响》，华盛顿：Brookings Institution Press，2008；严·泰勒：《中国和非洲：约定和妥协》，伦敦和纽约：Routledge，2006。

② 如需了解更多关于中国如何调整其双边和多边政策（优先前者）的信息，参见施里斯·阿尔登《中国在非洲：伙伴、对手还是霸主？》，伦敦：Zed Books，2007，第 27 页。

③ 《中国声称向承认台湾的圣多美和普林西比开放》，UOL 网，2008 年 3 月 12 日。

1975 年 6 月 25 日，莫桑比克宣告独立，中国政府随即与其建立外交关系。尽管中莫之间的贸易额还不算大，双边贸易的发展速度已经可以用"突飞猛进"来形容。2007年，中国和莫桑比克双边贸易总额为 2.85 亿美元。中国对莫桑比克的支持主要在市政建设方面，为其首都修建了一批重要的基础设施，包括议会大厦、外交合作部办公大楼和若阿金·希萨诺会议中心，还有未来即将在马普托动工的国家体育场（耗资 5000 万美元）。

在其他非洲葡语国家（佛得角和几内亚比绍），中国也有着深远和长期的影响。唯一的例外是圣多美和普林西比，它是非洲葡语国家中唯一和中国台湾建立"外交关系"的国家。前总统米格尔·特洛吴阿达于 1997 年 5 月与中国台湾确立"外交关系"，后者每年为这个群岛国家提供 1000 万美元的发展资金。除了圣多美和普林西比，只有布基纳法索、斯威士兰、冈比亚和马拉维承认台湾政权 [1]。

在了解了中国与葡语国家，主要是非洲葡语国家的双边关系形态之后，我们来分析巴西在非洲大陆的作用，这一点同样非常重要。那么，巴西在非洲是否采取了相似的主张和战略呢？

五 巴西在非洲

巴西和非洲的关系超越了国际政治的范畴，实际上，非洲已是巴西遗传代码的组成部分。据巴西著名学者对奴隶制的研究，1550 年至 1850 年间，大约 420 万非洲奴隶（来自几内亚海岸、安哥拉、米纳海岸和贝宁湾）到达巴西 [2]。

① 目前冈比亚、马拉维已与中国台湾断绝"外交关系"。——编者注
② 路易斯·维安那·费流：《黑人在巴伊亚》，萨尔瓦多：EDUFBA，2008，第 153 页。另请参阅玛丽娜·德·梅洛·索萨《非洲和非洲的巴西》，圣保罗：Ática 出版社，2006。

在 1650 年至 1808 年间抵达美洲的非洲人中，43% 到了巴西，5.5% 留在美国。被安东尼奥·维埃拉神父称为"法定商品"的巴西制糖业需要来自非洲的劳动力，因为国内的印第安人不是已经灭亡就是处于耶稣会士的保护之下 [①] 。

在欧洲人向巴西移民的鼎盛时期，利马·巴雷托（1881~1922）——最负盛名的巴西作家同时也是黑人奴隶的后代，记录下这样的文字："黑人和黑白混血人种是巴西唯一无法利用原籍祖国产生影响的群体，因此也是唯一能够将自己的命运与巴西的命运紧紧相连的族群。" [②] 同时期，西尔维奥·罗梅罗第一个宣称巴西是一个"人种混杂的社会"（1895）："混合，即便不在血脉上，至少也在灵魂里（1895）。"多年以后，吉尔伯托·弗莱雷正式为这种思想定名，称种族混杂为"伟大的民族性格" [③] 。

今天，在贝宁，由葡萄牙人在 18 世纪初为保障奴隶贩运建造的圣·若奥·巴普蒂斯塔·德·阿茹达要塞（维达古城），依然可以唤起人们对巴西的非洲印记的长久回忆。1888 年巴西废除奴隶制以后，许多奴隶返回贝宁，他们将巴西的文化引入这个国家，直到今天，贝宁人的饮食（椰子甜点、黑豆饭、木薯粉）、民族构成以及首都波多诺伏的建筑都鲜明地体现出巴西元素的印记 [④] 。在尼日利亚的拉各斯（15 世纪建造的城市，最初用作葡萄牙人的商站），当年从巴西回来的奴隶们建起了一处"巴西社群"，至今

---

① 如需深入了解巴西奴隶贸易的情况，参阅妮娜·罗德里格斯《非洲人在巴西》，圣保罗：Madras 出版社，2008。

② 利马·巴雷托：《私人日记》，圣保罗和里约热内卢：Mérito S.A. 出版社，1953。

③ 吉尔伯托·弗莱雷：《巨大的黑人之家》，里约热内卢：Record 出版社，1998。如需了解关于巴西种族理论的人类学分析，参阅玛丽亚·拿撒勒斯·苏亚雷斯·丰塞卡主编《非裔巴西人的巴西》，贝洛奥里宗特：Autêntica 出版社，2000。

④ 雷吉阿耐·奥古斯托·德·马托斯：《非裔巴西人的历史与文化》，圣保罗：联合国教科文组织、Contexto 出版社，2007。

依然保存着，那里的建筑和巴西殖民时期的建筑非常相似。在加纳首都阿克拉有一座名为"巴西之家"的宅邸，是19世纪初巴西的加纳籍奴隶修建的，最近，"巴西之家"得到卢拉政府的拨款，进行了重建，此举有助于加深人们对巴西的非洲印记的回忆。

此外，非洲对葡萄牙语的影响也是显著的，特别是非洲约鲁巴语和埃维方语的影响。巴西文化构成中相当大的一部分词汇有非洲血统，如甘蔗酒、桑巴、坎东布雷教、佛罗舞、丁字裤等。

与文化发源地不无关系，巴西政府在20世纪开始将非洲作为外交政策的重点地区。20世纪70年代，梅迪西总统当政期间（1969~1974年），外交部长马里奥·吉布森·巴博萨在非洲设立了第一批巴西大使馆，并于1972年实现了巴西政府官员的首次对非访问，引发了强烈的政治影响。然而，在70~90年代，受第二次石油危机、巴西债务问题和亚洲经济危机的影响，巴西和非洲的关系出现降温。巴西外交部近东和非洲处主任坦言，在费尔南多·恩里克·卡多佐总统任期内，"……和美国、欧洲的关系有了质的飞跃，和亚洲的关系也日趋完善，同时，南方共同市场成功地将企业家的注意力吸引到邻国大陆。在此背景下，非洲的地位相对失去了吸引力"[1]。

尽管关系上有所疏远，巴西于1996年推动建立了葡语国家共同体。此事由巴西驻葡萄牙大使若泽·阿坝雷希多·奥利维拉推动。同时期，在军事领域，巴西参加了联合国驻安哥拉和莫桑比克的军事特遣队，并向卢旺达、乌干达、利比里亚和南非派出军事观察员和医疗队。

从卢拉政府开始（2003年至今），凭借南南合作的重

---

① 　若泽·维森特·德·萨·比门特尔：《巴西和非洲撒哈拉以南地区的关系》，《国际政治巴西杂志》2000年第43（1）卷，第8页。

点支持，巴西与非洲的关系开始强势回暖。巴西放弃了和葡语共同体国家开展的所谓优先外交，转而致力于和整个非洲大陆上的所有国家发展关系[①]。用外交部长塞尔索·阿莫林的话说："对巴西而言，与非洲密切关系是一种政治、道义和历史责任。巴西拥有7600万非洲后裔，是世界上仅次于尼日利亚的第二大黑人国家，政府正努力让这一国情在外交行动中得以体现。"[②]

整体上，对非贸易在巴西对外贸易中所占比重为7%，非洲是巴西第四大贸易伙伴，排在前三位的依次是美国、阿根廷和中国（之前是德国）。巴西与非洲的贸易额从2002年的50亿美元上升至2007年的199亿美元。卢拉总统上台以来共8次出访非洲，先后访问了20个国家。目前，非洲有34家巴西大使馆，仅2003年以来就开设或重开16家大使馆。在葡语共同体成员国中，巴西向安哥拉派遣葡语外籍教师，在佛得角、圣多美和普林西比、卢安达和马普托设立了巴西研究中心。在非葡共体成员国，仅在拉各斯大学有派驻教师。鉴于大多数非洲国家对葡语缺乏了解，且缺少专门的葡语教育机构，阻碍了巴西和非洲关系的发展，巴西投入巨资在非洲推广葡语。巴西和非洲的合作并不仅限于教育领域，还包括农学、建筑、卫生和科技领域，例如，巴西政府将巴西农牧研究院在生物燃料领域研发的技术引入非洲。未来一旦爆发能源和环境危机，唯有逐步改变世界能源的来源才能有效应对这个问题。

---

① 如需深入分析，参阅费尔南多·奥古斯托·阿尔布开克·莫朗、费尔南多·若热·卡多佐、恩里克·阿尔德玛尼·德·奥利维拉《1990~2005年间巴西和非洲关系》，见恩里克·阿尔德马尼和安东尼奥·卡洛斯·赖萨主编《巴西的国际关系：主题和议程》，圣保罗：Saraiva出版社，2006。

② 塞尔索·阿莫林：《巴西与"非洲复兴"》，见《圣保罗页报》2003年5月25日。

六　巴西和教育领域的国际承诺

巴西对非洲发展的国际承诺很大程度上和国际社会对非洲大陆的主要承诺协调一致。在教育方面，国际社会在过去几年做出了多项承诺，其宗旨也和非洲联盟制定的目标是一致的，即："通过促进各领域特别是科技领域的研究，以推动非洲大陆的发展（非洲联盟创建行动，2000年，第3-m条）。"[①] 国际社会的主要目标包括：

·千年发展目标。联合国2000年在纽约召开了千年首脑会议，会议期间，191个国家的领导人发起了一项在2015年以前改善人口状况的协议，内容涉及收入、教育、卫生、环境和性别等方面。其中，关于教育的目标是确保到2015年，所有儿童完成基础教育。

·全民教育项目。1990年，在泰国宗滴恩召开的世界全民教育大会上，155个国家承诺到2000年实现全民教育。2000年4月召开的达喀尔世界论坛将这一目标向后推迟了15年。为了让"全民教育"的目标在2015年得以实现，论坛还制定了六个目标[②] 和十二项战略。

·非洲联盟推行的"非洲发展新伙伴关系"重申了多个

---

① "Advance the development of the continent by promoting research in all fields, in particular in science and technology"。——作者自译

② （1）扩大和改善对0~3岁儿童的照顾和教育，特别是最易受伤害的和最弱势的儿童；（2）确保到2015年所有儿童，尤其是女童和身处困境的儿童，有机会接受免费义务优质的小学教育；（3）通过公平提供适当的学习机会、生活技能培训和公众教育项目，满足所有青年和成人的学习需求；（4）到2015年实现成人，尤其是妇女的，扫盲率提高50%，确保每个成年人公平地获得基本教育和继续教育的权利；（5）到2005年消除初等和中等教育中的性别差距，到2015年实现教育领域性别平等，重点确保女童获得优质的基础教育并得到充分和公平的表现机会；（6）在各个方面全面提高教育质量，确保精益求精，让全民享受到社会承认的、可衡量的学习成果，特别是扫盲、算术和基本生活技能。

已经达成的协定，并增加了一项承诺——"促进各专业研究机构和高等教育院校的联网工作"（2001）[1]（第117段）。

·2006年在马普托召开的非盟教育部长会议制定了"非洲教育第二个十年行动计划（2006~2015年）"，其中重点包括：提高教育质量，培养教师队伍，提高教师的专业水平，扩大高等教育，调动教师和学生的积极性以及促进男女平等。

不幸的是，正如联合国秘书长潘基文在非洲发展高级别峰会（2008年9月在纽约举行）上做的报告——《非洲发展需要：各项承诺的落实、挑战与未来道路》（A/63/130）中所指出的，绝大多数承诺将无法兑现。认识到非洲发展问题的复杂性，巴西政府2006年在尼日利亚举办了第一届南美—非洲峰会，会议结束后发表了《阿布贾宣言》。在巴西政府的建议下，宣言专门提到了教育对于非洲发展的作用："合作与交流计划应实现教育领域的'千年发展目标'和《达喀尔行动纲领》中确定的'全民教育项目'的六大目标，以及'非洲教育第二个十年行动计划（2006~2015年）'。我们承诺特别重视促进教育、技术和研究机构的合作与相互支持，促进研究人员、学生和教师之间的交流，推动语言教学以及教育和学术活动的政府合作，包括建立跨地区大学院校、发放奖学金以及其他措施，如就共同关心的问题举办会议和研讨会"（第36段）。

根据"非洲发展新伙伴关系"——非洲国家为推动地区发展自己出台的计划，"大多数非洲人在薄弱的基础设施和不完善的教育系统下接受教育，这是非洲教育面临的关键问题"[2]（第119段）。鉴于非洲各国教育条件严重落后

---

[1] "to promote networks of specialized research and higher education institutions"。——作者自译

[2] "The key problems in education in Africa are the poor facilities and inadequate systems under which the vast majority of Africans receive their training"。——作者自译

和教师队伍急待培养的现状，同时考虑到本国在教育领域做出的国际承诺，巴西推出一项重要举措——建立巴西—非洲—葡语系国际一体化大学。

七 巴西—非洲—葡语系国际一体化大学

2008 年，第七届葡语国家共同体首脑会议在里斯本召开，正式提出建立巴西—非洲—葡语系国际一体化大学。巴西—非洲—葡语系国际一体化大学存在的理由在于它的独特性和创新性。第一，大学的教学方向面向非洲国家和东帝汶最感兴趣的课程，如卫生、农业科学、经营管理和师范教育，此外还有能源生产，特别是石油和天然气，以及全球可持续发展需要的可再生能源领域。第二，大学设置的教育结构能够确保外国学生返回并长期留在原籍国家。为了实现这一目标，学生需要回到非洲和东帝汶，在当地的大学合作机构的监督下完成部分教学活动。大学、高等教育机构、国际组织和民间社会团体将配合巴西—非洲—葡语系国际一体化大学设在葡共体国家的远程教育网点，共同担负起监督职责，实现理论与实际应用的结合，让这片土地在不久的将来有能力自主开展教育活动。从这个角度看，巴西—非洲—葡语系国际一体化大学被定位成一所国际综合大学。第三，在学业设计上规定了为期一年的义务社会服务，让新的从业者有机会把在大学中受到的高质量教育通过完全义务的方式回馈社会。在各国政府的支持和监督下，社会服务活动将在大城市周边、偏远农村、危险和急需地区开展。第四，巴西—非洲—葡语系国际一体化大学虽然总部设在巴西，但它拥有一个广阔的教学网络，是葡语国家范围内最大的高等教学网络。目前，大学已与一些现有的实力较雄厚的高校商议并签署合作协议。巴西政府通过巴西—非洲—葡语系国际一体化大学，为新办大学，特别是较小国家的大学，提供组织和发展所需的技术援助。第五，巴西—非洲—葡语系国际一体化大学以一体化和多边主义为基础，通过教育联合众多国家和大洲。用巴西教育部长费尔南多·哈达德的话说："我们不想提供传统课程，而是希望打造国家特色，使每一个国家具备各自发展的可能性。"①

巴西—非洲—葡语系国际一体化大学不仅是巴西还是整个葡语系在非洲和东帝汶的教育项目。大学的目标不是要为高等教育确定模式，而是希望通过有效对话，提供教育建议。在2008年至2009年大学组建期间，我作为执行委员会主席有机会和非洲葡语国家教育部门和机构的领导一起，讨论大学的教育问题，这些国家包括安哥拉、莫桑比克、几内亚比绍、佛得角和圣多美和普林西比，参加讨论的还有来自东帝汶、澳门和葡萄牙的国家和地区代表。此外，巴西—非洲—葡语系国际一体化大学的设想在多个国际场合提出以后，引发了热烈讨论，收到许多修改建议和建设性意见，这些建议都已纳入大学的战略规划和教学计划当中。这些国际场合包括：

　　·联合国教科文组织世界高等教育大会后续委员会（法国，巴黎，2008年6月）；
　　·葡语大学联合会年度会议（巴西，巴西利亚，2008年9月）；
　　·巴西、葡萄牙、西班牙大学托尔德西里亚斯小组年度会议（葡萄牙，波尔图，2008年10月）；
　　·联合国教科文组织发起的非洲高等教育地区会

---

① 巴西—非洲—葡语系国际一体化大学创建委员会就职典礼上所做的演讲（2008年10月14日）。

议（塞内加尔，达喀尔，2008年11月）；

·与总部设在教科文组织的国际大学联合会执行秘书处会谈（法国，巴黎，2008年11月）；

·巴西科英布拉大学集团创建仪式（葡萄牙，科英布拉大学，2008年11月）；

·与葡语国家共同体领导会谈（葡萄牙，里斯本，葡语国家共同体总部，2008年11月）；

·与葡语大学协会管理委员会成员会谈（葡萄牙，里斯本，2008年2月）；

·巴西驻非洲国家大使工作会议（巴西外交部，巴西利亚，2009年2月）；

·南美—非洲首脑会议教育和文化工作小组会议（委内瑞拉，加拉加斯，2009年3月）；

·与葡语国家共同体执行委员会会谈（葡萄牙，里斯本，葡语国家共同体总部，2009年4月）；

·与葡萄牙大学校长理事会主席会谈（葡萄牙，科英布拉，2009年4月）；

·与巴西科英布拉大学集团和欧洲科英布拉大学集团会谈（葡萄牙，科英布拉，2009年4月）；

·与全球大学网络国际的工作会议（西班牙，巴塞罗那，加泰罗尼亚理工学院，2009年4月）；

·葡语大学协会年度会议（安哥拉，罗安达，安哥拉大学，2009年5月）。

巴西—非洲—葡语系国际一体化大学的巴西主校区位于瓜拉米兰格山脚下的兰登桑市，属于塞阿拉州，马西索·度·巴图里德地区。这座城市于1883年率先在巴西宣告废除奴隶制。州首府佛塔莱萨距离该市59公里，拥有连接非洲和葡萄牙的空中和海上航线。除了主校区，巴西—

非洲—葡语系国际一体化大学计划在马西索地区其他城市设立教学点，配合马西索·度·巴图里德城市协会和塞阿拉州政府城市事务秘书处，推动地区发展。

巴西—非洲—葡语系国际一体化大学的国际校园网络覆盖葡共体成员国及其他葡语地区，如澳门（中国）、果阿（印度），好运岛（赤道几内亚）和达喀尔（塞内加尔）等，结合开放的教学点，形成多校区的创新型组织结构。最初，巴西—非洲—葡语系国际一体化大学只面向葡语国家和地区，然而，随着学术创新工作的开展，大学实力不断增强，同时伴随相关社会条件的改善，未来，大学很可能将扩大到其他讲法语和英语的非洲国家。

从这个角度来看，巴西—非洲—葡语系国际一体化大学应当由葡共体八个成员国在 2009 年 7 月即将在巴黎世界教科文组织总部召开的世界高等教育会议上正式宣布成立。会议已经对非洲大陆的重点项目及具体行动进行了审议，其中包括创建巴西—非洲—葡语系国际一体化大学。人们希望大学作为教育革新的范例，通过普及全社会认为重要的知识并培养专业人士、教师和科学家，应对该地区面临的挑战，为建设更加公正、公平、团结的社会做出贡献。

葡萄牙政府和机构可以通过本国大学和在欧盟的项目为巴西—非洲—葡语系国际一体化大学提供支持。目前，大学正在和巴西科英布拉大学集团、欧洲科英布拉大学集团、葡萄牙大学校长理事会以及负责此项目的政府代理机构商谈合作事宜。巴西—非洲—葡语系国际一体化大学硕士研究生阶段的研究项目可以同样得到葡语国家机构和教师的帮助。

据估算，巴西—非洲—葡语系国际一体化大学需要1.89 亿雷亚尔（6300 万欧元）用于人员及全部开支。此外，2009 年还投入了初期投资 3000 万雷亚尔，用于兰登桑主校区的建设。巴西联邦政府将把这些资金连同来自其他国家、国际组织和其他来源的资金一起存入银行。

八 结论

中国和巴西针对非洲有着不同的目标和战略。中国借助非洲大陆弥补国内能源资源的不足，巴西则在近年来加强与非洲的文化关系，采取措施推动非洲可持续发展。不过，并不能说中国忽视非洲大陆教育薄弱的问题。例如，在中国和葡语国家经贸合作论坛框架下，中国商务部在过去几年为600多名葡语国家的官员和技术人员举办了经济、旅游和传媒领域的研修班、护理技术培训班、农业和渔业技术培训班以及交通现代管理研修班。然而，尽管已经采取了种种措施，国际社会，包括中国和巴西在内，仍然需要更快、更明确、更有效地履行其对非洲所做的国际承诺。在教育方面，承诺和落实之间还有一条很远的路要走。巴西—非洲—葡语系国际一体化大学正是巴西政府为扭转这种不利局面而推出的一项有诚意的措施。

葡萄牙国家议会与中国全国人大的关系：在深化葡萄牙和中国双边关系的框架内

维达利诺·卡纳斯　若泽·柯雷亚

一　引言

近几十年来，国内和国际社会多个领域发生了巨大变革，这就是我们通常所说的全球化。这一进程日益给相关参与方带来新挑战和新机遇。

事实上，社会经济关系的日益集约化、复杂化及其相互依赖性催生了新动力和新角色。不论是在国内层面还是在国际范畴，上述因素均值得我们在决策过程中予以关注。

在此背景下，我们应该注意到葡萄牙在 15 世纪航海大发现中所扮演的角色。从某种意义上说，正是这些航海大发现开启了全球化进程。直到今天，我们仍然用这一概念阐释社会生活各个领域加速发展并不断巩固的变革进程。

从那个时代开始，葡萄牙一直与各大洲人民保持着密切友好的关系。特别值得一提的是，若泽·阿尔瓦雷斯于 1514 年到达中国。此外，葡萄牙长期同讲葡萄牙语的地区和国家保持了非常密切的政治经济关系，体现有关国家共同的语言和文化遗产。

当前，葡萄牙同中国和葡语国家之间的关系在政治对话和经济合作等领域迸发出新的活力。在此背景下，我们应共同努力，进一步巩固符合各方利益的三方伙伴关系。葡萄牙、中国及部分葡语国家间高层互访日益频繁，充分表明了各方密切关系的意愿。值得强调提出，2007 年 2 月 3 日，葡萄牙总理若泽·苏格拉底对中国进行了正式访问 ①，访问旨在加强两国政治关系，深化互信与合作。此前，两国于 2005 年 12 月签署战略伙伴关系协议 ②，将两国合作提升到新的水平。

在此背景下，中国与葡语国家经贸合作论坛（简称澳门论坛）③ 于 2003 年成立。该论坛旨在通过澳门建立一个平台，不断密切中国同葡语国家间的联系。

我们还要突出介绍在葡中双边议会关系框架下的葡萄牙议会葡中友好小组。本文作者之一有幸自 2006 年 5 月 18 日以来担任葡萄牙议会葡中友好小组主席，积极为密切葡萄牙与中华人民共和国关系做出贡献。这是首次成立的议会葡中友好小组。中国全国人大也成立了中葡友好小组，主席南振中先生最近率团访问了葡萄牙。

下面，我们将列举一些葡萄牙同中华人民共和国及部分葡语国家间经济关系的特征性指标，并介绍葡萄牙议会葡中友好小组今年计划开展的一些活动。

---

① 中华人民共和国对葡萄牙的重要正式访问有：2005 年 12 月，时任中华人民共和国总理温家宝访葡；2006 年 6 月，时任中华人民共和国全国人民代表大会常委会副委员长王兆国访葡。此外，2006 年 6 月，葡萄牙接待时任澳门特别行政区行政长官何厚铧来访。

② 葡萄牙总理此次正式访问期间，双方签署了多项重要协议，主要包括：《中华人民共和国与葡萄牙共和国引渡条约》《中华人民共和国与葡萄牙共和国移送罪犯条约》《中华人民共和国财政部与葡萄牙财政及公共行政部关于金融领域双边合作谅解备忘录》《葡萄牙共和国经济与创新部与中华人民共和国商务部关于建立双边投资工作组的谅解备忘录》《中华人民共和国国家汉语教学办公室与葡萄牙共和国里斯本大学关于建立孔子学院的协议》。

③ 圣多美和普林西比未参与澳门论坛。

二　葡语国家同中华人民共和国

许多人问，中国为什么对分散在几大洲的葡语国家感兴趣？答案就在于，中国发现这些葡语国家拥有"建立和发展战略网络的理想市场"[①]，其战略性主要是基于自然资源和可观的经济发展潜力。葡语国家由葡萄牙语国家共同体（葡共体）成员国组成。葡共体成立于1996年，拥有2.4亿人口，国土总面积占地球陆地面积的7.2%，遍布欧洲、美洲、非洲和亚洲四大洲[②]。

因此，中华人民共和国出于新兴市场经济大国的地位和自身需要，必须在非洲大陆开辟新的市场。一些葡语国家正好位于非洲。

事实上，在中华人民共和国与非洲大陆关系史上，中非合作论坛[③]于2000年[④]的建立是中非关系不断深化的重要标志。论坛指出，中非合作的指导原则是建立稳定持久、平等互利的伙伴关系。这种合作是共赢的关系。

事实上，这种合作不断深化。自那时起，我们看到双方政治对话不断加强。密切双方合作关系的愿望也反映在中华人民共和国同48个非洲国家签署的《2007~2009年行动计划》有关措施当中。该行动计划于2006年11月举行的中非合作论坛第三届部长级会议[⑤]通过，其重要举措主要包括：落实巩固各方政治对话的有关机制，保持高层互访；加

---

① 见 http://www.revistamacau.com/rm.asp?id=002021，2008 年 2 月 15 日。

② 见《葡萄牙语国家共同体十年——用葡萄牙语思考、沟通和行动》，2007，第 1 页。

③ 参与该论坛的葡萄牙语国家：安哥拉、几内亚比绍、佛得角、莫桑比克。

④ 首届中非合作论坛声明见 http://english.focacsummit.org/2006-09/20/content_623.htm。

⑤ 关于此次峰会的深入介绍见 http://english.focacsummit.org。

强应对安全新挑战的合作，促进国际关系民主化和多边主义；根据互惠互利和共同发展的原则共同开发资源能源。

随着政治对话的不断密切，双方贸易往来显著增加。在此背景下，非洲葡语国家对中非贸易增长做出了特别重要的贡献，并有望在未来几年继续上升。

此外，自中葡经贸合作论坛于2003年实现机制化以来，中华人民共和国同葡语国家间贸易往来不断增长，相关情况如表1所示。

表1　2004年至2008年中国与葡语国家间贸易额*

单位：亿美元

年份	贸易额
2004	187.70
2005	231.90
2006	340.00
2007	463.50
2008（1~10月）	680.00

* 含葡萄牙。

资料来源：Macauhub，见 http://www.macauhub.com.mo/pt。

在所有葡语国家中，巴西是同中华人民共和国贸易额增幅最大的国家，其次为安哥拉和莫桑比克。有关情况如表2所示。

表2　中国同部分葡语国家贸易额

单位：亿美元

国家	2007年	2008年（1~8月）
巴西	297.00	327.41
安哥拉	141.10	186.66
葡萄牙	22.00	17.05
莫桑比克	2.8	资料不详

资料来源：Macauhub，见 http://www.macauhub.com.mo/pt。

这种增长的趋势开辟了中华人民共和国同葡语国家的

合作新领域，提高了双方的相互依存度。葡萄牙愿努力为密切互利共赢的三方伙伴关系做出更大贡献。

事实上，非洲葡语国家总体上已经在多个领域从中华人民共和国的支持中获益。正如葡语国家共同体执行秘书路易斯·丰塞卡大使 2007 年 6 月 6 日在地理学会于里斯本举行的题为"葡萄牙与中国：面向战略伙伴关系"的研讨会上所说，中国政府"在这些国家资助了公路铁路重建、议会和政府机关大楼、水坝、体育场馆、工农企业、房地产等一大批大型项目，并在教育、卫生等领域提供了重要帮助"①。

三　葡萄牙—议会葡中友好小组

葡萄牙议会葡中友好小组是葡萄牙议会的一个组织，"致力于促进同葡萄牙友好国家议会间对话与合作"②。

事实上，作为议会外交的主要工具之一，葡中友好小组在其章程及议会第 6/2003 号决议中阐明了其主要目标：

·同友好议会开展知识经验交流；

·研究双边关系及两国在共同参与的联盟和机构内的合作；

·传播和推广政治、经济、社会、文化等领域共同利益和共同目标；

·交流信息并开展磋商，在不损害本国议会完全自主权的基础上，在国际议会类组织内协调立场；

---

① 见 http://www.cplp.org/comunicados_det.asp?sid=160，2008 年 2 月 20 日。
② 议会第 6/2003 号决议。

·就涉及两国及两国人民的问题共同反思，并在各自立法职权范围内寻求解决方案；

·珍视对方国家移民发挥的历史和现实作用。

本着上述目标，葡萄牙议会葡中友好小组自成立以来一直致力于开展各种活动，如同葡萄牙华人社区进行接触、在议会接待中国官员、举行研讨会、同中华人民共和国驻葡萄牙使馆定期保持联系等，以进一步深化两国传统友谊。回想起来，2007 年 9 月，其举行了"庆祝葡萄牙共和国政府与中华人民共和国政府有关澳门问题的联合声明签署 20 周年"国际研讨会，同年 11 月举行了主题为"葡萄牙与中国：机遇与挑战"的国内研讨会，邀请各领域杰出人士到会发表讲话。这两个研讨会旨在反思过去，但更重要的是展望未来，充分认识葡萄牙同中华人民共和国及其他葡语国家的巨大合作潜力。

此外，2008 年 4 月，葡萄牙议会葡中友好小组接待了中国卫生部副部长、中国传统医学世界联合会副会长李振吉教授来访。同年 9 月，中国全国人民政治协商会议第 11 届常委会副主席王刚率团来访。

2009 年 2 月，应葡萄牙议会葡中友好小组邀请，中国全国人大中葡友好小组主席南振中率团访问葡萄牙议会，并同议长及外交侨民事务委员会举行了会晤。

2009 年，其计划在议会举办一场国际研讨会，旨在深入讨论中华人民共和国、葡萄牙和葡语国家以澳门为纽带的三方伙伴关系。葡萄牙议会葡中友好小组可能会同中葡经贸合作论坛联合举办此次研讨会，为增进三方经贸和企业间关系、巩固政治对话做出贡献。

我们还记得，葡萄牙公共工程、运输和通信部长马里奥·利诺工程师出席了 2006 年 9 月在澳门举行的中葡经贸

合作论坛第二次部长级会议。此次会议通过了《2007~2009
年经贸合作行动计划》[①]，其中规定：

> ·推动中国同葡语国家间贸易往来在 2009 年前达
> 到 500 亿美元[②]；
> ·增进并深化双方直接投资；
> ·促进旅游合作，为双方共同感兴趣的项目寻求
> 资金。

在此次部长级会议上，葡萄牙公共工程、运输和通信
部表达了葡萄牙政府密切各方间经济联系的意愿：

> 在农业、渔业、建筑和工程、自然资源和人力资
> 源开发等领域，我们将就贸易、投资、企业合作等广
> 泛议题开展密切联系，确定在上述领域深化双边合作
> 的有效举措[③]。

四　21世纪的中华人民共和国

中华人民共和国希望在和谐、透明和互惠互利的基础
上加强同葡语国家的经济关系，这种意愿符合中华人民共
和国的国内和国际关系的总体战略框架。

① 详细信息见葡中工商会网站，http://tomcat.tektix.com/ccil-c/
index.jsp?page=activities&id=11。
② 统计数据表明，2008 年 1~10 月，中华人民共和国与葡语国家间贸
易额达 680 亿美元，超过预期目标。
③ 葡萄牙公共工程、运输和通信部长讲话全文见 http://www.portugal.
gov.pt/Portal/PT/Governos/Governos_Constitucionais/GC17/Ministerios/
MOPTC/Comunicacao/Intervencoes/20060925_MOPTC_Int_Plano_
Forum_China_Lusofonia.htm。

事实上，在国内层面，正如时任中华人民共和国驻葡萄牙大使高克祥出席葡萄牙国内研讨会时所说，中国正处于"改革开放的关键期，正努力推动经济在快速健康增长的基础上实现协调发展"。

此外，高克祥大使在研讨会上还提到，在中国共产党第十七次全国代表大会召开后，中华人民共和国着力加强社会主义民主，以最好地保障人民权益，促进社会公平正义，推广环保意识，建立有利于节约能源资源的部门结构和消费模式，实现可持续发展的目标。

在国际层面，正如时任中华人民共和国外交部杜起文大使2008年2月对欧洲政策中心所说[1]，"和平、发展、合作是当今时代的必然趋势"，因此，中国不会"对世界关闭大门"或用武力"强加其意志"。他重申，中华人民共和国国际关系的本质建立在共赢战略，而不是权力政治逻辑的基础上。事实上，杜起文大使还表示，中华人民共和国始终致力于就和平解决朝鲜、伊朗、达尔富尔等复杂国际问题做出贡献。

与此同时，随着近年来中国对世界经济增长贡献率达到每年10%，2007年中国外贸总额达到2.1738万亿美元[2]，中华人民共和国已经成为国际经济关系中无法回避的对话者。据中国国家统计局数据显示，2008年中华人民共和国经济增长率达9%[3]。

此外，中华人民共和国的经济增长具有可持续性，其发展建立在多个目标基础上。引人注目的是，中国政府在

---

[1]　见 http://www.epc.eu/en/er.asp?TYP=ER&LV=293&see=y&t=2&PG=ER/EN/detail&1=&AI=786，2008年2月29日。

[2]　见 http://www.epc.eu/en/er.asp?TYP=ER&LV=293&see=y&t=2&PG=ER/EN/detail&1=&AI=786，2008年2月29日。

[3]　见 http://www.stats.gov.cn/enGliSH/newsandcomingevents/t20090226_402540784.htm，2009年3月2日。

国内层面把服务业列为优先于工业，并致力于推动科技进步与人力资源开发，不断巩固这一变化趋势。

与此同时，中华人民共和国对外致力于维护和平，在处理同其他国家关系时遵循非帝国主义态度，中国的外交威信和影响力不断提升。我相信，这将确保中国在国际舞台上发挥日益重要的作用。

正如高克祥大使2007年11月在议会举行的全国研讨会上所说，"中国的和平发展为中葡关系的发展注入了活力，并为葡萄牙的发展提供了更多机遇"。

因此，葡中友好小组将继续将自身定位为未来两国议会机制化关系的桥梁，不仅为巩固葡萄牙与中华人民共和国业已存在的政治经济关系做出贡献，也推动所有葡语国家同中国的多边政治经济关系深入发展。

五 对华关系是葡萄牙外交政策的支柱

最后我想指出，对华关系是葡萄牙外交政策的支柱之一。各方似乎一致认为，葡萄牙将在深化中华人民共和国同葡语国家双边和多边关系领域发挥拉动作用。这是因为，我们不仅拥有将我们凝聚在一起的（共同的语言、历史和文化遗产等）有利条件，也了解葡语国家法律、司法和行政框架。我还相信，当前葡萄牙经济突出展现出的创新活力和创业动力必将创造出新的三方伙伴关系，不断推动当地企业和生产性投资发展，促进就业与可持续发展。

此外，自2005年成为中华人民共和国战略伙伴以来，葡萄牙还可以把自己打造为促进中华人民共和国与欧盟关系的重要伙伴。欧盟目前已扩大为27个成员，拥有4.93亿人口。

六 结论

今年是澳门回归中国 10 周年，也是葡中两国建交 30 周年。

我们已经拥有成功实现现有合作的一切条件。我们将立即启动旅游合作等新的伙伴关系。我们将借此将全球化带来的挑战转化为良好机遇。

在无人能够摆脱当今世界所经历的危机影响的大背景下，这一共同目标显得愈发紧迫。有关中国经济减速、城市失业率上升、农村人口回流、企业倒闭的新闻屡屡出现。欧洲和葡萄牙也面临同样的问题。我们知道，中国政府正在应对上述挑战，正在反思发展模式、环境等所有国家都面临的问题。这场危机明确表明，没有哪个国家能够明哲保身。这场危机还表明，无论是解决经济危机还是环境或政治危机，我们越来越离不开中国。因此，我们加倍关注中国的一举一动，对中国的兴趣也日趋浓厚。

葡萄牙意识到自身规模有限，无法与中国相提并论。但我们同样也意识到，葡萄牙一向在世界民族之林中发挥着远超出自身地理规模的外交和政治影响力。正是考虑到这一点，我坚信葡萄牙与中国将可以成为互利的全面合作伙伴，我们将共同深化两国关系，不断开辟新的合作领域。

中国在巴西的影响[*]

费尔南多·莱萨　法比奥·奥维斯

一　三个方面

（一）政治:"战略伙伴关系"

导读：中国和巴西的关系近年来的发展轨迹是怎样的？战略伙伴关系的想法如何产生？建立在何种基础之上？导致近年来双边关系提升到更高层次的分水岭是什么？战略伙伴关系具体是如何实施的？是单方得利还是互利共赢？当前哪些实例可以肯定（或否定）这一伙伴关系的设想？

（二）经济

前提：20 世纪 90 年代，随着巴西开放本国市场，融入全球经济一体化模式的改变和中国发展稳步向前，中国和巴西开始实现经济领域的互利合作。

导读：中国与巴西的哪些行业合作最为密切？中国在巴西的贸易伙伴中占据何种地位？中国的投资立场是什么？在巴西投资的中国企业主要有哪些？中国对巴西经济

＊　本文内容仅反映作者个人立场。

的重要性何在？巴西对中国经济的重要性又如何理解？

（三）文化：中国在巴西的文化存在体现在两个方面：教育和移民

前提：中国在巴西的文化存在近期才出现且尚处于发展初期。

导读：中国在巴西的文化存在表现为怎样的发展轨迹（最早的记录是 19 世纪中国"苦力"的移民经历）？中国移民在巴西民族形成中发挥了怎样的作用（如果有的话）？目前，中国的文化存在集中体现在哪些领域？

重要提示：汉语学习的兴趣日渐高涨。

二 中国在巴西的影响

巴西著名社会学家吉尔伯托·弗莱雷当年曾经指出："在称得上是悠久的中国和年轻而绿色的巴西之间，应当有某种相似的东西存在。"50 多年后的今天，这一论断比任何时候都更加贴近实际。辽阔的土地，众多的人口，对经济社会发展的迫切需求，以及在政治、外交和经济领域日渐提升的影响力……中国和巴西拥有诸多显著的相似点。举例而言，当人们提到在 21 世纪国际新秩序构建中发挥重要作用的国家时，分析家、学者和政府官员总要列出两个国家，一个是东半球最大的发展中国家，另一个是西半球最大的发展中国家。

尽管在文明进程、意识形态、政治和经济上存在种种差异，我们必须承认两国之间存在相似性，而且，非常明显。那么，如此多的相似性，难道不应该让两国期待双边关系的显著提升以及扩大对彼此的影响吗？从这个问题延伸出去，中国和巴西应该发展什么样的关系？一方对另一方有着怎样的重要性？以及中国对巴西政治、经济和文化三大领域有哪些影响？这些问题我将尽可能在下文一一作答。

（一）政治影响：中巴战略伙伴关系？

过去 15 年中，中国和巴西对内经历国内变革，对外见证"冷战"之后特别是"9·11"事件后国际体系的巨变。在此背景之下，两国加强了外交和政治关系。1990 年以来，中国领导人先后二十多次出访巴西，巴西领导人九次出访中国，其间提到最多的就是"战略伙伴关系"，双方认为应利用在国际政治最高水平的共同观点和共同利益，缔结"战略伙伴关系"，并在动态的国际关系中调整观点和立场。

自 1974 年 8 月 15 日中巴建立外交关系以来，两国各领域的合作与交往迅速发展。在经历了几乎一个世纪对彼此的一无所知之后（两国之间最初的接触是 1881 年签订《中国巴西和好通商航海条约》），如今，两国走到一起，寻求拉近彼此的关系，虽然尚在初期，但是前景光明。

巴西自 20 世纪 60 年代初以来，在对外政策上一直努力摆脱对美国的依赖，但这几乎是很难实现的，因为在冷战期间两国缔结了非常牢固的联盟。作为一个美洲国家，巴西一直保持着对美国的高度依赖，然而，经济的发展和政治影响力的提升让其有能力扩充国际盟友，降低对美国的依赖程度。巴西对外关系的普遍化或者多边化原则自然导致了一种观点的形成，即必须和发展中国家建立伙伴关系，从而推动南南合作的发展。

20 世纪 70 年代，巴西创造了"经济奇迹"（当时巴西经济的表现很像今天的中国经济）。巴西越来越强烈地感到拥有经济伙伴的必要性，经济伙伴可以为其工业化发展提供支持，特别是资本和技术支持，另外，随着巴西出口产品数量的不断增长和类别的日渐丰富，经济伙伴还能为其提供出口市场。当时，中国经济还没有表现出八十年代后那样强劲的增长势头，但是巴西总统埃内斯托·盖泽尔已经把中国称为"我们产品出口的一个巨大市场"。

政治上的考虑也让巴西做出了在外交上承认中华人民共和国的决定。在国内，盖泽尔政府推行非意识形态的、务实的外交政策，主张摈弃冷战框架内的自动联盟，谋求从国家利益出发、和所有能够促进本国发展的国家建立伙伴关系。在国外，缓和效应之下两极格局减弱，美国在基辛格新型外交政策的影响下，开始密切和中国的关系，最终促成了 1972 年尼克松总统对北京的历史性访问。在美国新政策的框架下，中国逐渐成为引领国际关系走向的重要伙伴，并由此被纳入到全球体系当中，其标志是 1974 年中国恢复在联合国的席位，作为中国人民的合法代表，成为安理会常任理事国，而这一席位曾于 1945 年被台湾当局占据。在此背景之下，中巴关系得以冲破冷战留下的政治和思想障碍向前行进。

同时期，中国方面也正发生着有利于中巴合作的变化。20 世纪 60 年代，中国与苏联盟友关系破裂，中国宣布自己是第三世界国家，确立了向全球南方国家靠拢的国家战略。1974 年，毛泽东阐述了三个世界理论，指出世界不应按照意识形态，而应按照经济发展程度来划分。按照这一理论，美国和苏联是第一世界，西欧、日本、澳大利亚和新西兰属第二世界，其余包括中国在内的贫困国家（无论共产主义还是资本主义）组成了第三世界。这一新的政治主张号召所有贫困国家团结起来，共同战胜极不发达的现状。中国方面认为，世界各国不应再划分为东方和西方，而应分为南方和北方，南方国家只有建立联盟抵制经济不平等带来的不公正待遇，才能削弱这一划分。从这一角度看，巴西就成为中国的一个重要盟友。

尽管中国和巴西有着共同的利益和观点，例如强调发展经济、减小意识形态方面的冲突、维护国际经济新秩序、支持不结盟运动抵制两个超级大国等；但两国关系在20世纪70~80年代几乎只是停步不前。造成这一现象的原因包括以下几个方面：中国经济增长缓慢、80年代拉丁美洲爆发经济危机、美国在里根政府（1981~1989年）领导下霸权主义加剧、中巴两国经济在国际贸易中对外开放程度低等。

　　事实上，中巴关系发展的分水岭出现在20世纪90年代。国际局势加上各自国内的改革让两国有机会再次相互靠拢，这一次，双方的意愿都更加强烈。国际上，冷战结束消除了意识形态的对立，带来了市场自由主义的胜利——如乔治·布什所言："开放精神、市场和国界。"这为原来相距甚远的国家之间的交往提供了极大的便利。巴西实行经济自由化，开放市场，欢迎进口，并且推行国际参与新战略，为国家提供参与经济全球化的入场券，就此摒弃了对国际贸易自我封闭的理念。最终，巴西出台了一项新的贸易政策——扩大出口，使出口贸易多样化。

　　巴西在20世纪90年代初的贸易自由化对中国极具吸引力。自80年代初期以来，中国保持经济高速增长，并且成为一个出口大国，这主要得益于其在经济特区内设立的工业企业。巴西经济的开放给了中国独一无二的机会，让其产品尤其是工业产品，可以进入一个广阔的消费市场。同时，中国经济的强大也让巴西拥有一个不可或缺的贸易伙伴，供其输出技术和资本，相比很多发达国家高额的关税，中国的进口条件要低得多。经济利益再次驱使中巴两国紧密团结。而且，这一次双方设想了更为广阔的前景：建立战略伙伴关系。

　　建立战略伙伴关系的构想在1993年时任中国副总理

朱镕基出访巴西时首次提出。在两国政府看来，中国和巴西拥有上文提到的共同利益和共同立场，例如，广阔的土地和巨大的经济潜力。战略伙伴关系不是结盟，而是寻求彼此利益与国际环境下采取的行动协调一致。双方都期待发展，实现尚未完成的国家大业，这一点对中国来说尤为重要，举例而言，一方面，中国面临领土统一和在同一领土之内两种不同的经济制度并存的挑战（一国两制），另一方面，中国既要保持刚性的政治制度不变，又要放开经济。同样，两国在处理国际关系总的原则上面也达成了共识：维护国家的独立和主权、不干涉他国内政、支持多边主义和反对霸权主义。可以肯定地说，巴西和中国都认同时任胡锦涛主席 2004 年提出的著名的"四不"原则：不称霸、不实行强权政治、不在军事上结盟、不参加军备竞赛。

　　毋庸置疑，中国和巴西都具备在未来国际体系的重组中发挥重要作用的潜能。两国也都清楚，这个目标的实现取决于和其他国家建立伙伴和盟友关系的能力，而这些国家应该在构建新秩序的必要性和内容上持相同的看法。此外，建立一个多边新秩序至关重要，美国推行的单边主义给中巴两国留下狭窄的发展空间，不仅体现在内部目标的达成，即发展经济上，也体现在外部环境上。因此，共同的需求、利益、目标和立场构成了建立中巴战略伙伴关系的基础。

　　中巴伙伴关系经过 15 年的逐步发展，应该在四个领域推进：（1）政治领域，中国和巴西应保持高层交往，实现在重要国际性事务上信息互通。（2）经济领域，应鼓励在各领域（尤其是贸易领域）开展合作，以实现彼此实力上的互补。（3）外交领域，双方在必要时，应在国际问题的立场上和多边机制投票中相互协商。（4）科技文化领域，应推动技术交流，增进相互了解。

但是，除了官方的表态和意愿的表达，伙伴关系在中国和巴西各自的对外政策中究竟能发挥怎样的作用？在目前的国际参与战略中又有何表现呢？

巴西忠实于延续了半个世纪的外交传统，以国际参与为基础，寻求伙伴关系的普遍化。这并不意味着巴西对其伙伴和盟友的重视程度相同。实际上，这条原则应从两个方面来理解：首先是当前巴西对外政策优先发展南美一体化，其次是巴西最近重启的南南合作战略。后者要求与中国建立伙伴关系，重启在 20 世纪 70 年代中期中断的计划：巴西在推行其包括南方国家在内的全球合作运动协调战略时，不能把中国排除在外。应该注意的是，这项运动既不挑起对抗，也不排斥北方的工业化国家。它的目的是让广大发展中国家意识到密切合作的必要性，以解决共同面对的问题，即不发达的状态。能够体现这一战略的例子有：巴西发起建立的 20 国集团（由对世界农产品贸易自由化感兴趣的经济体组成，中国是该组织成员）和"印—巴—南对话论坛"（会聚印度、巴西和南非的政治论坛）。

然而，与第一个方面相比，考虑到近期双边关系的进展，中巴伙伴关系需要更加明确。巴西在外交政策中对南美洲给予更大的重视，而中国在这一地区的活动仍然处于非常初始的阶段。在这种情况下，无怪乎许多分析人士认为，巴西的对华政策是被动的：在总体上根据中国的举措做出反应。

中国方面制定了两大任务，一是到 21 世纪中期以前推动经济增长达到一个较高的水平；二是建立多极化的全球秩序，以便在国际和地区舞台上发挥至关重要的作用。毋庸置疑，中国是一个新兴的经济和政治强国，因此，希望在其周边打造一个属于自己的"天地"，历史上所有世界和地区强国都曾这样做过。正是在这样的背景之下，巴西以中国的战略伙伴的姿态出现：对于推动全球多极化和削弱美国在南美的霸权，巴西起到了关键作用；同时，作为贸易伙伴，巴西也为中国的发展提供了基本原料，如铁矿石、钢材和大豆，后者对 15 亿人口的食品安全意义重大。

中巴战略伙伴关系对巴西和中国究竟意义何在呢？它将给巴西带来怎样的前景？首先，战略伙伴关系对巴西比对中国更加重要。最近 25 年来，巴西的经济增长始终缓慢，而同时期中国已然成为世界经济界的巨人，保持着 10% 的年均经济增长率。中国越来越多地参与到国际商品、服务和资本的流通当中，而巴西也需要参与全球流通，否则，其国际参与的战略将会面临很大风险，这一战略依靠出口的增长和多样化及掌握资本和先进技术来实现。

其次，中国 5000 年来传承下一个传统，和世界其他国家保持相对的距离。中国的兴趣点在于，通过成功推行一项经济上和军事上逐步强大的国家计划，实现祖国统一和社会繁荣。与恐慌论者们预言相反，中国无意效仿 19 世纪的英国或 20 世纪的美国在全球扮演的角色（实力上也不允许，至少未来 50 年中国没有这个实力）。中国和英国或美国完全没有相似性，也就是说，中国没有在全球或地区扩张实力的计划。在这种背景下，联盟和伙伴关系只因中国本国目标的实现而凸显出重要性，而如果中国有全球扩张的企图，伙伴关系就会显得不那么必要。从这个角度来说，中巴战略伙伴关系不再极具诱惑，而且对巴西来说，重要性有所降低，巴西建立国际新秩序的建议因此受到影响，这些建议曾经在世贸组织和联合国安理会提出过。值得一提的是，巴西不是中国唯一的战略伙伴，中国宣布与俄罗斯、东盟国家以及哈萨克斯坦都建立了伙伴关系。实际上，中国一直以来本着不结盟的原则，中国不愿意将她的命运和其他任何一个国家联系在一起。

不管怎样，中巴伙伴关系还是有发展的空间。为此，必须承认伙伴关系对于双方的重要性是有差异的，在两国各自的对外政策中出现的方式也不一样，因此，不能将中巴伙伴关系夸大成一个巨大的、对两国起决定性作用的联盟。此外，还必须要为伙伴关系给出一个具体的政治内容。到目前为止，伙伴关系还仅限于经济领域。

（二）经济影响：巨龙腾飞

中国对巴西任何领域的影响都没有经济领域显著。巴西期刊上每天都刊登有中国在巴西市场高歌猛进的报道，反映出政治家和企业家们对"中国制造"产品大举来袭的担忧。在巴西各类日用品中，中国生产的产品种类最多，从最简单的雨伞到最复杂的汽车。虽然中国的汽车工业在巴西还处于初始阶段，但在圣保罗举办的南半球最负盛名的汽车展会上，中国汽车已然倍受关注。

近年来，在巴西的外贸关系中，中国参与度的几何式增长最为引人瞩目。举例可知，2005~2006 年度，中国对巴西出口增长了 50.4%，是巴西传统贸易伙伴中增长第二多的国家（仅次于智利）。同时期，巴西对中国的出口虽然也有明显增长，但数额要小得多，为 23.9%。

如前所述，20 世纪 90 年代是中巴关系尤其是经贸关系发展的转折点。巴西实行经济自由化，开放市场，成为发达国家和发展中国家、特别是中国的出口目的地。当时，中国采取了刺激出口的积极的贸易政策，使中国得以进入国际贸易的精英集团。

事实证明，中国仅用了 20 年出头的时间就从全球商品与服务贸易的边缘进入了中心区域。目前，中国是排在德国和美国之后全世界第三大出口国，年出口额 7620 亿美元，占全球出口额的 7.3%。另外，中国也是世界第三大进口国，年均进口额6600亿美元，占全球进口额的6.1%。和出口的情况一样，进口方面中国也是排在美国——世界第一进口大国和德国之后。

在服务贸易方面，中国的表现也很突出，尽管目前在全世界的排名还不十分靠前。中国的年均服务出口额为739亿美元，相当于全球的3.1%，位居世界第九；服务进口额为832亿美元，占全球的3.5%，排名世界第七。

中国在国际贸易中的重要性大大超过巴西。巴西仅在全球出口国排名中位居第23位，其年均出口额为1183亿美元，占全球出口额的1.1%（大约为中国出口额的15%多一点儿）；在全球进口排名中巴西位居第28位，年进口额为767亿美元，占全球的0.7%。在服务贸易方面，巴西的排名则更加靠后。

不过，需要强调的是，近年来巴西已经在国际贸易方面中变得极其主动。无论是进口还是出口，巴西都连续创出历史记录。2006年，巴西贸易总额突破2200亿美元。此外，在国际贸易的谈判中，巴西与贸易大国（美国和欧盟）一起发挥主角作用，在世贸组织多哈回合会谈中，巴西领导20国集团维护农产品贸易自由化，该组织目前实际包括21个成员，中国是其中之一。

中巴贸易关系的基础是什么？中国对巴西市场影响的标志有哪些？在此方面，令人惊讶的是，中国只用了十年多一点的时间就成为巴西第三大贸易伙伴，仅次于美国和阿根廷，后二者同巴西均保持了几十年的亲密关系。这一点通过中巴经贸关系中令人印象深刻的数字得以体现。事实上，中巴两国直到最近才开始重要的商业往来。而在这么短的时间里，中国已然跃升为巴西的一个主要市场。为了证明这一说法，请大家记住一组数据：1987年，中巴双边贸易额略高于6.59亿美元；2006年，双边贸易额超过了

160 亿美元，准确地说是 16388483398 美元。在 20 年里，中巴贸易额增长了 2380%。

中国对巴西出口额为 79.98 亿美元，相当于巴西进口总额的 8.74%。相比而言，巴西对中国出口额达到 83.99 亿美元，占巴西出口总额的 6.11%。总体来看，巴西在贸易收支中处于优势地位，保持了 4.01 亿的贸易顺差。

抛开数字，中国主要出口到巴西哪些产品？巴西又出口到中国哪些产品呢？首先，应该指出的是，中国对巴西经济影响最大的行业之一是纺织品市场，和巴西本国的纺织品生产形成竞争。巴西媒体经常在报道中反映企业和工会组织的担忧，举起贸易保护主义旗帜，声称中国的纺织品凭借其较低的生产成本，特别是现行的低工资水平侵占巴西市场，对本国工业造成冲击。对于巴西贸易保护主义者来说，中国的国际竞争力很大程度上是通过社会倾销实现的。

对于这种观点，有两点需要说明。其一，仅凭一个经济体的工资水平并不能表明其在特定商品的生产和出口上的竞争力。经济理论要求我们看到生产力和工资水平之间的关系，即工资反映的是劳动的边际生产，因此，依赖于劳动者的生产力水平。但是，一个低工资的经济体，如果相对于其他国家弥补工资差异的生产力水平较低，那么是没有竞争力的。

其二，纺织品尽管越来越容易进入巴西市场，但在中国对巴西出口的主要产品中仅排在第八位，占出口额的 0.87%。

事实上，通过仔细分析当前中国和巴西的双边贸易模式可以得出结论：中巴在双边贸易领域有较强的互补性。巴西出口到中国的前 100 种商品几乎都是初级产品或原材料，加工过程的技术含量少，因此附加值低。这些产品包括：矿石、豆类（主要是大豆）、皮革、纤维、木材、纤维素、纸张、橡胶和树脂等。加工工业产品包括金属板材和简单工具。在这 100 种商品中，只有少数工业产品在加工过程中需要较高的技术水平，如火花点火式发动机、农业机械、水轮机及电话零部件等。

　　然而，尽管也有例外，通过分析巴西出口产品，特别是最具代表性的产品，我们可以发现巴西对华出口主要集中在农业、矿业和采掘业。据巴西外贸部公布的数据，自 2006 年 2 月至 2007 年 2 月，仅铁矿及其衍生产品（矿石、精铁、铌、不包括铁质板材）就占据了巴西对华出口量的 58.06%。其他主要出口产品依次为：原油（3.83%）、木浆（3.39%）、大豆（3.03%）、机动车火花点火式发动机（2.49%）和牛皮革（2.14%）。数据还表明，巴西出口到中国的产品种类较少：超过一半的出口额是由一种产品及其衍生产品产生的；巴西前 100 种对华出口商品贡献了全部对华出口额的 96.55%；相比之下，中国对巴西出口的最主要的产品（下文我们将要看到）占全部出口额的不到 6%，而其前 100 种出口产品占总出口额的 50.65%。

　　中国对巴西出口的商品基本上都是工业制品，具有中高级的技术水平，其中主要包括：计算机设备、移动电话和固定电话、电信装置及配件、电路、计算机处理器、液晶显示器、各种机器以及家庭日用品（微波炉和电熨斗）和玩具。出口最多的产品依次为：电话机、电报机及配件（5.96%）、液晶设备（3.42%）、焦煤、褐煤和泥煤（1.45%）、电视机元件（1.24%）、电路（1.14%）和摄像机（1.04%）。纺织品和玩具是巴西市场上最常见的中国商品，在中国出口商品排名中分别列第 8 位和第 35 位，占出口总额的 0.87% 和 0.44%。

　　解读数据不仅是单纯的数值罗列，更让我们从中看到中巴贸易流通的互补性：巴西出口到中国的是生产资料，主要是原材料和一些机械设备，而中国出口到巴西的是带有附加值的消费品。当然，这个结论只是一个概括性的说法，但是，它完全符合实际。利用这些数据解读，我们可以很容易地证实上文所述观点：中国作为一个新兴的工业强国，正在围绕其自身打造一个自己的"天地"，即原材料供应市场和支持其工业化的其他物资市场，同时，还有其生产的工业品的消费市场。从这个角度看，巴西是中国"天地"中的一部分。也许这才是中国和巴西保持"战略伙伴关系"的真正基础。

中国经济影响巴西的另一个表现是外国直接投资，确切地说，是中国在巴西进行的投资。在这方面，巴西中央银行的统计表明中国投资的规模还很小。例如，2000 年，中国对巴西投资总存量仅为 3774 万美元，而同时期美国对巴西投资总存量为 245 亿美元，中国的投资总存量仅和巴林相当。

然而，投资额已经在逐年递增。自 2001 年至 2005 年间，巴西共获得超过 6500 万美元的中国投资，中国在巴西的资本总额达到了 9315 万美元。2005 年，进入巴西的外国直接投资额为 150 亿美元，其中只有 756 万美元来自中国。若计算投资总存量，中国在巴西的外资来源国排名中仅位居第 36 位，排在奥地利、新加坡、韩国和丹麦之后。

中国在巴西投资的参与度低也许可以用中国作为外国直接投资来源国的资历尚浅来解释。据估算，中国投资大约占全球外国直接投资的 6%，这其中包括了香港、澳门和台湾地区的投资。近年来，中国一直专注于投资组合，购买外国公司的股票和政府债券，特别是美国国债，直接投资处于次要地位。

然而，中国资本在巴西的前景十分广阔，而且两国合资企业的成立在彼此关系中日趋重要。其中一家重要的合资企业于近日成立——巴西航空工业公司与中航二集团建立合作关系，共同开拓亚洲中型飞机市场。其他引人注目的合资项目还有巴西国家石油公司和中国机械集团在深海石油勘探领域的合作，巴西在该领域掌握先进技术。还有巴西淡水河谷公司和中国宝钢在矿产开采领域的合作。2004 年，时任巴西总统卢拉访问中国期间，时任中国国家主席胡锦涛宣布将加大对巴西投资，预计到 2008 年，投资额将达到 50 亿美元，投资重点是基础设施项目（港口、铁路和发电）。此外，巴西对中国投资也在增加：巴西企业，如上面提到的巴西国家石油公司和巴西航空工业公司，还有运输行业的马可波罗集团和钢铁行业的盖尔道集团，都在研究对中国市场的投资。

（三）文化影响：两个世界的相遇

某些观点认为，中国不仅是一个国家，更是一个文明，一个拥有 5000 年历史的文明，在她面前，巴西不到两百年的独立史显得微不足道。像中国这样的伟大文明，其自身的文化力量和影响其他文明的能力人所共知。人们对中国寄予很高的期望。

然而，中国文化对巴西的影响才刚刚开始，几乎还是一片空白。这个现象可以从两个方面得到解释。首先，两国在文化传统、思想意识和文明进程方面存在差异。中国拥有 5000 年的文明史，历史上抵制外来影响，是东方传统的代表。巴西诞生于西方——确切地说是西欧——15~16世纪的对外扩张，发展过程中受到文艺复兴、反宗教改革、启蒙运动和自由主义思潮的影响。可以说，巴西是一个西方国家。其次，中国对其他国家的文化没有显著影响，唯一的例外在东南亚地区，住在那里的中国侨民对当地文化造成了深远影响。

尽管存在这些事实，中国文化还是在巴西出现了，确切地说，第一次出现是在 1812 年。当时，葡萄牙国王唐·若奥六世命令利尼亚雷斯伯爵带领 300 多名中国人前往葡萄牙在巴西的殖民地，他们到达里约热内卢，在植物园和圣克鲁兹皇家庄园采摘茶叶。但此后，中国人的身影越来越少，几乎完全消失了。当时，巴西还在实行奴隶制，移民工人刚刚在这个国家出现。

直到 19 世纪下半叶，奴隶制逐步消除，巴西才重新开始向海外寻找劳动力移民。有趣的是，巴西的首选仍是被称为"苦力"的中国劳工，他们中的一小部分曾在美国、古巴和其他地方的大型种植园工作。1879 年，巴西帝国政府向中国派出使团，请求招募这些工人到巴西南部的咖啡种植园工作。中国政府拒绝了请求，理由是中国移民工人曾在美洲其他地区遭受虐待。即便如此，在 1880 年至 1900 年间，仍有超过 3000 名中国人，通过非官方的方式，从巴西各个港口登岸，到里约热内卢的茶园充当劳力。

第一批由官方渠道派出的中国人于 1900 年 8 月 15 日抵达巴西。这 107 名来自广东的劳工乘坐马兰热号蒸汽轮船在桑托斯港登岸。他们中的大部分前往马当市的咖啡种植园工作，其余的则留在圣保罗。在这里，很多人从事糕饼制作和贩卖，至今，这仍然是中国人在巴西生活的一个标志。20 世纪 20 世纪最初几年中国移民数量增多，之后因受到两次世界大战影响和 30 年代热图里奥·瓦尔加斯政府对外来移民的限制而数量锐减。1949 年新中国成立后，巴西的中国移民数量有所恢复，但规模依然很小。目前，大约有 19 万中国人居住在巴西，形成了日本人以外巴西第二大亚洲群体，其中超过 12 万人集中在圣保罗州。

中国在巴西影响扩大的一个有趣的现象是社会上对汉

语培训班需求的增长。虽然没有这方面的统计数据，但是汉语的确是在巴西需求增长最明显的语言。需求的人群非常广大，尤其包括了企业家和外贸行业的人士。

中国对巴西影响的另一方面是 2005 年中国文化中心的成立。总部设在圣保罗的中国文化中心通过开展多种活动，致力于向巴西民众宣传中国文化——美食、语言、武术、书法等等。

中国各领域实力的增长是 21 世纪以来全球视野内的一个重大事件。不可避免地，巴西越来越强烈地感受到中国对其社会各层面的影响。巴西应充分利用中国的影响，推动中巴关系的发展，使巴西在中国的影响也能够扩大。

参考文献

保罗·罗伯托·德·阿尔梅达:《中国和它的国家利益:一些历史和社会学的反思》,《子午线 47》2005 年 6 月第 59 期。

维吉里奥·伽沙塔·阿莱伊斯:《巴西和中国:前景广阔的合作伙伴关系》,《子午线 47》2004 年 11 月和 12 月第 52~53 期。

莫阿西尔·阿松森:《两大帝国的会面:中巴合作伙伴关系》,巴西—中国经济发展商会双月刊杂志,2005 年 4~5 月第 5 期。

巴西中央银行:外国直接投资的各时期数据,www.bcb.gov.br?INVED。

发展工业外贸部:《外贸统计和指数》,巴西利亚:外贸规划开发处,2007。

发展工业外贸部: 全国投资信息网,http://desenvolvimento.investimentos.gov.br。

塞韦里诺·卡布劳:《巴西和中国——新千年的联盟与合作》,载《在中巴研讨会上所做的报告》,里约热内卢:国际关系研究所、外交部,1999。

雷纳托·席尔瓦·卡多佐:《巴西和中国:向市场经济转变——

现在?》,《子午线 47》2004 年 11 月和 12 月第 52~53 期。

瓦米莱赫·沙孔:《中国在世纪之交的外交政策》,载《在中巴研讨会上所做的报告》,里约热内卢:国际关系研究所、外交部,1999。

弗朗索瓦·菲利普·杜贝、洛伊克·塔思、希尔文·图尔克特:《印度、巴西和中国的关系:合作与对抗的新领域》,蒙特利尔:经济安全研究小组,2002。

埃内斯托·盖泽尔:《向巴西当代历史研究和文献中心提交的报告》,里约热内卢:热图里奥·巴尔加斯基金会,1977。

殷恒民:《中巴战略合作伙伴关系的发展:迈向 21 世纪》,载《在中巴研讨会上所做的报告》,里约热内卢:国际关系研究所、外交部,1999。

若泽·罗伯托·特谢拉·雷特:《中国在巴西:中国人在巴西社会和巴西艺术上的影响、标志、反响和印迹》,坎皮纳斯:坎皮纳斯大学出版社,1999。

阿冒里·波尔图·奥利维拉:《一个"北京共识"正在形成》,《国际形势概述》2005 年 10 月和 11 月第 7 期。

亨利·阿尔德马尼·奥利维拉:《巴西—中国:战略合作伙伴关系三十年》,《国际政治巴西杂志》2004 年 1~6 月第 1 期。

世界贸易组织、国际贸易统计:《日内瓦:世界贸易组织》,2005。

保罗·安东尼奥·佩雷拉·平托:《中国政治文化影响力的复苏:对巴西的兴趣》,《子午线 47》2005 年 7 月第 60 期。

《中国和其 21 世纪的国家计划——文化层面》,《子午线 47》2004 年 11 月和 12 月第 53~53 期。

Wang Zhiquan:《中国的贸易政策和中巴贸易关系》,载《中巴研讨会上所做的报告》,里约热内卢:国际关系研究所、外交部,1999。

"亚洲方式"与巴西风俗的对话：巴西男孩滞留在台湾的故事*

保罗·宾托

　　无论从社会、经济还是哲学角度来看，只有食人主义能将我们团结在一起。食人主义是这个世上唯一的生存法则。所有个人主义、集体主义、宗教及和平条约都是它的幌子。"究竟做不做图比人，这是个问题。"食人主义反对一切宗教教义，反对格拉古兄弟的母亲（意指一切被欧洲人推崇的道德标准）。"我只对不是我的东西感兴趣。"它是人类的法则，食人者的法则①。

　　有关巴西对于中国文化和中华文明的最初了解或是见解，史料记载众多，可追溯至巴西殖民和文明形成初期。自巴西成立之初，耶稣会的传教士们就将亚洲（印度和中国）人民的生活习惯、信仰和智慧引进巴西社会和文化结构中，并最终促成一个新民族的诞生②。

---

* 本文观点仅代表作者个人立场。
① 奥斯瓦尔德·德安德拉德发表的《食人宣言》表明，巴西这一民族总能友好地接受那些在他们看来很是奇怪的事物，同时并不试图将其转变成与他们相似的人或物。
② 塞韦里诺·卡布拉尔：《汉学在巴西：二十一世纪展望》，北京外国语大学，2001 年 9 月。

一 引言

本文旨在回顾巴西男童依罗安·埃尔吉·吴（中文名：吴忆桦）监护权争夺案。2001 年至 2004 年间，依罗安被其台湾叔父扣留在台湾南部城市高雄长达三年之久。从文化的角度来说，此次事件为"亚洲方式"和"巴西方式"提供了一次对话机会，因此，我相信它还将继续引起关注。而依罗安监护权争夺案反映的是各民族在全球化过程中对保护各自文化特质所付出的努力。

作为时任巴西驻台北商务办事处代表，我在那三年中被委派为依罗安提供帮助。与此同时，我力求将营救男童事件引导至文化对话的渠道中去。

此次事件始于 2001 年 4 月，年仅 5 岁的依罗安·埃尔吉·吴跟随台湾籍父亲初次到宝岛探亲，其巴西籍母亲早前已经去世。到达台湾后仅一个月，其父骤逝，依罗安成为孤儿，并被叔父扣留。小依罗安当时并不会说中文，但随后也开始拒绝说葡萄牙语。当时的台湾社会在保留自身文化特征和尊重普世的个体人权上还未能找到一个平衡点。

母亲去世后，巴西南里奥格兰德州法院已将依罗安的监护权判予其外祖母，而男孩的叔父在与侄子相识不久后就试图将其扣留在台湾。这一监护权争夺案在当时引起巴西和中国台湾两地媒体的高度关注。

从涉足本案的第一刻起，我就对这个男孩遭受的痛苦感同身受，给予他的也不仅仅是官方的关注。我对他的喜爱与日俱增，但同时也很难控制当时的局面。在我看来，这个小小巴西公民的基本人权在距离其祖国如此遥远的地方遭受践踏。

依罗安一直拒绝用葡萄牙语与我交流，但始终对足球表现出极大的兴趣。现在回想起来，我觉得他是在用这项运动表达他的文化特质，因为他周遭的人们对足球并无感情。

这个南里奥格兰德小伙儿选择用沉默反抗扣留他的整个家族，他们企图抹去他对巴西亲人和生活的所有记忆，并将他变为只拥有当地特质的吴姓家族的一分子，负责为家族传宗接代。相比他那样小的年龄，依罗安的这一举动无疑是惊人的。

为了将依罗安接回巴西，我在谈判中一方面要向巴西社会澄清男孩被扣中国台湾这一"亚洲方式"的背景；另一方面，又要将我们基于"巴西方式"对于该问题的看法解释给台湾民众。

这无疑是对奥斯瓦尔德·德安德拉德食人理论的一次实践。也就是说，"消化"并发展中国台湾地方特点，并用演讲和手势的形式将其呈现给台湾民众。运用这种只有热带文化能孕育出的"方式"需要最大限度地展现出包容的态度，避免谈判陷入僵局。

2004年2月12日，依罗安在我的陪伴下经历了40个小时的旅途周折，终于从中国台湾回到巴西里奥格兰德，重投外祖母罗莎·莱奥卡迪亚·埃尔吉的怀抱中。

本文要说的就是这场不同文化间的对话。在将近三年的时间里，我一直作为"亚洲方式"和"巴西方式"间对话的调解人。基于这一经历，我在进行这篇文章的写作时努力寻求用艺术的手法对集体利益高于个人利益的观点进行反驳。

二　亚洲方式

正如上文所提及，巴西男孩依罗安突然置身于一个对他来说完全陌生的环境中，一个在保留自身文化特征和尊重普世的个人人权上还未能找到平衡点的社会，那里的处事方式被我们称为"亚洲方式"。

人们已经习惯于说全球化正影响着世界政治和经济体系的重组并加大了国际分工，从而催生出一种以西方特色为主的统一的文化，同时决定不同地区在这个新的国际秩序中所处的位置。

为了应对全球化带来的挑战，东亚国家和巴西都在尽力保护自身文化特质的完整性。东亚人民和巴西人民付出极大的努力去理解自己身处的社会。在这里，他们是保卫个人理想和利益并守卫其所在集体利益的防御体系的组成部分。

全球化现象给自身文化带来的压力迫使亚洲国家和巴西努力去发现一系列价值观用来巩固他们那些随历史沿袭下来的信仰、习俗和理念。一旦全球化成功铺开，它对公民共同利益施加的影响足以给这些国家造成困扰。为此，他们必须防范北美和欧洲文化标准在各自国界中被复制。

为了能让侬罗安回到巴西，我在处理整个事件的过程中尝试从双方为应对各自机遇和挑战所采取的不同方式中寻求平衡点，进而找到双方的共同利益所在。

对于很多亚洲以外的人们来说，所谓的"亚洲方式"意味着日本企业从 20 世纪 70 年代起建立起的产品质量控制和其他生产技术管理方式。

渐渐地，亚洲地区开始以新的形式深入全球意识，而这些新形式主要表现为其在思想和价值观方面的独特性上。人们逐渐明白，东亚地区的壮大是有一张巨大的信仰之网作为支撑的。

随着冷战结束，学界对该地区政治制度演变的兴趣日益增加。近些年，有关这一话题的最新议题是：随着权威主义的消亡，该地区是否会产生西方式的民主？该地区众多国家，比如中国和东南亚国家，都拥有上千年的历史。历史经验证明，民主在这些国家出现的形式都颇为独特。

从同一视角出发，也有关于经济增长速度较快国家资本体系和市场经济运作的讨论。这些国家中，某些在位时间较长的重要人物或是政党对市场的运作往往起到决定性作用。从这点上说，东亚国家采用的方式和欧美传统模式存在明显差异。

概括说来，"亚洲方式"认为，在某些特定的时候，如个人利益与社会发展、社会安全或是家庭利益发生冲突，个人利益可退居第二位。

因此，我们不难理解台湾社会自依罗安监护权争夺案伊始就对这个孩子基本人权的忽视。他被看作是一个即将参照当地行为标准和教育模式培养的"目标"。当地人们忽略的是，依罗安有权留在他生命中最初五年给予他关爱并赋予他特质的人身边。

自 2001 年 4 月起，倾向依罗安立即回到外祖母身边的人们就对吴家声称可以为依罗安提供更好"条件"的辩词表示质疑，因为并不存在一个可用来做比较的合理的标准。

本案诉讼期间，台湾依据当地法律规定从社会经济学角度组织了相关调研。调研结果显示，依罗安留台弊大于利。2001 年 12 月至 2002 年 4 月间对吴家进行的评估结果同样认为，依罗安应尽快回巴西，因为那里能给予他更有利的成长环境。

在依罗安叔父的辩护律师罗列出的为数不多的几条认为依罗安应留台的理由中，有一条认为，在台湾，男孩享有更多的特权。假如依罗安回到巴西南里奥格兰德，他将无法拥有这些特权，因为那里"男女平等"。

三　巴西风俗

自殖民初期和巴西热带文明形成伊始，巴西的"食人"能力，也就是他吸收其他文化的能力，就逐步发展起来。

1500 年 4 月 22 日，葡萄牙航海家佩德罗·阿尔瓦雷斯·卡布拉尔到达南美大陆东部地区时发现，当地土著人民与他们所处的自然环境和谐相处。这片土地拥有丰富的自然资源，繁茂的森林和众多的河流养育着当地的人们。

殖民者与当地居民还有那些通过武力从非洲运来的奴隶通婚结合，一个多种族国家就这样诞生了。在这里，人们对不同肤色习以为常，不同种族的人们和睦相处。在别的多种族社会中，民族矛盾却时有发生。对不同文化的包容在巴西世代相传，从而成就了一个不惧过去、面向未来的民族。巴西人民没有历史冲突遗留的负累，因而能保持始终向前看。与有些充满强烈民族感并背负众多历史遗留的民族相比，巴西人民对不同种族和文化背景的人们总是抱着更为开放的态度。

关于中国对巴西的影响，我想再次引用塞韦里诺·卡布拉尔教授的话，即有关巴西对于中国文化和中华文明的最初了解或是见解，史料记载众多，可追溯至巴西殖民和文明形成初期。自巴西成立之初，亚洲（印度和中国）人民的生活习惯、信仰和智慧被引进巴西社会和文化结构中，从而促成一个新民族的诞生。

卡布拉尔认为，自巴西成立之初，耶稣会就参与建立针对土著人民的教育体系，这与另一个重要事实紧密关联，并注定会对巴西年轻一代的文化生活产生深远影响。为捍卫基督教信仰，耶稣会将阵地扩展到欧洲之外的地区，以伊比利亚半岛为起点并开启了全球航路的大航海时代就此拉开。信仰斗士们得以勾勒出一幅世界宗教蓝图，将天主教义带到美洲和亚洲正是这个宏图大业的高潮部分。

卡布拉尔说："耶稣会期望将天主教信仰传播至旧世界以外的地区。他们的蓝图包括新被发现并将成为殖民地的美洲新世界。与此同时，耶稣会还企图将基督教扩展到中国和印度这样具有古老文明的东方国家。"

在美洲，西班牙人和葡萄牙人对新大陆的开发离不开传教士们的参与。为了赢得当地百姓从而完成宏伟目标，传教士们不遗余力地进行"传教"活动。他们的主要任务就是将这片土地上文明开化程度不一的人们统一引导至欧洲宗教和文明进程中去。

然而，在东方的印度和中国，人们已经创造出绚烂的文明，并拥有极高的艺术造诣，这给传教士们的工作带来巨大挑战，他们不禁对自己的初衷产生疑惑。向一个精神世界如此复杂和完整的人群传播一个对他们来说全新的信仰是一件难度极大的事情。在卡布拉尔看来，大航海时期欧洲与中国的相遇是一次"不同文化和文明间的伟大对话"。

从 20 世纪末到 21 世纪初，日益增强的全球化进程为人类社会带来深刻变化。随着国力不断强盛，中国向世界展现了一种不同于欧洲和盎格鲁—美洲的文明和文化形式。

四 文化对话的意义

本文的目的在于凸显文化对话在依罗安事件中起到的重要作用。从 20 世纪 90 年代中期开始，不同文化间的对话就成为人们广泛讨论的课题。

冷战的结束为不同国家在经济、政治、安全、战略和人权等领域开启对话创造了机会。同时，"不同文明间的对话"也进入了新阶段。

然而，塞缪尔·亨廷顿于 1993 年出版的《文明的冲突与世界秩序的重建》中关于"文明的冲突"[①]的论述却在国际社会引起广泛争议。亨廷顿认为，"文化和文化认同（它在最广泛的层面上是文明认同）形成了冷战后世界上的结合、分裂和冲突模式"。一些分析家认为，这位哈佛大学教授首次将世界政治权力中心定义为一个有多种文明参与的多极格局，同时区分了现代化和西方化的差别，并结束了世界上只有一种西方文明存在的神话。除此以外，亨廷顿还分析了 20 世纪 60 年代后亚洲在经济、军事和政治领域取得的巨大进步，并提醒人们警惕伊斯兰世界可能出现的人口爆炸。

在亨廷顿归纳的世界九种文明中，西方文明涵盖西欧、北美和大洋洲；所谓的"拉丁美洲文明"则以巴西居首；另外，在世界的另一端，还存在一个"佛教文明"。据此，亨廷顿确定不同文明将发生冲突。在他看来，随着冷战时期意识形态世界两极格局的结束，不同文明下的人们为加强各自的身份认同必将发生冲突，而冲突将主要发生在衰落的西方文明和以儒教和伊斯兰教为主的崛起的东方文明的竞争中。

作为对"文明冲突论"的回应，在亨廷顿著作问世后的第二年，众多学界人士就纷纷撰文反驳这一观点。

2001 年 9 月在北京举行的"21 世纪论坛——不同文明对话"研讨会上，中国作家王蒙[②]总结了不同文化间的五种关系"模式"。第一种模式被称为文化霸权或是文化殖

[①] 塞缪尔·亨廷顿：《文明的冲突与世界秩序的重建》，西蒙 & 舒斯特出版社，1993。

[②] 摘自王蒙在"21 世纪论坛——不同文明对话"研讨会上的讲话，北京，2001 年 9 月。

民。在这种模式下，强势文化被其他文化所模仿，并最终消灭处在弱势位置的其他文化。

第二种模式被称为文化排他或是文化保守主义。这种模式反对任何新思想并拒绝与其他文化共享价值观或标准。

第三种模式被称为文化沙文主义。这种模式只强调文化间的冲突，完全不考虑交流、融合、互补和互相促进的可能性。文化沙文主义不但偏激，而且执迷于对抗，易造成文化敌对和误解。

第四种模式被称为文化相对主义。这种模式为反人道主义观点和行为提供了辩解理由，导致对共享多元文化价值观的全盘否定。

最后一种模式，也是比较理想的模式，提倡多元文化之间的对话交流，求同存异，相互学习，互相理解，并谋求各自发展与共同发展。

如今，越来越多的知名学者都开始研究文化影响力作为附加因素的课题。比如，法兰西斯·福山在 1996 年出版的《信任》[①] 一书中指出，国家竞争力大小越来越取决于其社会的文明程度高低，或者说，其社会成员为达到共同目标，以团队或是组织的形式共同协作的能力。福山在书中对包括互利、道德义务、社会责任，特别是"信任"在内的传统文化习惯推崇有加。

五　台湾在中国文化中的地位

反思我因依罗安事件而与中国人进行"文化对话"的整个过程，需要强调的是：一方面，我要向巴西社会澄清男孩被扣台湾的"亚洲方式"的背景；另一方面，

---

① 　法兰西斯·福山：《信任：社会美德与创造经济繁荣》，里约热内卢：Rocco 出版社，1996。

又要将我们基于"巴西方式"对于该问题的看法解释给台湾民众。

依罗安的扣留地——中国台湾与中国大陆的联系无论如何强调都不为过。这些包括价值观、思想和信仰在内的联系因两地共同的历史得以巩固。台湾海峡两岸人民说同一种语言，同宗同源，这为两地超越西方世界设立的法律壁垒并在亚洲实现贸易和金融互通建立了互信关系。

于是，金融贸易机构和企业家们作为中介，在台湾和内地间形成了一个以民族为基础，并利于两岸统一的区域网络。这是促进海峡两岸市场和生产体系统一的一个重要人文因素。

一方面，台湾本土商人与内地企业家因同根同源，很容易建立起情感同化关系。另一方面，他们又因为长期与跨国公司往来而深谙海外贸易市场。

从这一角度出发，我们注意到，海峡两岸不管遇到何种阻碍，中华文明最重要的价值观在两岸因文化认同建立的合作机制中总是占主导地位。

中国曾在不同历史时期被蒙古族和满族入侵，但这些起初军事实力占优的族群最终都被强大的汉文化所同化。同样的道理，共同的文化背景巩固了海峡两岸半个世纪以来保存的本就极为特别的联系，为两岸经济政治的统一奠定了基础。

六 文化对话的实践

为将依罗安送返巴西，我在中国台湾参与实践了不同文化间的对话，从而进一步了解到中国人民的思维方式。回忆起这段经历，我想在此记录整个事件中两个重要时刻。

需要说明的是，在历经三年的诉讼过程中，我始终认为有必要创造条件向依罗安在台亲人和台湾社会证明，巴西社会为保卫依罗安巴西亲人的利益对此案一直是保持高度关注的。为此，需要证明正与依罗安台湾叔父所说相反，依罗安依旧保留其巴西文化身份和对其巴西籍外祖母的鲜活记忆。

监护权争夺案的发生恰逢 2002 年韩日足球世界杯举行，正适合利用巴西国足拉近与中国台湾的关系。

2002 年 6 月 20 日，巴西环球电视台记者埃内斯托·帕格利阿抵台报道依罗安事件。他希望能拍一个短片说明巴西男孩在中国台湾无法收看世界杯比赛。

拍摄的目的在于记录依罗安仍旧保留着他作为巴西人的特点：他仍是阿雷格里港足球协会的球迷、小罗纳尔多的粉丝，并对足球运动充满热爱。

6 月 21 日，帕格利阿、我、摄影师和巴西驻台北商务办事处另外三名工作人员一行六人来到位于台南高雄市的一所小学校，依罗安当时正就读于这所学校。

我们见到他时，他正与同学在操场上兴高采烈地踢球。和前几次见面情形相同，他对我们十分友好，但不愿开口说葡萄牙语。

之后，我们的记者拿出一台机器向依罗安播放了小罗纳尔多给他送去的祝福。看完之后，他非常得意地向他的同学嘀咕了几句。在收到有自己偶像亲笔签名的 T 恤衫后，依罗安立即将衣服穿上，奔跑着和同学踢球去了。

我还借机把依罗安巴西亲人、学校和一同踢球小伙伴们的照片给了他。他显然对那些照片很感兴趣，看完之后将它们收到了自己的背包里。

应该说，2002 年 6 月底，我们成功加深了依罗安与巴西的文化联系，他对足球的迷恋证明了他仍是一个巴西人。

2003 年 11 月 28 日，台湾最高法院宣布将依罗安的监护权判给其巴西籍外祖母。

依罗安的台湾亲人拒绝执行法院判决，并继续将其非法扣留在台。

之后，巴西男孩的一举一动几乎都被中国台湾当地媒体"直播"。记者们对他上课、回家，甚至是在扣留了他三年的台湾叔父家的所有日常生活进行跟踪拍摄。

2004年2月9日，由于依罗安台湾叔父拒不将其交出，负责执行此案判决结果的法官授权当地警方介入，在必要时可动用武力将依罗安带出吴家。

当天，警方营救依罗安的画面通过电视在全球直播，并被不断回放。

2004年2月9日晚11时左右，男孩在法院被送交给我。因之前在吴家依罗安拒绝离开与警方有过抗争，到达法院时已筋疲力尽。即便如此，依罗安还是紧握婶婶的手，痛哭了将近两个小时，不愿随我们回宾馆。台湾警方在整个执行任务的过程中表现出极大的克制。直到10日凌晨2点30分，我们才得以将依罗安带回酒店房间。他全程掩面，依旧紧握着陪同亲戚的手。

凌晨4点，我拿起一个足球与巴西驻台副代表沙特奥布里安德在房间里练习传球。没过多久，依罗安就加入了我们，他非常兴奋地和我们踢球、抓球，甚至没有注意到陪同亲戚的离开。

早上5点，我接通了依罗安外祖母罗莎女士的电话。电话里，依罗安不断地告诉她"他想念她、爱她"。将近6点，依罗安沐浴后睡去。

11日发生的一切是难忘的。我们离开了下榻了两天的高雄酒店。从入住到最后离开酒店奔赴机场，当地警方一直全程陪同。由于媒体和赞成依罗安留台群众大量聚集，我们在经历了无数推搡和身体接触后才得以进入海关大门，那些画面至今历历在目。当开往香港的飞机离地起飞的时候，我如释重负。

七　结论

2004 年 2 月 12 日，依罗安顺利抵达阿雷格里港，历时近三年的混血男童监护权争夺宣告结束。台湾社会内部也因此掀起了一场大讨论：台湾到底是想成为一个尊重法律和普世人权的现代社会，还是希望全球化世界的价值观（个人和人权受到充分尊重）无限度地顺从于传统？

通过这三年为依罗安提供帮助并实践不同文化对话的经历，我体会到与其他因为历史原因背负深重民族主义的国家相比，巴西更善于接受不同种族的人们和他们的文化，更自然地接纳他们的存在方式。对巴西人来说，吸收不同文化背景的习俗和语言是一件相对容易的事情。"食人"能力无疑是这个民族的骄傲。

然而，在台湾社会中仍存在尚未克服的矛盾。以依罗安事件为例，保守人士以保护传统为由，不惜扣留一个只有五岁的男孩，为的只是能让他续上家族"香火"；而另一些人们则清楚地知道即便是一个孩子的人权也是神圣不可侵犯的。

最后需要强调的是，在与依罗安的接触中，我发现他始终对足球保持着一份特殊的感情。画画也好，踢球也罢，依罗安用这项运动表明他与台湾当地人们不同，因为对于台湾人来说，足球不是他们文化的一部分。所以，足球是连接依罗安和巴西的文化纽带。

台湾心理学家 Nicole Kuo Lai-Fu 在研究了依罗安事件后表示："依罗安的潜意识里还保留对巴西的美好记忆，他寻求吸引大众注意力，同时请求人们理解他对巴西的思念之情。他希望有一天能回到巴西，重看足球比赛。足球对他来说也好似一个封闭他回国梦想，或者说期许的圈，意味着对他实现愿望的种种阻碍和限制。"

我们勇敢的依罗安回到巴西南部已满五年，他依旧是阿雷格里港足球协会的球迷，并重拾了其阿雷格里港人的身份。

我们希望他继续学习汉语，保留在台湾养成的生活习惯，成为一个既能代表"亚洲方式"又能代表"巴西方式"的典范。愿足球成为中巴文化交流成功的象征。

巴西、中国和葡语国家：
后现代世界的合作倡议

保罗·卡塞拉

旧的国际秩序正在动摇，这为中国提供了参与和协调国际事务的机会。（……）中国必须在坚持独立自主、平等互利外交原则的基础上承认、遵守、运用国际制度，并推动其完善 [①] 。

总之，重新审视传统并非意味着背叛。在全球化背景下，中国传统与不断演进的多元化观念的结合很可能有利于相互依存关系的建立和具有民主精神的政治领域的发展 [②] 。

一 引言：一种合作倡议

（1）巴西、中国和葡语国家间的合作倡议在观念、内容、实践方面都富有创新性，有可能为这些国家之间的关系提供新的模式。

[①] 魏丹：《全球化和国家利益：中国的视角》，科英布拉：阿梅迪娜出版社，2006，第399~400页。

[②] 米海耶·德尔玛斯·玛缇：《中国实验室》，载米海耶·德尔玛斯·玛缇和皮埃尔埃提耶·威尔编《中国和民主》，巴黎：Fayard，2007，第835~836页。

该合作框架无须囿于已有的国家间合作模式标准，而是一种模式创新。为避免犯过去的错误或是做出曾被认为是可以接受甚至合法的不明智决定，开展这一合作模式需要对历史资料、国际法和经济进行研究学习，这样才能纠正历史错误并构建一种均衡的合作模式，既符合国际法中关于可持续发展和基本权利保护的准则，又经得起实践的考验。同时，实践这一新的合作模式应符合互相尊重和贸易平衡的原则，它不但与过去的模式有天壤之别，而且涉及国际关系和国与国之间的贸易关系的全局。

　　（2）谈到南南合作，人们更多地从文化而非地理的角度考虑其模式，以避免从观念到实践上对南南合作的扭曲。历史上，传统模式带有扭曲的烙印，尤其是剥削的烙印在南北国家关系中尤为突出，而这种模式同样更多的是文化模式，而非地理模式。南南合作则可尝试成为一种注重交流和国际合作的模式，这在法律上和经济上都更为公平、公正。

　　国家间形成的共同体也可考虑采用这种公平的合作模式。这一设想与国际合作的某些法律本质完全吻合，从而能引导产生具备一定特质的国际关系，即：这种模式能确保国际合作具备建设性。

　　（3）从其他时期传承下来的以单纯共处为特点的合作模式将变得落后，取而代之的将是以合作为基础的新模式。即便在还没有明确认可新模式的国家中，这一趋势也将逐步显现，又或者说，即便没有得到所有国家的明确认可，以合作为基础的新模式都将成为一个全球现象。这是一种令人向往的模式，但还需要人们为之努力。

　　承认以合作为基础的模式可取是一回事，在国际关系领域实现它则是另一回事。具体地说，在国与国之间实践这种模式并非易事，因为对于那些在特定的历史时期和文化背景下遭受过剥削和不公平待遇的国家来说，正是那些自诩创造了"统一的国际社会"的国家对它们实施了不公。一直以来，所谓的"国际社会"其实都带着浓重的西方色彩。有趣的是，批评别人总是比自我反省更容易。

历史教训似乎没有被记住。那些遭受剥削和不公平待遇的国家并未考虑——哪怕是以纯粹假设的和形式上的方式——从中远期战略眼光出发改变某些过时的合作方式。而这些国家并没有理由重蹈覆辙，遭受那些曾经遭受过的剥削和不公。

二 历史教训只有被认真吸取了才有价值

历史教训只有在人们认真学习和吸取后才是有用的。谈论教训要比吸取教训来得容易。

（1）奥斯瓦尔德·斯宾格勒在其著作《西方的没落》（1923 年初版，2007 年第九版）[1] 中说到，人类的自我意识存在"西方文明"中，印度、中国和其他古老文明都没有这一意识，它只存在于当代西方。个体意识不存在并不是不可或缺的。集体意识具有创造性，创造了一个文明，同样，文明也可以被视为一个整体，而非简单的个体叠加。

（2）时至今日，集体高于个人的理念仍是中国文明的

---

[1] 奥斯瓦尔德·斯宾格勒:《西方的没落: 勾勒世界历史的形态（1918~1922）》，杜塞尔多夫: Albatroz，2007，第十六章，第1250 页。

特征之一。葛兰言在其《中国文明》（1929）^① 一书中说到，中国文明强调集体高于个人，集团利益往往高于个人利益（把自己的原则作为依据加以遵从、贯彻的领导人除外）。在中国这样的人文和历史背景下，这是中国文明稳定的文化轴心。

有关个人利益和人权至上还是集体利益至上的争论往往引发西方世界对中国的批评。例如，中国实施的计划生育政策对违反相关规定的处罚十分严厉，导致弃婴现象层出不穷。很多女孩在出生后被遗弃，因为中国家长们视儿子为自己的晚年保障，而女儿最终只会加入未来丈夫的家庭。这到底是文化习俗还是在侵犯基本人权？对此，常见的中国式回答是：集体权利高于个体权利。根据这一标准，与其冒着所有人都挨饿的风险，不如对个人选择加以限制，做有利于整个集体的决定。

（3）这些争论揭示了两种对个人生活和社会生活的不同意见，也表明了不同价值观、文化和社会模式间互相理解的必要性。这种理解同时包含生命（存在）、生命的意义和价值观等方面的问题^②。

人类的存在因其对自身存在的意识而完整，也就是说，必须具备存在意识，才能构成存在。要想存在完整，存在

---

① 葛兰言:《中国文明：公共生活及个人生活》，巴黎：Albin Michel 出版社，1968。葛兰言这本成熟而静谧的著作应被更广地了解和思考，特别是在巴西，越来越多的人学习汉语并希望了解中国，但却对中国文化最基本的内容一无所知。在该书引言第一段，作者就明确告诫读者："中国文明比引起人们兴趣的那一小部分内容远要更加精彩。尽管它看来很孤立（这是事实），但却记录了大量人类经验。没有其他文明能存在如此久远，并将如此多的人联系在一起。当我们自称为人文主义者时，是不能忽略这样一个富有吸引力和持久价值的文化传统的。"

② 保罗·博尔巴·卡塞拉:《ABZ——实验教科书》，圣保罗：国家媒体出版社，2008，"价值观及其结果"，第279~298页。

意识也必须完整。个人生活与社会生活之间的关系亦如此。至于不同社会间的关系，则由国际法来协调。

历史、哲学、政治和法律（特别是国际法）对处理生命和对生命的反思二者间的关系尤为重要。除此以外，社会学和一系列与人类生活直接相关，并被称为"人文科学"的学科也很重要。有了它们，人类才能正确理解生命和对生命的反思二者间的直接联系。

（4）谈到生命和反思之间的直接关系，以及在生命和对人类生存所做的反思之间进行互动的必要性，反思作为目的本身，或作为一个抽象的整体，是看不到也不能被看到、被理解的。因为反思是生活的一部分，与生活直接相关，必须与生命同在，用生命加以诠释。脱离了生活的反思会变得不人道，同时也会造成个人生活和社会生活的不人道。

（5）关于生命和反思之间必须互动这个问题存在很大争论。有趣的是，关于生命的意义，各种思潮之间并无距离或矛盾：作为唯一不变的原则，生命中的一切都在变化，而作为核心的生命原则，我们人类的感知所能理解和捕捉到的一切都在变化，并因此有了对人类生命的思考。在此基础上，可以确定若干个主要因素，以便理解二者在内容、行为方式和目的上的关键差别。文化模式则可以有效应对当下各种挑战。

三　司马迁可引导后现代格局下的国际关系

有关"万物皆变，万物皆不变"的观点在《旧约》中有所体现，它同时也反映了犹太基督教的教义特点：太阳下本无新事物。所谓万物皆有时。

（1）中国伟大的史学家司马迁（公元前 140~ 公元前 90 年）在其著作《史记》中也阐述了相同的观点。这本不朽之作在其身故几十年后由其孙出版，至今仍被不断再版，是研究和理解世界及中国传统的重要史料。

司马迁的告诫之一便是：一切皆变化，唯一不变的是一切都在变。因此，需要使我们的感知适应变化，以便理解这个世界。同时，必须根据世界的变化改变我们的感知，包括在这个世界上的我们。

（2）持相同观点的还有尼可罗·马基雅弗利。虽然他在《君主论》（1513 年）中留给后人的告诫被大量曲解，但在该书的背景下，仍能使人有所领悟，从而理解每个人对自己言行该负的责任。关于人类、人类生活、个人生活和社会生活，我们需要不断思考：我们每个人该如何生活？如何看待和度过一生？我们为生活做什么，又从中得到什么？

有关变化，马基雅弗利强调，人类视角对于规范个人行为和社会生活具有重要作用。我们每个人都该牢记：当生活发生变化，社会生活就会随之变化。

（3）政治现实主义的经验若能作为标准被有效运用，以便理解变化的恒久性，或许可以成为考察人类和社会生活状态的唯一不变的标准。被动承认事物的变化且希望事物另具形式实为最糟糕的政治判断。

因此，即使在寻求稳定的法律领域，变化也是一个事实。在我们的社会和文化背景下，即便加以伪装，稳定的幻觉仍围绕在我们周围：所谓不变必定导致变化。这在很多方面都有所体现，从众多观点和不同领域的认知中都可寻找到线索。但这些都不是最重要的，重要的是凭借对变化的感知来不断调整对世界的认知，看到人类思想和状态的发展，使生命更有价值、更有意义。

（4）在日复一日之中，在对往事转瞬即逝的记忆中，如何且以怎样的形式赋予生命新的意义？以怎样的形式和方式让每个人的生命超越肉体上有限的身体极限？

许多人尝试过以不同的方式来回答这个关乎存在的根本问题。俾斯麦曾说过，人类只不过是历史车轮下的一粒尘埃。而在此两千五百年之前，品达就将人类比作梦中的一个影子。

（5）几百年来，生命的意义一直是哲学努力回答的重大命题之一，也是常常萦绕在人们头脑中的问题。谈到希望怎样的现世或来世——未来可能的永恒生命时，忧心忡忡的人或信心十足的人都会重新思考这个问题。不同的是，后者总是相信自己注定要从现世转入来世——现世最终而永恒的翻版。

历史界和法律界也用各自的方式解答人们对于"变化中的不变"的困惑。生命的意义能在求索中得到吗？

给予生命找到答案的时间或许能够赋予生命新的意义。懂得求索，懂得建设，只要值得，即便无法看见，也要为之奋斗。置身于生命之外的求索赋予了生命更大、更高的意义，这是单纯地活着无法赋予生命的。生活吧，并且要知道，生命之外还有求索，这就是希望，是信仰，是期待，是与生命融合在一起的人性的意义，而对于肉体而言，它便赋予了生命超越我们每个人的每一天、超越世间万物的重要性。

（6）只要我们努力求索，便可以更好地生活，便可以赋予生命——植物和动物同样拥有的生命——更大的人性意义，去思考生命，思考生命的意义和内容，以及组成生命的一切，从而使生命更完美，并获得超

越简单地作为实物的肉体和生命的意义。生命和生活
的意识、对生命的反思和希望的意义，如同对变化的感
知和对变化的认知一般可以帮助我们赋予生命新的意
义。

这些反思有助于提醒我们，有必要根据社会生活的变
化或是不同社会间关系的变化对合作模式进行重新思考。
国际关系日益紧密导致国与国间的依存度越来越高，采取
新的合作模式也因此显得更为紧迫。

四　有可能构建新的国际关系模式吗？

（1）中国、巴西和葡语国家共同体其他成员国都曾是
现行旧国际贸易体系下的被剥削和被掠夺对象，都应吸取
历史教训。这其中最重要的一点就是在新的国际关系形成
后不能重蹈覆辙。这些国家在历史上各有特点，都曾经历
过"殖民"或"半殖民"压迫，因此，它们中的每一位都
有义务同其他国家一道，抵制那种将其置于屈从地位的国
际关系模式。

（2）"地理大发现"后，巴西成为葡萄牙殖民地，直
至 1822 年 9 月获得独立。巴西正式宣布独立是在 1825 年 8
月。在里斯本签署的条约正式承认了巴西的独立地位，巴
西也得以作为国际法人参与到 1815 年维也纳会议确定的世
界体系中。自此，葡萄牙和巴西两国关系经历了多个历史
阶段 ①。

英国对巴西产生的影响力不亚于它曾对葡萄牙造成的

---

① 罗伯托·卡瓦尔坎特·德阿尔布开克和安东尼奥·罗芒编著
《巴西—葡萄牙：发展与合作——500 年的对话》，里约热内卢：
EMC，2000；若泽·卡尔韦特·德马加良斯：《葡巴外交关系史一
览》，里斯本：Quetzal 出版社，1997。

影响。从贸易和国际地位的角度来看，英国与葡萄牙的关系几乎具备了宗主国—殖民地关系模式的全部特征。英国与巴西间的关系亦如此。

人们应牢记旧时期掠夺和殖民式的国际关系体系，十分谨慎地避免重蹈覆辙。

关于葡萄牙与巴西的关系，阿尔瓦罗·德瓦斯康塞洛斯认为，"两国在外交上极少也很难达成共识，民间交流多于官方交流。"①

综合分析两国在各领域的双边合作，我们可将葡巴关系模式归为一种国际合作的南南模式。应从文化而非地理的角度看待这种模式：其创新是建立在内容和成立前提的基础上的，而不是重复已有和已被运用的因素。

（3）巴西从 1881 年 10 月 3 日签署的《天津条约》中获得特权。从 1929 年起，巴西表示愿意与其他相关国家共同废除领事裁判权的特权。1943 年 8 月，巴西与中国政府签订条约结束其在中国享有的特权②。

1865 年 11 月 2 日，中国与比利时签署了《中比条约》。1929 年，此条约在常设国际法院没有最终判决的情况下终止③。如同其他时代的多余事物，这样的协议在后现代背景下随着国际法的发展而逐渐被废除。

---

① 阿尔瓦罗·德瓦斯康塞洛斯：《彼岸的码头》，（载若泽·卡尔韦特·德马加良斯所著《葡巴外交关系史一览》，里斯本：Quetzal 出版社，1997，第 7~9 页）："然而，葡萄牙和巴西具备一切条件开展双边关系。两国人民说相同的语言，拥有共同的历史和植根于同一种文化背景的人文纽带。埃利奥·雅格里贝说过，共同的文化背景'很显然能超越两国的特点和差异……不管这两国如何互相指责，这都是一个历史现实'。"

② H. 阿西奥利、G.E. 德纳希门托-席尔瓦和 P.B. 卡塞拉著《公共国际法》，圣保罗：萨拉依瓦，2008，第 16 版，第 2.7.4 项"不平等条约"，第 340~342 页。

③ 常设国际法院，废除 1865 年 11 月 2 日签署的《中比条约》。1929 年 5 月 25 日，国际法院认为比利时政府已无意再继续履行条约，故宣布终止程序并将此案从法院案件名单中去除。

（4）非掠夺和非剥削性的南南合作模式的建立有其历史原因：我们应铭记前车之鉴，避免重蹈覆辙；同时具备法律基础：我们应从承认价值观和道德准则的角度出发，寻求更好地履行国际法来保护并促进人类尊严和福利，以构建各国间更加平等的合作模式^①；另外，这还适用于经济领域：贸易平衡有助于促进国家关系的持久稳定。尽管国与国之间存在文化政治差异，这种倡导合作的模式是最为持久的，且最能经受住时间的考验。

（5）因此，从历史、法律和经济角度来看，巴西、中国和葡语国家共同体其他成员国间采用非剥削和非掠夺的合作模式是明智的。与其说葡语国家共同体^②是一个国际组织，不如说它是一个政治趋同的极。它在当今和未来国际舞台上都能扮演特别的角色^③。

在后现代世界格局内，对于那些曾经遭受或正在遭受

---

① 详见安东尼奥·容凯拉·德阿泽维多在《法律事务：存在性，正确性和有效性》（圣保罗：萨拉依瓦，2000）中对法律存在性、正确性和有效性所作比较。作者将法律事务从内部范畴扩展到后现代国际法范畴。

② 《葡语国家共同体章程》于1996年7月17日在里斯本签署。该章程由1996年7月17日至18日在里斯本所召开的国家元首和政府首脑会议起草，"为葡语国家确定了一个制度框架"。葡语国家共同体包括下列国家：安哥拉、巴西、佛得角、几内亚比绍、莫桑比克、葡萄牙、圣多美和普林西比以及独立后加入的东帝汶。葡萄牙语作为西方世界第三大语言，是连接共同体成员国的纽带。共同体成员国的民族、历史和文化接近性也是该组织的一个重要特点之一，为共同体提供"催化剂般的动力"。巴西政府是成立葡语国家共同体的提倡者。有关成立共同体的官方解释则显得有些含糊，也有可能是故意显得如此含糊："这个想法经过长期孕育，因为我们对其主旨和总体原则经过仔细讨论，这些主旨和原则将指导巴西在共同内的外交活动"。

③ 卡洛斯·恩里克·卡丁和若昂·巴蒂斯塔·克鲁斯编著《葡语国家共同体：机遇和前景》（发布于由巴西利亚国际关系学院近东和非洲部2002年组织的"葡语国家共同体：机遇和前景"研讨会，巴西利亚）。

剥削或不平等国际贸易制度侵害的国家来说，提倡合作模式的方案至少在理论上看是有意义的。但不幸的是，事实并非人们所见。

（6）一直以来，国家在国际舞台上的地位具有相对性，即国家在国际体系中不再是唯一的参与者[①]。因此，国与国之间合作模式的构建是一个合理的选择。这在法律上可更加公正，经济上可更为公平，理论上可被构思，亦可付诸实践，但需要制定相关指导标准，并对其必要性及适用性进行论证。它可以成为南南合作的指导模式，但它不会自己产生，必须通过构建才能够使其被广泛应用。

国际贸易和国际关系中是否也能孕育和使用更为合理的模式？这个问题不是纯粹的学术假设。通过这一问题有可能构建出一种创新性的模式。这种新模式对于一个强调发展和可持续性的世界更为合适。无论从自身发展还是从国际贸易和国际关系采取的模式看，各国都应考虑制定一部利于可持续发展的国际法。

人们可能会问，是否以及如何采用这种基于平衡和贸易公平性原则上的理论模式？有些国家习惯性地反对这种模式，否认它可引导国际贸易和国际关系。而它不是一种可由外部强加的模式，必须得到所有国家的认可。如果在国际贸易和国际关系中强制推行这种模式，而很多国家并不认可的话，这种模式必定是不可行的。对于这一观点的诠释，常可以用到以下几个国际法强制性规范的例子，如禁止奴役，禁止贩卖人口，禁止种族

---

① 雷蒙·兰杰瓦：《非政府组织及国际法的运用》，RCADI，1997，第9~105页。

屠杀 [①] 和禁止侵略 [②] 。

出于绝对的必要性，我们正在重新审视国家间国际关系模式，建立新的网络并为此制定更多元化的标准。

五　后现代国际法及制度模式和规范模式的修正

（1）从后现代国际法的角度来看，应确定对强制性规范的认可，以制定引导国家发展的准则，这关乎方方面面，至少包含三个观点。

①常规的技术流程因其不能建立载有公平内容的规则而不再适用：这些规则是以引导国家关系为目的，通过对模式的选取和对标准的采用建立起来的，国际公法为规则

① P.B. 卡塞拉的《后现代国际法基本原则》（乌戈·卡米诺斯做序，圣保罗：Quartier Latin，2008，第 i 项"国际法建立和后现代背景"和第 ii 项"术语解释及评论"），见《防止及惩办种族灭绝罪公约》（纽约，1948），第二章，"本公约内所称的种族灭绝行为指蓄意全部或局部消灭某一民族、人种、种族或宗教团体，及犯有下列罪行之一者：a) 杀害该团体成员；b) 对该团体成员造成身体上或精神上的严重伤害；c) 故意造成该团体处于某种可导致其全部或部分成员生命毁灭的某种生活状态下；d) 强制执行措施，图谋阻止该团体内的生育行为；e) 强迫转移该团体儿童至另一团体"；以及 2005 年 8 月 26 日在克拉科夫召开的国际法学会会议上通过的决议，即关于《对种族灭绝罪，反人类罪和战争罪的普遍刑事管辖权》（其名称原为法文，后译为英文等文字）第 17 届委员会，发言人：克里斯蒂安·汤马斯查特；以及达尔莫·德·阿布鲁·达拉力《关于种族灭绝的再思考》（见《国际贸易和法律：趋势和前景：纪念荣誉教授思真格》，署名作者还包括 L.O. 巴蒂斯塔、H.M. 哈克和 P.B. 卡塞拉，圣保罗：LTr 法律专务出版，1994，第 463~477 页）；及维多利亚·阿贝兰·红卢比亚《个人的国际责任》（RCADI，1999，第 135~428 页，第 280 项，关于种族灭绝罪，第 320~331 页，及同前见 323 页）：对于受害人的身份的确定，是界定针对特定个人或群体的种族灭绝罪的必要特征："因这些个人或多人是属于特定团体的成员，且正针对他们属于该团体的事实"，鉴于这种形式，"种族灭绝的受害者是特定团体而非仅仅个人，也就是说，核心在于对特定'集体'给予完善的法律保护。"

② V. 阿贝兰·红卢比亚 1999 年出版的《个人的国际责任》（其中"国际法对罪行的界定"章，i 项，"侵略罪"，第 309~320 页）；以及 W. 克玛尔尼奇《现代国际法中对侵略罪的定义》，RCADI，1949，第 75 项，第 1~114 页。

建立提供了依据，即：条约如与其构建更公正持久的模式的目的不相吻合，可以被修改或替换；这些新规范可以取材于原先制定的惯用规范，但其内容的确定不能通过原来或当前的常规机制，而需通过模式筛选的过程，政策选择应该囊括其中。

②南南合作模式的构建也可以利用历史经验：应牢记前车之鉴，避免重复过去的错误和沿用扭曲的模式。曾经正是在这些国家，"殖民者们"在模式的选择上犯了严重错误。而新模式的构建也可能会被写入历史，历史的经验和教训只有被后人吸取和学习才能够体现出它的意义。

③在经济上建立一个能够管理经贸往来和国际关系的平衡性模式，是否可以允许这些国家——昔日的受害者，本着互利原则，拒绝奉行对其造成侵害的国家制定的规则？这一根本问题由贸易协定的可行性问题演变为执行不力的问题。我想指出的是，正是这个问题动摇了贸易的基础。这些规则，否定了仅由经济效益决定的基础，在任何情况下，都是不具备约束力的。对于这个问题，我们应该重新评估，并且能够接受否定的答案：如何在人道主义法这一具体领域给出一个公认的解决方案：我们不能够同时既宣称某些义务的绝对性，又在面对违反义务的情况时，出现另一个国家声称拒绝遵守并执行这些规则义务。

（2）从这个意义上说，以平衡贸易伙伴为基础构建的国际经济模式，可能作为短期战略不会有意义：一个国家因为另一个国家对这一模式的严重违反而拒绝执行该模式，这种可能性绝不会仅仅停留在理论层面。但是，如果我们想到，作为一个经贸往来和国际关系的模式，它不只具有人道主义特点和救济色彩，同时也是一项中长期战略，那么，这一模式就可以而且应该具有意义：通过在权利和义务的对等基础上建立贸易伙伴关系，实现贸易关系和国际关系的稳定与持久。当然，像任何关系一样，它也关乎价值，关乎为贸易伙伴提供物质资助，以此来巩固发展水平，使之更加符合这些国家之间的可持续发展的路线。

（3）这一模式的建立可以对历史做出回应：过去受剥削的国家可以有能力从内部打造更加公正的关系，而不是殖民时代由外部强加的关系。这一模式的构建也可以对传统国际法做出回应：各国在后现代时期，可以建立更加公正的法律基础，以引导国际关系。构建模式尤其要重视人的因素：世界存在的目的是保护基本的人类自由，维护和促进人类尊严，国家是实现人类个人生活和社会生活的手段，而建立不同社会之间关系的秩序，则通过制度框架和国际规范的手段来实现。

强调贸易和国际关系平衡，需要在组织上进行规划。公共权力的实现可以通过公共权力本身，也可以通过非公共组织：这并非偶然，亦并非自发产生的，但可用来指导那些选择在国际贸易和国际关系中采用平等模式的国家间的贸易行为。

若泽·弗拉维奥·松布拉·萨赖瓦曾说过 [1]："对自由主义经济和贸易保护主义的失望似乎为在另一种基础上建立起的合作形式提供了充分的条件。这种新的合作形式缺少政治浪漫，但带有更多政治承诺，其中蕴涵的关于更加多元、更加公平的国际秩序理念可为南南合作提供另一种比以往更有效的对话方式 [2]。

---

[1] 若泽·弗拉维奥·松布拉·萨赖瓦：《南南对话及葡语国家共同体："9·11"事件后世界的全球化和不平等（八项反思）》，载卡洛斯·恩里克·卡丁和若昂·巴蒂斯塔·克鲁斯编纂《葡语国家共同体：机遇和前景》，2002，第309-328页。

[2] 若泽·弗拉维奥·松布拉·萨赖瓦：《南南对话及葡语国家共同体："9·11"事件后世界的全球化和不平等（八项反思）》，载卡洛斯·恩里克·卡丁和若昂·巴蒂斯塔·克鲁斯编纂《葡语国家共同体：机遇和前景》，2002，第328页。

（4）从各种观点出发，这一理念似乎是可被接受且恰当的。现在需要做的就是验证是否有必要将理论与实际结合，以确保这个方案符合历史要求、国际法原则和经济可行性，并在中长期建立可持续发展模式。

制定有关可持续发展的国际法可以且应该纳入中国、巴西和葡语国家共同体其他成员国间合作和南南对话的议程。希望这在不久的将来得以实现。这个理念应该被纳入后现代国际法的核心内容中去：对于可持续性问题的关注和其必要性，以及对于可持续问题的思考都应被永久加入国际制度和规范体系中去 [①] 。

六　结论

建立一个法律上公正、经济上公平的合作模式只是一种可能。它并非偶然，也不会在相关国家毫无作为的情况下实现。

由于这种合作模式具有创新性和变革性，只有先从认识上并最终从意识上坚定地接受这一理念，再付诸行动，才有可能将理论变为现实。一个高效而平等的国际关系模式是令人向往的，但只有所有参与者都对其存在的可能性抱有坚定的信念才能实现这一合作模式。

因此，实现这一模式的过程将是艰巨的，但不是不可能的。以合作为基础的模式是可构建的。巴西、中国和其他葡语国家共同体成员国都可为此做出突出贡献。它不仅利于各自国家利益，还有利于建立一种创新性的国际关系

---

① 利贾·毛拉·科斯塔:《可持续发展的国际法和引导社会责任的守则：天然气和石油部分的分析》，载《圣保罗大学法律系用于免费教学所征集的论文》，2008，圣保罗，第 336 页。本文专门研究有关可持续发展国际法确定的主要组成元素和实施的制度参数和经典规范。

模式。这种新模式以公正平等为原则，同时符合有关可持续发展的国际法准则。

至少，我们可以心存希望，希望这种模式得以实现和实施。这需要正直的人们和具备长远眼光的领袖们共同努力，才能在这纷乱的世界里，在下一次选举或是下一次经济危机来临时拿出有效的应对策略。正如司马迁和其他来自东西方不同传统背景的学者所理解，我们的世界充满了不安和变化。

以上所说都值得我们反思。为了我们的当下和未来，我们不仅要对过去的道德准则进行反思，也要对历史留下的教训进行反思。

否定国际关系模式的变化是在重复过去的错误。这种行为在当下带来的后果尤为严重，因为在当今世界，国与国之间，包括国际组织、非政府组织和民间团体间的相互依存度和关系制度化程度正日益加深。

前线？从巴尔干西南部到中亚：中国与葡语国家关系的展望

阿曼多·盖蒂士

在许多人看来，以"去本土化"及"时空压缩"为特点的全球化 [1] 从战术层面印证出地缘政治正变得越来越不重要。在一个貌似联系日益紧密而不再分裂的世界，有关地缘政治的分析似乎已经过时。但这种回流只是暂时的：随着国际秩序从伴随着两极世界解体之初的混乱中逐步重组：新的"地区"生态迅速崛起，其中很多集中在臭名昭著的腹地——其他一些则不是——新世界一大片沉睡的地区明显觉醒，并完全可以被重新分配。地理带着新的面貌重返更为广泛和多样化的地区。我们一致同意：古老的模式最终仍然在继续。

我们在当前国际形势中同时面对常规和非常规挑战的说法并不是什么大新闻。在这个意义上，我们看到的世界越来越混乱了。由于跨大西洋联盟（"西方"）在国际政治社会中的中心地位以及随之带来的挑战，它坚持推行其霸权战略，周边挑战与冲突积聚，这种观点也并不令人惊讶。简而言之，一方面，恐怖主义和大规模杀伤性武器不断扩散；另一方面，自威斯特伐利亚和约和伯罗奔尼撒战争以

---

[1] 阿曼多·马奎斯·盖蒂士此前曾写过一篇篇幅远长于本文的文章，题为《前线：从巴尔干西南部到中亚》，发表于里斯本葡萄牙地缘政治中心《地缘政治》2007 年第 1 期，第 19~77 页。

来，我们一直经历着与安全困境有关的"传统"挑战。新的问题是，在当今世界，这些新旧挑战似乎比以往任何时候更加相互交织，形成与管弦乐及和弦般复杂深刻的新混杂体。我想论证的是（至少从地缘政治角度出发），这种融合存在并有可能产生严重后果。

在我的文章中，我将尝试勾勒和解释这种新融合的主要前线。我将审视这一"前线"最棘手的紧张局势和冲突动态：从西南巴尔干、科索沃的分裂，到中亚、黑海和"大中东"。"大中东"是一个相对较新的区域相互依存概念，我将尝试在下文中更加详细地阐述一些细节。我的第一个目的是展示如何运用地缘政治视角更好地理解有关形势，否则我们将认为有关事实和事件互无关联，相对孤立。更间接的是，我希望将中国同葡语国家日益密切的关系纳入这样一个全球背景下探讨。

我首先要描述的有关地区形势充满动态，且相关事态仍在进行当中，很难得出结论。我认为可以确定的是，当前的冲突机制是事关我们得出的总体结论的核心问题。很多研究工作都围绕这个问题展开。最有影响力的例子当然是 20 世纪 90 年代中期罗纳德·D. 阿斯穆斯、F. 斯蒂芬·拉拉贝和伊安·O. 雷塞尔的相关研究报告。他们认为这个地区是第二个水平"危机弧"——一个包括"中东、巴尔干、高加索地区"的水平"轴"，同把德国与俄罗斯分开的垂直"第一弧"相连，主要是从波罗的海国家向下延伸到巴尔干。这三位美国分析家认为，这两条弧线的交点区产生冲突的风险特别大：从巴尔干和黑海流域到里海[①]。

从某种程度上说，我正是打算在这种模式基础上展开

---

① 罗纳德·D. 阿斯穆斯、F. 斯蒂芬·拉拉贝、伊安·O. 雷塞尔：《地中海安全：新挑战，新任务》，《北约观点》1996 年第 44 期，第 3、35~31 页。

我的论述。我想说明的是，我基本同意 1996 年上述学者的有关看法，看来在这两个"危机弧"发生的许多事件证实了这些观点。不过，我们可以也应该更加详尽地描绘 10 年前已经初现的模式：这也是我在此所做的尝试。我特别关注垂直的"南部危机弧"水平，可以说是按一种"地缘政治的方式"来关注。借此机会，我拟就"地缘政治"的性质提出一些雄心勃勃并似乎有用的观点——尤其是考虑到我这篇文章的背景——以便克服 19 世纪地理灵感的实证唯物主义带来的障碍。与之相适应，我描述的这一模型是开放的，并具有多个成因。

我的文章分为三个部分。在第一部分，我将展示各大国如何越来越把其注意力集中于我提到的"前线"，如何按一种"机制化"的方式行事：正如发生在格鲁吉亚、阿富汗、巴基斯坦、伊朗或吉尔吉斯斯坦的事例那样。换句话说，我将在开头部分简要介绍新兴分界线日益提升的重要性。在第二部分，我将尝试介绍，或者更确切地说，试图展示我正在看到的地缘政治分裂。作为参考，我考虑了这一分裂可能涉及的所有重要领域。这方面我故意做了很多推测。不过，我提出的这些假设是可控的：我只是进行了一番理性思考，并不就未来胡乱预言。在第三部分，我将始终从地缘政治角度出发，更加详细地解析这些分歧。我的注意力仅集中在那些我认为对分歧的形成最为重要的同步和不同步的关系演变，或者说，避免仅复述事实和事件，这在我看来是非常简单的表达方式。我将在文章的前两部分介绍这些涉及系统性的变量。最后我将得出一些结论。

一

在第一部分，作为此前在其他地方已发表文章的总结^①，我将描写两极世界结束后逐渐出现的这条又长又复杂的"前线"，这条线使当代国际体系中的分裂初现雏形。换句话说，我将花一些时间作为前言介绍一条正在建设成的分界线。考虑到我已经在其他文章中介绍过相关情况，这也不是这篇文章的主题，我不会浪费太多篇幅。我不会提地缘政治体系之外的细枝末节，只是简短勾画相关轮廓。

首先，我要指出，近年来北约和欧盟前所未有地扩张了其版图。其次，这一扩张一直在协调推进。快速环顾世界，我们可以看到一些规律性的东西。正如我在其他文章中指出，这两个扩张进程密不可分。我认为，这是同一枚硬币的两面："西方"的"宪法化"进程。在我看来，欧盟和北约是一对"孪生姐妹"。正如我 2003 年写道："并不令人惊讶的是，北约和欧盟的历史地理发展阶段有一些共性和相通之处：没有北约，欧盟不会在体制和事实上成为完全可行的现实。"^② 再次，我想强调，事实上北约和欧盟的扩张并不是无序和彼此分裂的；恰恰相反，从地缘政治角度看，这两个扩张进程之间的相互协调始终不容置疑。

这一点非常显而易见，我似乎没有必要赘述，而且不管怎样，我已经在其他文章中这么做了。不过，为了强调北约和欧盟同步发展的地缘政治影响，可以对其相互协调的逐步扩张给予重视，尽管这种协调并未显示出一种战略规划，但扩张本身带来了明显的地缘政治后果。为了弄清楚这一点，只需要我们在广泛的地缘政治框架下审视这两大实体近年来的扩张。

---

① 我的相关文章首先在《国家与国防》杂志中发表，后编入外交部外交图书馆 B 丛书第二卷研究集（2005 年，原为 2001 年）及里斯本外交部外交学会《国际关系研究》"北约和欧盟"。

② 我的相关文章首先在《国家与国防》杂志中发表，后编入外交部外交图书馆 B 丛书第二卷研究集（2005 年，原为 2001 年）及里斯本外交部外交学会《国际关系研究》"北约和欧盟"，第 233 页。

为此，让我们从欧洲北部的挪威（北约最早成员，但一直拒绝加入欧盟）开始，还包括巴伦支海南部的瑞典和芬兰（均为欧盟最近成员国）。向下往南移动，我们发现，这个斯堪的纳维亚板块紧靠三个波罗的海共和国，即爱沙尼亚、立陶宛和拉脱维亚。这三国均于近期加入北约和欧盟。其正下方是波兰，也刚刚加入这两个组织。再往南是捷克共和国和斯洛伐克，两国均于近期加入两大组织，随后是奥地利、斯洛文尼亚、罗马尼亚和保加利亚，也都是欧盟和北约成员。接下来是希腊、马耳他和塞浦路斯，同样是这两个组织的成员国。最后是土耳其，同挪威一样是北约成员，但不是（至少目前还不是）欧盟成员。除了这些国家以外，还得提到克罗地亚，它已经处于入盟的高级阶段——不像其他几个巴尔干半岛西南部国家——还有几个正在就入盟问题进行谈判的国家：乌克兰与格鲁吉亚，两国均毗邻这两个国际组织其他成员国。

在这一双重入盟、入约进程之外，如果再加上这两个组织在相关地区的政治军事干预行动，如从巴尔干经过高加索到阿富汗等地区，很难不窥视到其战略考量 ① 。我们看到——至少在欧洲东部边境和再往南高加索与土耳其接壤及土耳其影响向东方延伸的地区——大致沿着古丝绸之路和苏联的柔软腹地周围——正在坚持倾力打造一种缓冲地带的防御"墙"，或者是一道面对风险弧的前沿防线，以便采取地缘政治的防范举措，避免发生预期冲突。这到底是有意为之，还是仅仅是单一而独立的决策，与本文论点毫无关系。事实是，这一过程正在进行当中，并产生了

① 在西方，通过军事联盟包围和遏制对手的战略历史悠久：如在战后年代，美国为遏制苏联，在部分相当于"前线"的地区建立了中央条约组织和东南亚条约组织等多个联盟，分别位于中亚（巴基斯坦于 1954 年加入，迫使 J·尼赫鲁宣布印度"不结盟"）和东南亚。

不可避免的实质性影响，可以对之进行实质性的解读。

我认为，从巴伦支海到斯堪的纳维亚半岛北部和巴尔干的这条垂直"轴"，与从巴尔干到中国边境的水平"轴"在建立上存在不同。因此，东方—西方的地缘政治"冲突弧"与北方—南方"弧"并不相同。但是，从安全和防御角度来看，我认为它们形成了难以分离的复杂风险和冲突。

二

为了日后对有关动荡的程度更好地做出前瞻性评估，应该详细了解"前线"的一些关键点。正如我已经提到的，下文的主要目的仅仅是展示有关力量线及"前线"两边相互关系的变量，或者（用塞缪尔·亨廷顿和迈克尔·克莱尔的专业术语）是其白描线[1]。也就是说，我主要考虑的是最具有差异性的地貌。在得出一些理论性的推测结论前，请允许我在"经典"地缘政治分析和看到的一些"前线"例证点之间画上等号。

为了说明这一点，我将举三个非常浅显和暗示性的简短例子。我想说的是一个通用的地缘政治模型。首先，我将简要地看一看地中海东部及其周边大陆环境；其次是黑海地区；最后是被称为苏联柔软腹地的中亚以及中国的边境和西部内陆。我们将看到，这是一个一直宣称相互依存关系的新空间，因此盎格鲁—撒克逊人开始在几年前称之为大中东。我再说一遍：我只是泛泛而谈。我的目的只是对冲突做出局部和物质上的机械假设（通常我们称之为地

---

[1] 我指的是塞缪尔·亨廷顿（1993）和迈克尔·克莱尔（2001）的著名研究。尽管二者之间差别很大，但这两份有关冲突模式和"联盟"的研究——前者是"文明"，后者是"资源分配"——在地缘体系方面具有相似性；他们使用的分析逻辑（必然性理论）与20世纪后半期以来占据主导地位的地质学家也很相似。

缘政治），所有这些冲突都完全可以预防。

在这方面，我无法不先做出快速的评论。这主要是因为我要提到的这些进程相互关联，具有高度的相互依赖性；我把它们分成三种情况只是单纯地为了方便说明。我将提到的所有问题尽管程度不同，但都是相互关联的。尤其是在中东和中亚等地理、文化、政治、资源相近地区，其相互关联程度非常高。

（一）第一概览

我想把我的注意力集中在地中海东部，不断扩大圈子并延伸我的视角。一切就像克劳塞维茨所说，"重心"确实在向东迁移。因此，无论是在欧洲还是华盛顿，地中海东部和邻近腹地（我的前线）在有关当代战略的辩论中由外围转变为中心。我们应该牢记，这个新的不断增长的中心具有非常现实和实用的广度：在过去 10 年中，波斯尼亚—黑塞哥维那、科索沃、阿富汗、伊拉克、黎巴嫩的军事干预快速发生；叙利亚和伊朗引发强硬政治紧张局势。但在这一地区，人们一直感觉缺乏一个良好的安全和防御体系。正如我试图说明的那样，这种空缺自然而然地使得复杂动荡的局势非常棘手。至于欧盟，臭名昭著的巴塞罗那进程和最新的睦邻政策对南部的作为无能为力；北约框架内发起的所谓地中海对话也是同样情形。美国的大中东倡议也尚未奏效。考虑到我提到的相互依存度可能产生的外溢效应，这一点也不好。

首先我要指出，这一整个"区域"，也就是整个弧线，或许已经进入了我们可以称之为第三地缘政治阶段。我们应该把它们列出来。第一个阶段是冷战，当时该地区为两个超级大国提供了一个真正的对抗区，其形式是代理战争。很明显的是，20 世纪 50 年代中期的苏伊士运河危机和无休止的周期性阿拉伯—以色列战争是典范例子。

第二个阶段以美国和欧盟（程度较小）等外部势力的干涉为标志——甚至在两极世界结束之前——它们不懈努力，一心确保共同分担当时中东发生的政治军事危机。奥斯陆协议——尤其是后者，虽然也有其他运动——本着避免"传染"的目的，开启了以色列—巴勒斯坦的系列冲突。

在第二个阶段，其指导思想是要建立一种有利于达成协议甚至推动地区局势趋于和平的动态。尽管有一些进展和挫折，特别是周期性的绑架和两次起义，但正如沙姆沙伊赫和戴维营峰会（创新式的尝试）所展示的那样，第二个阶段并非完全失败。特别要考虑到，当时叙利亚和黎巴嫩爆发了危机，伊拉克和伊朗的地区霸权企图被有效控制和隔离。

直到今天我们依然发现，第三个阶段 ① 更难以界定。其最鲜明的标志是所谓危机弧在当前新的地缘政治格局中的大幅（地理和政治）扩张。阿富汗、巴基斯坦、伊拉克、伊朗、叙利亚及多个在 20 世纪 90 年代初隶属于苏联的中亚地区国家等新的实体不断涌现。这种新的标志具有鲜明的系统性——被皮埃尔·热若文称为深层次力量的一些元素在这里发挥了明确的作用。

如何理解呢？在第三个阶段之前，从游戏规律来看，一些有限的当地、地区和全球参与方在相对明确的规则框架下行事，并自然而然地试图突破有关限制。如今，所有这些规律被打破、基本消失甚至爆炸。这并不是一个好兆头。

---

① 我在此使用的分段法至少在宏观层面类似于巴黎（外交部分析预测中心）皮埃尔·内维（2006）"中东"中使用的分段法。从微观层面看，我不同意皮埃尔·内维及其合作者的"务实政治"看法，而是增加从经济和军事角度看待有关问题。

总的看，取而代之的是四大对立冲突轴逐渐兴起，或许将会成为扩大和重组的新坐标矩阵。仅仅为了便于分析起见，我将分别列举这四个密切联系的轴。

一方面，源自什叶派暴力崛起的政治伊斯兰在伊朗支持下，在黎巴嫩、叙利亚、伊拉克等多个地区采取行动，引发海湾君主制国家及西方不安。另一方面，我们看到激进主义的逊尼派在更广泛的地区扎根，成为另一种版本的政治伊斯兰——其获得的地方实体支持较少——本·拉登的基地组织及其部下是其最主要的象征。第三个对立冲突轴紧密围绕"传统"民族主义，与巴勒斯坦和反以色列（非公开的反犹主义）势力具有利益汇合点。第四个，也是最后一个方面，从中马格里布到里海的整个地区，存在一种主权性的双重反应，力图尽可能地控制工业化国家或正迈向工业化的国家所特别渴求的资源（特别是石油和天然气）。1999 年 10 月，美国国防部将中亚地区军事力量重新划归中央司令部管辖，由其负责从乌拉尔山到中国西部边界区域 [①]；2001 年美国介入向基地组织提供庇护的阿富汗塔利班，2003 年以华盛顿政府为首的政治军事联盟进入伊拉克。

在进入下一个部分有关"次区域"的更多细节，以便预测有关事态进展之前，我想强调的是，这些冲突轴相互依存，沿着整个弧线不断爆发冲突，四大轴相互之间发生深刻作用。但更重要的是，为了避免在后文中回过头来再次阐述有关背景，应该从系统和前瞻的角度思考——还有其他轴吗？

/ 177 /

[①] 迈克·克莱尔（2001），第 49 页。在下文中（特别是我这篇文章的第三部分），将讲述美方采取有关行动的背景。总体上主要集中在经济方面，在很大程度上是对兰德公司 Sergej Mahnovski、Kamiljon T. Akramov 和 Theodore W. Karasik（2006）在《中亚安全经济维度》一文中的补充。

我刚才说过，这个弧所勾画出的"前线"的真正扩散——如果可以这样称呼的话——绝对不是什么令人放心的好兆头。我的担心是：游戏规则的缺失——或爆炸——一组有限的当地、地区和全球参与方在相对确定的框架内各行其是，造成了一种新的局势，即对有关地方、国家或其他参与方而言，有关事件的动态似乎脱离了大国和"地区"外部实体的掌控。伊拉克、阿富汗的混乱局势，伊朗僵局，真主党的治理能力缺失，巴勒斯坦法塔赫反哈马斯的内部冲突，都是缺乏控制和治理的症状。我不想危言耸听，但我的印象是，20世纪头15年所谓的美好时代与此后20世纪20~30年代国际动态带来的疯狂年代并没有太大差别。如果我们不关注那些日益显现的信号，特别是2008年对格鲁吉亚的入侵以及阿富汗、巴基斯坦政治军事形势的恶化，这将是不负责任的行为。

（二）从黑海盆地到里海

黑海周边"区域"被盎格鲁—撒克逊人称之为这些警示信号的很好例证。在两极时代，黑海地区可谓是北约和华约之间的艰难分界线。总体看，黑海处于苏联势力范围；唯一的例外是其南部，因为黑海毗邻土耳其，博斯普鲁斯海峡位于伊斯坦布尔地区，是与地中海东部相连的一条既狭窄又极深的天然通道。土耳其的北约成员资格及其在两极时代的地缘政治功能即源自这一点——事实上，当时土耳其广阔而强大的矩形地区成为西欧东侧免受苏联"盟国"影响的保护区。

随着苏联南部和东部的分裂及两大"边缘"地区独立国家的兴起，这一切自然都发生了改变。

在地缘政治方面，边界的重组显而易见。与近80年来的境况相反，黑海开始与大量不同的政治实体接壤：俄罗斯、土耳其、乌克兰、罗马尼亚、保加利亚和格鲁吉亚；摩尔多瓦、希腊和亚美尼亚，虽然这些国家并不完全濒临黑海，但距离黑海很近，这种临近对其中任何一个国家都至关重要。盆地的局部冲突频频爆发；车臣、南奥塞梯（北南）、阿布哈兹、纳戈尔诺—卡拉巴赫、摩尔多瓦德涅斯特河沿岸、乌克兰、格鲁吉亚或土耳其的库尔德人等例子数不胜数。

新的地区权力布局由此涌现。此前大致划分为不对称的两部分（北约和华约）的海域由此获得新的地缘政治中心地位。随着地区多国罔顾俄罗斯既得利益调整对外关系，这一趋势更甚。众所周知，面对外界对地区的复合性政治军事压力，俄罗斯一直运用经济和能源武器应对上述关系调整——这既是因为俄罗斯拥有这些资源，也是因为黑海次地区攸关石油和天然气供给线。

我们现在可以进行更为广泛的分析，这一点似乎必不可少。我主要担心的还是此前提到的整个南部危机和冲突弧：其实，对一组此前按明确规则行事的有限参与方而言（最早是国际参与方，此后还包括当地和地区参与方），游戏规则的消失与爆炸造成了一种新情况，即事态发展似乎摆脱了大国、外部实体和当地参与方的控制。这必然产生强烈的后果。我们已经习惯把黑海盆地视为欧洲和西方的边线。现在已经不再是这样了。2008 年 8 月莫斯科进入格鲁吉亚即为明证。黑海已成为错综复杂和至关重要的地缘政治及地缘经济边界和空间。同时，它也成为大西洋联盟和普京、梅德韦杰夫领导下的俄罗斯在现在及未来谋求肯定的中心区域。这是一片脆弱而活跃的空间。近期俄美围绕在波兰和捷克共和国加强反导防御体系的危机，乌克兰紧张局势升级以及格鲁吉亚的解体都表明了这一点。毫不夸张地说，北约没有任何一个其他边界拥有这么高的安全防卫线。这也是一个高度不可测的空间，各方采取的行动还将不断加大这种不可测性。

（三）中亚次地区

被我称之为另一个——也是我的最后一个——次区域，构成了我必须点明的地缘政治警示点的好例子。我指的是我所谓"前线"的最东端，它是从高加索到中国边境的广泛而失衡的一大片区域，包括原苏联"盟国"以及波斯湾及其腹地的中部和北部，从伊拉克到叙利亚、伊朗和阿富汗，更不用说巴基斯坦和沙特阿拉伯本身。我将更加简洁地阐述这最后一个例子。究其原因，在我看来非常重要和明确：如果某一政治动态难以预测，只能简短勾画其结构线。

这一点在我看来是很明显的。在这片广袤的区域内，很难看到任何大型体系，仅仅只是多国聚集并构成一个高度复杂和充满变化的区域权力平衡，并在多个方向产生广泛影响。很明显，该地区内外关系和邻国关系相当紧张，边界处于变动之中，对外界具有高度的脆弱性，"民族"、宗教、政治和经济因素盘根错节——同时难以相互融合。面对这种冲突轴和相互依赖关系，几乎无法做出任何最低限度的可信性预测。就好像在前线的这个角落，一切都如同找在本文开头描述的那样。

进行监督并防备不测通常是面对这种情况的最佳解决方案。毋庸置疑，这也正是各方一直以来在做的事情 ①。

---

① 基地组织也高度重视中亚这一地区，长期在该地区密集开展行动。合乎情理的猜测是，本·拉登组织这么做并非出丁地缘政治导向，而仅是由于"负黏合作用"反对俄美教义。事实上，虽然控制中亚地区很重要，但这对其重建阿拉伯帝国并非不可或缺。而基地组织在该地区展开行动的时机和动机清晰地对美国或俄罗斯（之前的苏联）的地缘政治战略举措构成了对立。

我不想专门就此进行讨论，只想举一个以前谈到过的例子：美国对这个辽阔的第二次区域有关潜在风险的政治和军事反应。这种反应是非常显著的。

首先要注意的是，早在苏联入侵阿富汗一年前，美国政府即出于担心于 1983 年成立了所谓美国中央司令部（缩写为 CENTCOM）。当时，中央司令部——为美国全球五大联合作战司令部之一，旨在开展"戏剧化行动"，最初的设想是构建快速反应部队，后改为直接隶属于国防部长——的管辖区域为严格意义上的中东、东非和中亚。该司令部曾参与美国在 1990 年第一次海湾战争、2001~2002 年袭击阿富汗及 2003 年入侵伊拉克的多次军事行动。中央司令部管辖的军队驻扎在该地区多个国家。与大多数美国其他"统一地区司令部"不同，中央司令部的指挥中心并不设在其职能管辖区域内，而是安全地位于佛罗里达州坦帕的麦克迪尔空军基地 ① 。

在袭击阿富汗塔利班之后的第二个阶段，美国在中亚的反应具有鲜明的特色，充分表明这一漫长东部地带所存在的特有风险。如果稍加留意，我们可以看到这一危机弧同从巴伦支海到巴尔干之间的南北危机弧之间的巨大结构性差异：南北危机弧是俄罗斯与欧洲（欧盟和北约的欧洲，正如我们所见，这两大实体在该地区的疆界混为一体）之间一条相对分明的分界线。第二者（水平"危机弧"）的特点则更为复杂。其范围相当广泛，用比喻的话相当于真正的前沿——尽管某些情况下也确实如此——而在许多意义上可以更容易地理解为包括各种实体的一系列相互混杂的袋子，其关系处于一种紧张的不稳定力量平衡，并在更高水平上与另一种紧张、多极并更具包容性的恐怖平衡机制

---

① 五个联合作战司令部中唯一另外一个也不设在管辖区域内的是南方司令部，其总部也位于佛罗里达州，但设在迈阿密。

相联系。此外，这一"前线"相对而言处于高度变化的几何状态 ① 。

即使我们仅在严格而狭窄的范围内感知其对美国人带来的风险，也很容易对此给予确认 ② 。如果把注意力只集中在华盛顿这样一个对次地区安全非常担心的政府视为重点的军事领域，不去考虑伊朗核武化、"失去"阿富汗或伊拉克、以色列在这一辽阔而变幻的区域进行强大军事干预等固有风险和任何细节，我愿强调以下事实——其范围更加全面——我提到的东部前线即将发生更加清晰的地缘政治裂变。事实上，2007 年 2 月，布什政府有关设立一个新的美国非洲司令部（USAFRICOM）的计划公之于众，中央司令部在整个非洲的职责将马上向其转移。令人好奇而又重要的一点是，埃及属于例外。

据美国军队自己讲，美国对非洲的战略考量在中短期主要是应对国际恐怖主义，推动石油来源日益多样化，并防范在全球扩张和崛起的中国在非洲大陆的逐步渗透。比

---

① 我提到的这种地区多样性和巨大的相互依存度在该次地区的各区域均很明显。"中亚"的概念于 1843 年由亚历山大·冯·洪堡提出；当时这是一个一般性概念。在苏联存在的近 80 年间，称呼该地区有两个术语：一个是 Srednyaya Azia 或"中部亚洲"，这是一个狭窄的定义，仅包括传统的非斯拉夫中亚地区；另一个是 Tsentral'naya Azia 或"中亚"，除上述地区外还包括一些从未隶属于俄罗斯帝国的疆域。20 世纪 90 年代中期，哈萨克斯坦被列为俄罗斯新的"中亚"定义的组成部分。80 年代末，联合国教科文组织基于气候因素，在提到该地区历史时对有关地区进行了更为广泛的定义（如包括部分中国和蒙古领土）。

② 关于中国和俄罗斯在该次区域不断增长的战略利益，要做到这一点并不很难。有关这些主题的两次讨论，请见国防科技大学出版社出版的《帖木儿的道路》，第 401~424 页；马修·奥雷斯曼：《超越塔拉斯战役，中国在中亚的重新崛起》，2004，以及美国传统基金会历史遗产讲座 901，阿里尔·科恩：《欧亚大陆的竞争：美国和俄罗斯处于碰撞过程吗？》，2005，www.heritage.org/Research/RussiaandEurasia/upload/84321_1.pdf。尽管其文章过于集中于经济，着眼整体角度也可以参考谢尔盖·马赫诺夫斯基、卡米尔龙·T. 阿克拉莫夫和西奥多·W. 卡拉西克（2006）。

我这篇文章主题更为有趣的是，这种责任的转移对中央司令部意味着什么：是法术——就是这个术语——沿着一个越来越清晰的前线，确立更加快速的地缘政治行动。

如果认为这没有什么地缘政治意义，或者不关注乔治·W.布什 2005 年 12 月访问印度并签署有关核技术转让新协议、访问蒙古并同这一东亚共和国设立新的政治军事条约、访问与日本和韩国接壤的北太平洋地区并就海军开展谈判等事实，这都将是非常荒谬的。早在 2001 年攻击阿富汗前，美国已签署双边协议，在中亚建立了两个军事基地，一个位于吉尔吉斯斯坦，另一个位于乌兹别克斯坦。尽管中国、俄罗斯、哈萨克斯坦、塔吉克斯坦、乌兹别克斯坦组成的上海合作组织强烈反对，两个基地仍然维持下来；华盛顿予以拒绝 ① 。这可不是什么小基地：每个基地都有上千名常驻军事人员。由于其占据的战略位置，上述基地可以代替或补充土耳其的因斯里克（距离遥远，且其使用并非总能得到土耳其许可，如 2003 年）和位于印度洋南部的英国迪戈加西亚，更不用说位于波斯湾，部署在次区域周边的多个小基地（卡塔尔、科威特、伊拉克、阿联酋和沙特阿拉伯） ② 。

地理——不是指两极世界单纯和僵硬的地理，而是一种地区定位、力量关系、区域联盟、连接更大联盟的分界

① 2006 年 7 月 5 日发表了一份联合声明，呼吁美国制定分阶段撤军时间表，华盛顿对此断然拒绝。通过上述及其他线索，可以预测该地区的紧张局势将继续恶化；多国表示希成为上海合作组织观察员，其中包括印度、巴基斯坦、蒙古和伊朗。尽管该组织坚持其非军事性，这一政府间组织被广泛认为是在该次地区抗衡北约和美国霸主地位机制的雏形。如希了解近年来围绕类似主题所进行的讨论，可以阅读肖恩·L.杨姆《中亚权力政治：上海合作组织的未来》，《哈佛亚洲季刊》2002 年第 6（4）期，第 48~54 页。

② 此外，当然还有美国和英国部署在更加遥远和广阔的第二环上的多个基地，如塞浦路斯、德国、巴尔干半岛等。从这一角度看，前线正日益被包围。

线等更具有社会学和多面体特性的新概念——再次脱颖而出：现在看来，地缘政治正咄咄逼人地卷土重来。我必须强调，面对难以解决的结构性冲突和竞争性野心，这种情况往往会在大国面对风险与危机，各自做出自身定位并试图同时减少损失并赢得收益最大化时发生。

可以预见的是，这种中低强度的规律性爆发局限于特定情况和地点。鉴于次区域的相互依赖性以及各级参与方的随意性，这种冲突难以掌控。总而言之，面对这种形势进行预测很难，尤其是如果不承认所谓前线的话，相关风险还将上升。根据哥本哈根学派 ① 的"复杂地区安全复合体"概念，不同类型的参与方在安全领域相互依存，与安全有关的不同行业及事物在网络中共存。或许这一概念有利于我的文章和分析：从地域上看，我暗指的这一条"前线"穿过了多个复杂的安全区和次地区，使有关安全局势更趋复杂，风险进一步上升。如果我提到的这多个次区域的有关参与方不能及时意识到其自身是整体——即"前线"——的组成部分，要对之进行社会构建并形成地区"宏观"安全体系将可能导致这些风险倍增。也许这正是现在正在或已经发生的事情，特别是在 2008 年 8 月俄罗斯联邦入侵格鲁吉亚后。

三

在结束本文之前，我还打算进行一些更为一般性和理论方法性的反思，就地缘政治，特别是涉及中国同葡语世界间日益扩大的联系写一些快速而简单的文字作为结论。似乎很清楚的是，大多数经典的地缘政治模型具有绝对化

---

① 见巴利·布赞、欧雷·韦唯尔和雅普·德维尔德《安全：新的分析框架》，伦敦，1998。

的缺点。出于其过于正式和难以改变的特性，其提供的简单模式化思维所假设的地理制约因素固定不变，难以根据战略关系的变化而调整。

我不想过多描述有关细节。请注意的是，"传统"地缘政治的绝对化本质没有太大的意义。对思想实验的限制非常明显：比如说，技术的发展大幅减少了空中运输和通信成本，使之比海运更加便利和便宜——这绝不是不可想象的——中心地带与边缘地带的比较优势和劣势将随之改变；可以想象的是，这种情况也可以逆转。我们还可以进一步细化这个问题。可以注意到，空运存在的主要困难源于其（与海运相比）高昂的价格，特别是与所运输的材料相关的价格。这意味着，如果随着技术的发展，人们能够大幅降低单位重量航空运输的成本，中心地带相对边缘地带的主要比较劣势将会消失。

我们可以走得更远。哪怕是在"地理"使用方面不存在显著的技术改变，现代化的地缘政治也可以根据创新型的地缘视角进行重新解释并纳入更加"积极"的关系框架。我可以继续就非洲举一个简单的例子。正如我一直所说，"前线"是一条各种风险的危机线；为达到规避（或至少减少）风险的最终目的，西方正试图从非传统地区获取化石能源。如果未来几年几内亚湾变成新的"海湾"的敏感趋势进一步加剧，我一点也不会感到惊讶。尼日利亚、加蓬、安哥拉每天石油总产出达到约 400 万桶——这几个国家都具有巨大的增长潜力——这一产量大致与伊朗、委内瑞拉、墨西哥开采的原油总量持平。该地区还有更多的国家系潜在的石油生产大国：主要是圣多美和普林西比、赤道几内亚。到 2015 年，美国计划从该地区进口的石油份额由目前的 16% 增至 25%。

事实上，世界石油储量的 8% 位于几内亚湾地区。从安全角度来看，新的海湾油田具有一个决定性优势：它们几乎全部位于近海，长期与不稳定因素相对绝缘。而在那些石油位于陆地的地区，一些国家体制脆弱，另一些则宣告破产，大部分受到腐败和低效的拖累。有人断言，未来几十年间，非洲撒哈拉以南地区将持续存在政治冲突，宗教和"部落"对抗，地区及次地区权力斗争。这一点都不悲观。目前看来，这一切很难与美国和中国对地区显示出的越来越大的兴趣剥离开来——这仅仅是"迟到的非洲觉醒"两个最明显的例子。

或许这是一种间接的联系——在很大程度上的确如此——这必然构成了我分析葡萄牙、中国同广泛分布于大西洋盆地周围的葡语世界间关系进展的主要背景之一。

腐败与邪恶：对拐点的思考

马赛罗·费格莱多

一 引言:"有基督徒来过这里"

在庆祝发现500年之际，巴西的一份报纸上刊登了一幅漫画：画中，一位葡萄牙贵族正在和一个巴西酋长交谈；葡萄牙贵族将一把大刀交到了印第安人的手上，并对他说："拿着；这是贿赂，但是没有人需要知道；这是第一次，也是最后一次。"

难道说，是细胞中的某种遗传因子决定了巴西人去"犯法"，又或者某个地缘或者性格上的致命弱点使得巴西人"不惜一切代价地获取利益吗"？

还是说，这是一个自古早已有之，而且已经维持了几个世纪之久，一直都逍遥法外的"惯例"，最终演变成现如今的"白领犯罪"吗？

巴西人的性格，用 Mário de Andrade 的话来形容，可以说是温和之中带着一点懒散，儒雅之中又带着些许狡黠的幽默感。我们在一些经典著作中看到，当基督徒刚刚开始在这片土地上进行传教时，当地的土著是相当诚实和慷慨的，他们不但会分享自己的猎获和农获，不这样做还会被认为是可耻的行为，而且当所居住的茅屋失窃时，他们还会大喊:"有基督徒来过这里!"

于是我们发现,巴西人并不是骨子里有不遵守法律与秩序的基因,腐败现象自从人类及社会诞生之日起便已存在。

法律一直以来都在试图通过遏止性的规定来打击腐败。例如,古巴比伦的《汉谟拉比法典》就对偷窃神灵、庙宇、宫廷之物的人处以极刑,即死刑。

而古代的亚洲法律,例如《摩奴法典》,甚至是埃及或是古希腊的法律中也有公务侵占罪和盗窃罪,而且是可处以死刑的犯罪 ①。

对腐败的惩处与打击一直存在,但它却从未被根除。就像一种慢性病,腐败从未被根治过;不同的社会有不同/188/的办法来对付以及控制这种现象,让它维持在一个"可以容忍"的水平。

腐败现象是复杂的,而且可以从哲学、社会学、经济学以及其他学科的视角来予以分析。当然,我们并不会从这些角度切入,虽然我们不得不承认,为了更好地理解腐败现象和切实有效地与这个人类社会的顽疾相抗争,我们需要借助于这些领域的研究。

法律有其独特的视角,它来源于现实生活,但又将其微缩、简化。因此,法律的经验以及其所涵盖的领域有些时候并不能触及人类文明及陋习的所有现象和层面,这也是可以理解的。

从字面上来看,腐败指的是某个东西变坏或者变质的现象。因此,人类行为的瑕疵作为产生腐败问题的根源与

全球化世界中的葡语国家与中国

---

① 值得一提的还有公元前 149 年的《贪污律》(*lex de repetundis*),该法惩戒不廉洁官员并要求必须弥补对公币所造成的损失,以及《尤莉亚法》(*legeJuia*),该法设置了诸如返还相当于所导致的损失四倍的金钱、流放以及剥夺民事权利等一系列的严重惩罚。

习惯本身或者腐败、变质、被出卖和被贿赂的东西本身容易发生混淆。

毫无疑问，腐败作为一种文化现象，可以通过对人民（的组织及构成方式）的分析来一探究竟。所有一切都会对腐败的现象构成影响。文化、宗教、历史和国家的司法组织都会给出部分的答案，以帮助我们理解该现象。例如，在我们所生活的拉丁美洲，政府的腐败一直都是这个地区的固有顽疾。

伟大的法学家 Seabra Fagundes[①] 曾经在我们有幸参加的、于 1984 年举办的一场研讨会中谈到过这个话题。当时他指出：

> 巴西一直以来对于这种普遍存在的恶疾并不免疫，而且也无法理解在贪腐问题已远非政治陋习，而是已经成为社会毒瘤这样的大环境下，巴西仍可以独善其身。究其根源，这种在公共生活中具有较低道德操守的行为其实可以追溯到殖民地时期。这与殖民者在占领荒蛮土地的过程中所表现出的肆无忌惮不无关系。殖民的过程是一种冒险，当然，是贬义上的冒险。因为，当初并没有选择最好的人来占领新大陆。征服者从大都市经过几个月的艰苦跋涉来到山高皇帝远的新大陆，时常远离家人的痛苦，殖民地的富庶以及发财梦的驱使，这一切使得征服者的道德沦丧殆尽。没有道德的约束，也没有能够克制直接欲望——荣华富贵——的宗教罪恶感。在最初的几年中——正如 Stuart B. Schwartz 所说——巴西更多地被视为一种商业冒险。而 Manoel da Nóbrega 神父则更加直白地

---

① 见其在于累西腓举行的巴西律师公会第十届全国大会上所做的演讲，刊于《南里奥格兰德州律师公会杂志》，1985 年 1 月至 3 月刊。

指出，这里"充斥着仇恨、诋毁与诽谤、抢劫与掠夺、谎言与欺骗，上帝的戒律在这里荡然无存，更遑论教会戒律了"。

权力的偏差行使留下了腐败的印记，而这种腐败体现在诸多方面。我们只是从中选取一个方面，也就是公共行政的舞弊，它是公法的一个分支，宗旨在于惩治及处罚做出偏差行为的公共机关据位人，以及与其共同参与舞弊的私人。

还要注意的是，虽然腐败的现象从本质上来讲并没有发生变化，但其手法却随着科技的发展和通信的进步而日渐繁复，它藏身于大机构及经济体之中，顺应着客观环境的变化而与时俱进。

同时，由于腐败属于世界性的现象，法律也尽其可能通过建立不同的机制予以打击。由美洲国家组织的成员国于 1996 年通过的旨在防范、发现、处罚以及"根除"这一严重问题的《美洲国家反腐败公约》[①] 就是其中的一个力证。

正如所有的复杂现象一样，腐败是由多种原因导致的，因此，应该予以全方位的打击。没有任何一个单一手段或是理想模式能够有效地掌控和打击腐败。全社会共同努力，缩短国家与社会之间的距离，让全民积极地参与政治，这些仍是解决这一问题的最佳良药。

二　公法和责任制度

法产生于或者说应该产生于公共事务 (res publica)。从

① 公约的完整版本可于美洲国家组织的网站查阅，网址为：www.oas.org。

现象上来看，公共社会与政治社会相混同。

Geraldo Ataliba[1] 教授称，共和国是"由选举产生且通过可定期续期的委任行使（行政及立法）政治职能的人代表人民并以人民的名义做决定，并承担责任的政治制度"。

从"国王永不会犯错"（the king can do no wrong）的国家无责制到今天的国家问责制，历史经历了一个漫长而艰苦的转变过程。

由罗马时代开始，只要公共利益面临被侵害的危险，便要通过民众诉讼来予以维护。Bielsa[2] 告诉我们，通过民众诉讼，罗马市民实际上是在以司法的形式行使一种警察权，也就是说，这种形式并不体现任何的官方意志，因为民众是通过推动司法程序以使得违反公共安全、行政廉洁及国家财产方面法律的人接受调查、起诉及处罚。

根据 Manoel de Oliveira Franco Sobrinho[3] 的说法，从帝国时代到共和国时代，由于缺少一个负责并且独立的行政当局，巴西的公共行政其实一直都处于危机之中[4]。Seabra Fagundes 则赞扬了国王佩德罗二世（巴西帝国时期）的廉政，此外还对巴西第一共和国时期的历任总统对公币的使用表示了赞许。

必须承认，权力和公共职能的行使容易导致滥权，最终不仅可能造成违法，而且可能造成行政舞弊。一如前

---

① 《共和国与宪法》，圣保罗：Revista dos Tribunais 出版社，1985，第90页。

② 《民众诉讼》，载于《行政法杂志》第38期，第47页；《行政法》（第一卷），Depalma，第622页。

③ 在其 1971 年版的著作里，有一章题目为《巴西行政危机》，见《行政诉讼法入门》，RT 出版社，第272页。

④ 这位帕拉那州的著名学者率先在理论界提出了"行政诉讼法"的重要性。

述，腐败是一个世界性的现象，存在于任何一个有序社会中①。存在差异的地方是不同国家处罚这些行为的意愿，以及整个社会和国家如何应对腐败。虽然所有国家都宣称及承诺打击腐败，但始终有些国家在这方面的态度比较严厉，另一些则相对比较容忍。

历史上，巴西的历部宪法对这一问题都鲜有涉足。举例来说，民众诉讼作为控制行政腐败的一种重要法律手段直到 1934 年才第一次被规定在宪法里。而 1937 年的宪法对它却未有提及。从 1946 年开始，民众诉讼才开始正式成为历部宪法中的保留内容，直到 1988 年。

被称为《公民宪章》的 1988 年宪法，按 Ulisses Guimarães 的话说，试图改变权力关系，鼓励人民结社和集体捍卫权利，并赋予检察院与审计法院以更大的权力；总之鼓励和支持人们行使公民权利。另一方面，1988 年宪法还完善和明确规定了包括合法性原则、客观原则、廉洁原则、公开原则、效率原则在内的一系列指导公共行政当局行为的原则。自然而然，在这样一个社会更为民主、新闻也更加自由的大背景下，行政当局和政府官员以及涉嫌贪腐的企业家的丑闻和滥权行为也有更多机会暴露于大庭广众之下，也更容易成为打击的对象。

最后，国际社会也一直都在开展唤醒公共服务及商业关系中的职业道德的运动，这点从无数以此为宗旨的政府及非政府组织的成立和发展壮大中可见一斑。社会责任的理念变成了负责的企业家和市民的一面旗帜。

另一方面，在法律领域，我们看到，要求政府处理政务透明化的趋势越来越明显，这也有助于防范各种形式的

---

① 透明国际（一个世界性的反腐组织）在其网站上公布了一份有趣的报告，涉及对 21 个国家的腐败指数、原因及未来展望所做的调查，详见网址：www.transparencia.org.br。

专权和滥权。

在行政法方面，当局的自由裁量[1]受到越来越多的司法监管与控制；对行政行为进行理由说明成为所有国家公务人员，特别是政府官员（《联邦宪法》第93条第9及第10款）都必须遵守的宪制性原则。而法律体制在这方面的完善无疑对反腐大有帮助。

正是在这样的背景下，1992年6月2日的《反行政舞弊法》作为巴西打击行政腐败的众多法律机制之一才应运而生。

三　行政舞弊

行政廉洁原则作为行政法领域的一个古老原则明确被规定在1988年的《宪法》中。从此它取得了一个宪制性原则的地位与尊严，倡导公共管理者以及全社会从此要遵守（其实在此以前也应该遵守）廉洁、道德以及善意的要求。

宪法中有多处关于合乎道德、合法及廉洁行为的提述。根据Diogo de Figueiredo Moreira Neto[2]所说，宪法中与此有关的针对国家、公司或者两者兼而有之的原则及规定共有58项之多，有的是直接确立（实体）宪法价值，有的是规定确保这些价值的手段。

在早前的一篇文章中，我们也曾经针对这个问题展开过讨论[3]，并且指出：

---

① 有关这个问题，必不可少的是参阅 Celso Antônio Bandeira de Mello 的著作《自由裁量与司法监管》，Malheiros 出版社，1992。

② 《行政廉洁：从理论到实践》，载于《行政法杂志》杂志第190期，第1~44页。

③ Marcelo Figueiredo 著《宪法上对于廉洁的监管》，Malheiros 出版社，1999，第51页。

正如我们已经分析过的，舞弊的核心内容是指对应该主导在从事国家（公共）活动或与之等同活动的过程中所形成的法律关系的道德原则的违反。

一般而言，我们可以将廉洁定义为公共人员只能诚实及在宪法和相关法律所规定的范围内行事的宪制性义务。从技术上讲，不廉洁行为反映为对某个法定义务——由定义可予以处罚的不廉洁行为的法律所规定的义务——的违反。违反廉洁义务将导致第8.429/92号法律所规定的后果。

事实上，《反行政舞弊法》在其出台之后15年的执行过程中，在打击行政贪腐及舞弊方面发挥了巨大作用，而这尤其要归功于检察院长期以来在勇敢捍卫市民利益及广义公共财产的过程中所做的不懈努力。当然，人类偶然性在这方面也会有所体现，检察院在执法的过程中偶尔也存在偏差。

能够取得这样的成功不仅仅得益于反舞弊法所规定的严厉处罚（可想而知，严厉的处罚对于不廉洁的行政官员应该起到了震慑的作用，遏制了他们腐败的冲动），而且还得益于该法的某些特点，例如，可以在公共财产没有蒙受实际损害的情况下科处处分，被调查的公务员可以被停职、开除公职及暂时性剥夺政治权利，这些无疑也都震慑了巴西的政治阶层。

另外，由于可以科处预防性措施，例如宣布扣押行为人，或不当得利，又或者对公共财产造成损害的第三人的财产，也加大了该法的震慑力。

《反舞弊法》的出台无疑适逢良机，立法者寄望于借助此法能够实现遏止"Gerson法则"的目标。因为巴西著名足球运动员 Gerson① 在一则香烟广告中所讲的"您也来占便宜吧"之类的一句话，最后导致他的名字（遗憾地）与政治和腐败扯上了关系。

随着《反舞弊法》的实施，我们在司法裁判上也占了一些"便宜"，当然，这些便宜是非该领域的人所难以察觉的。众所周知，法律也具有意识形态性的特点和层面，作为其依托，法律解释离不开意识形态。由于行政廉洁是一个开放性的概念，因此它有机会扮演一个真正的"法律阀门"的角色，有权限实体可以利用它去评判人的行为，而如果没有它，这些行为就有可能躲过行政制裁。

这点至关重要，正如 Celso Antônio Bandeira de Mello② 在谈论再选举和廉政的问题时所谈到的，"国家行政机器所赋予的权力是巨大的，因为各式各样的好处、利益、津贴、资助和福利都自然会随之而来，同时它也是一切形式的迫害、歧视及压力（尤其是经济方面）的根源。在市民意识和民主价值贫乏之如我们的国家里，这样的权力更是被无限地放大。它能够诱惑、拉拢或者征服那些利欲熏心或者受制于各种压力（尤其是经济压力）的个人、公司、机构、社会部门或者其他共和国的权力机构"。

廉洁原则及其相应的处罚机制《反舞弊法》恰恰履行了这个遏制公共管理者滥权的教育性职能。但是法律不仅应该对不廉洁的个人（尤其是政治人物）起到震慑作用，与国家订立合同的企业家也应该受该法的管制与惩处。

在此，我们要再次引用 Seabra 先师的一段话，"只要像我们国家一样，在领导阶层——最高级别的领导及副

---

① 在媒体采访中，这位著名的足球运动员表示将他的这句话与腐败联系起来的做法是不公平的，因为脱离了当时的语境。然而"民意即天意"（vox populi, vox Dei），Gerson 无力改变。

② 刊登于《圣保罗页报》1996 年 11 月 26 日。

职——仍在享受优待，这种优待可能表现为行政廉洁标准的降低，又或者体现为大量的铺张浪费（例如利用公款在住宿、饮食方面的大量花费、家庭服务费、电费、电话费甚至高额的医疗费、公费旅游等），只要这种现象仍然存在，就不要奢望能够通过一些手段实现整个政府及行政机构的廉洁，这些手段可能从法律上来讲是有用的，但欠缺必不可少的责任作为其行动的支持。因为，正所谓己不正何以正人，在高层没有树立良好榜样的前提下，下层官员能做到廉政的寥寥无几"。

四　公共行政的监管：从严峻的现实到变更的期望

正如我们在前面所谈到的，1988 年的巴西联邦宪法明确地触及了贪腐和捍卫公共财产的领域。虽然反腐的任务并不仅限于法律层面，但显而易见的是法律机制应该去防范及打击这一现象。法律的手段总是受人欢迎的。

贪腐的问题包含在"公共行政的监管"这个大题目之下。借由监管，立法机构、行政机构与司法机构应该协同一致地履行法律及实现宪法价值。这也就意味着，如果监管积极而且严格，不论是一个单纯的花费、一个仪器的购买，还是某个公共工程的执行，都不再有可能出现不规范的情况。我们并不缺少执行监管及管理公共财产的机关或机构。从普通市民到司法机关，所有人都可以而且也应该担当公共财产（人民财产）的监察员及积极参与者的角色。

然而，法律的世界与现实总是有巨大的差距。很遗憾，立法机关显得越来越麻木与冷漠，它更为关心的是集团的利益和小范围的政治协议。尽管被大量的临时性法案压得透不过气，但还是应该树立自己的权威，承担这份责任并与时俱进，面对 21 世纪的挑战。然而，这并不是我们所看到的。

而行政机关在这方面的表现也没什么值得赞扬的。每天都有检举腐败、滥用行政机器、黑箱作业及诈欺行为的新闻被报道，而对于这些公共和私人部门所涉嫌腐败的规模和精密程度，巴西人民甚至根本没有能力去领悟。

至于积压了大量案件——这都是行政机关不履行法律和立法机关不作为所致——的司法机关则尽其所能寻求捍卫个人权利、集体权利及大众权利。

遗憾的是，无论是国内还是国外，没有哪个权力的层级是不存在腐败的。所不同的是，法律体制应对腐败现象的态度。或者严厉打击，或者态度暧昧。就像人们常说的，腐败就像病毒，无法完全被根除，最多只能被维持在不足以"致病人于死地"的水平，而这个病人，正是巴西人民。

正是在这样的背景下，《反舞弊法》作为解决严重行政"贪腐"问题的一项重要的替代性法律手段应运而生。《反行政舞弊法》是预防和打击贪腐及侵占公产（不法得利）行为的一项利器，它完善了之前的制度，在法律上将所谓的"行政舞弊行为"分为三大类：a）导致不法得利的行政舞弊行为；b）对公币造成损失的行政舞弊行为；c）侵犯公共行政原则的行政舞弊行为。

另一方面，该法还对违反其规定的行为设置了严厉处罚，如：a）丧失财产的不法增值及获利；b）全数赔偿所导致的损失；c）丧失公职；d）中止政治权利；e）处以数额不等的民事罚金；f）禁止与公共当局订立合同，享受税收优惠或鼓励。

在一系列刑事、民事及行政处罚的辅助下，第 8429/92号法律——尽管还存在个别的技术性缺陷——从颁布以来一直都是反腐的一项利器，不但威慑着公共实体，还震慑着私人机构。

五 《反行政舞弊法》的涵盖范围

在巴西，《反行政舞弊法》的涵盖范围在最大程度上涉及与行政当局发生联系的所有人。"贪腐"行为的主体可以是：a）公共部门（直属行政机构、地方自治部门及公共基金会）的公务员及服务人员（不论是占据实位的，还是以合同制聘用的，还是其他临时性质的人员）①；b）私人政府实体（私人性质的政府基金会、混合经济公司及国企）当中的公共服务人员（合同工）；c）暂时行使州政府职能的订立合同者或私人（其中包括拍卖委员会中的公司代表、评奖委员、选举票站的工作人员）；d）虽然不是公务员或公共部门的服务人员，但"诱使该等人员或与其等共同做出舞弊行为又或从中直接或间接获利的"人员（该法第3条）；e）宪法所指的政治人物。对于最后这一类我们不做具体分析。

立法者、政治人物、人民"代表"、众议员、参议员、市议员、共和国主席所有人都无一例外地应该恪守廉洁原则，在遵守职务义务方面树立榜样。如果他们首先做出了违反法律及道德的行为，又如何能够以法律的标准要求其他人做到廉洁奉公呢？然而遗憾的是，时常都有诸如预算丑闻、著名的"小矮人及其同伴"事件、天价工程、选举宣传中的"2号箱"事件之类的新闻见诸国内和国际报端。

有关政治人物受《反行政舞弊法》管制的问题，我们

---

① 我们认为司法机构的人员，法官，以及检察院的人员也可因舞弊行为而遭到起诉。法律没有进行区分，只是泛指公务员。

曾经在其他的场合 ① 阐述过以下观点：

> 众所周知，选举性职位的据位人（着重指议员）在宪法上受到特殊对待，他们享有一系列的保障、豁免权及特权等。议员的权利规定于《联邦宪法》的第53条及后续条文中。具体而言，他们不因自己的意见、言论或投票而承担刑事责任。此外还享有刑事豁免权，主要为免于被起诉及判刑。在没有获得其所任职之机关的事先许可之前，他们不能被起诉。然而，这个豁免权仅限于刑事领域，并不延伸适用于民事处罚或民事赔偿。也就是说，没有什么妨碍他们在相关法律所规定的民事诉讼中成为被告。也可能有幸与犯罪"扯上关系"；但只能具体个案具体分析。

> ……

> 新的法案建议（正如一直以来所报道的）缩减这些庇护国家最高统治者在非因职位或职务关系而做出不法行为的方面所享有的保障。豁免权应该始终是间接保护个人，而直接保护其所代表的机关。然而不幸的是，在巴西，直到目前为止，这些豁免权及特权一直被做出违反宪法、法律及公共道德行为的人当作免于接受合法处分的挡箭牌。因此，这个法案所使用的"被选举者"一词以此值得赞扬。

随着巴西终院——联邦最高法院——在 2007 年 6 月对第 21380-6 号声明异议案的审判，"政治人物与反舞弊法"的话题在巴西国内引起了反响。毫无疑问，这是一个具有代表性的案例。下面我们来对案件的主要方面进行分析。

---

① Marcelo Figueiredo 著《行政廉洁·第 8.429/92 号法律及补充法评注》（第 5 版），2004，第 47 页。

六　政治人物与联邦最高法院

联邦最高法院第 2138-6 号声明异议案的审判结果令巴西在反腐的道路上不进反退。最高法院认为，国家部长作为政治人物不受《反行政舞弊法》的管制，如果被指控做出违反行政廉洁的行为，那么他的罪名应该是"责任罪"，推进诉讼程序及进行审判的权限归联邦最高法院所有（《联邦宪法》第 102 条第 1 款 c 项）。

然而，在我们看来，责任罪是很难指控和予以处罚的。因为，正如 Brossard 所指出的那样[①]，"在责任罪和普通罪之间并不存在必然的联系。即便偶然存在联系，责任法上所规定的犯罪被定义为刑法上的犯罪的事实也不会对政治不法行为构成任何的影响，它仍然是政治不法行为，要以政治的标准去接受政治的审判"。

也就是说，在实务操作上，责任罪是一个很少被使用的、历史上残留下来的法律制度，更多是为了使腐败分子或者一般意义上的腐败行为的行为人免于遭受实际徒刑的处罚。

随着上诉被判胜诉，由联邦检察院针对当时的巴西共和国总统府战略事务部部长提起的舞弊案被裁定结案[②]。

有必要指出的是，联邦最高法院的这一裁判并没有获得全票通过。认为第 2138-6 号上诉案败诉的 Maro

[①]　Paulo Brossard 著《弹劾》，圣保罗：Saraiva 出版社，1992，第 75 页。

[②]　"民事上诉·行政舞弊行为·责任罪·联邦司法第一及第二审级的无管辖权·联邦最高法院的裁定·案件终结。第 2.138 号上诉案（Sandemberg 的案件）于 2002 年被联邦最高法院裁定胜诉，关于行政舞弊的控罪不成立，因最高法院认为构成责任罪"（第 1999.34.00.016727-9/DF 号案的合议庭裁判；民事上诉，联邦法院法官 Tourinho Neto，第三庭，2007 年 9 月 21 日，《学说与司法见解》杂志，第 28 页）。

Aurélio、Carlos Velloso、Joaquim Barbosa、Celso de Mello 和 Sepúlveda Pertence 五位法官在投票中败给了认为上诉胜诉的 Gilmar Mendes、Ellen Gracie、Cezar Peluzo、Maurício Correâ、Nelson Jobim 和 Ilmar Glavão 六位法官（后三位法官现已退休）。

当时在最高法院任职的 Carlos Mário Velloso 大法官在其落败声明中提出了几点与其他法官不同的意见：

（1）行政廉洁原则及反腐在 1988 年的宪法中被提升到了一个很高的高度。

（2）不能将责任罪及 1950 年 4 月 10 日第 1.079 号法律中所规定的包括共和国总统的责任罪、国家部长的责任罪、联邦最高法院法官的责任罪及共和国检察总长的责任罪在内的几个法定罪状与行政舞弊行为混为一谈。在各州和各市也是如此，不能将各州法律和由 1967 年 2 月 27 日第 201 号法令所通过的法律中的责任罪与行政舞弊行为混为一谈。

（3）另外，议员是没有责任罪的。总括而言，只要其行为没有被归为责任罪，而是被定义为舞弊行为，政治人物就应受第 8.429/92 号法律，即《反行政舞弊法》的处罚。

我们认为，Carlos Velloso 大法官的声明是无可指责的。让政治人物免于接受行政舞弊罪的处罚并试图将该等行为与责任罪混为一谈的做法没有任何法律依据。

况且，从学术理论的角度来看，这对于整个巴西的公共行政而言是一种倒退。尽管如 Carlos Britto [1] 所说，该裁判具有主观性，仅对于这个个案成立，但它还是开辟了一个危险的先例。

/ 201 /

---

[1] "宪法·声明异议。涉嫌违反尚未最终审结的第 2.318 号声明异议案。不存在旨在维护其权威的联邦最高法院裁判。其实，由于该裁判的主观性，第 2.138 号声明异议案的裁判只对案中的当事人有约束力。驳回"（米纳斯吉拉斯州第 Rcl-AgR 4400/MG 号案，声明异议，裁判书制作法官：Carlos Britto，审判机构：全会）。

更何况，如果我们考虑到宪法法庭（或法院）作为对涉嫌违反廉洁原则之行为的最后一道保障和解释者——与旧时代的"保障性宪法"不同，我们这个时代的"推动性宪法"① 要求实现其规定及原则的普遍约束力（不论是对于官方还是市民或其他）——的重要职能，必须承认的是，除了必须要有立法者去让那些仅具限制效力的宪制性规定具有执行力的问题之外，宪法约束力的问题仍然存在。

换句话说，虽然并不是所有的宪法规定从其构成上来讲都具有直接执行力，但这并不妨碍宪法的约束力。而正是这个约束力在要求司法机关和宪法法庭或法院必须对违反宪制性原则（其中包括廉洁原则）的行为发表意见。

而从第 2138 号声明异议案的判决中所得出的意见对于巴西这样一个民主法治国家而言没有任何的积极意义。恰恰相反，这是一种退步。

在腐败已经形同瘟疫的巴西，《反行政舞弊法》尽管有着这样或那样的缺点，还是扮演了其作为打击腐败行为的一项利器的角色。至于执法上的偏差，则要由司法机关来予以纠正，就像其他法律的执法偏差一样。整个巴西各个法院内共有超过 4000 件舞弊案。而由 Nelson Jobim 前法官代表联邦最高法院所发表的这一观点在实践中不但会导致这 4000 多件案件停滞，还会导致出现一个法律上的荒谬可能性，即已经被判罪的行政官员向全体巴西市民索要他们的赃款。

正如高等司法法院的 Sálvio de Figueiredo Teixeira 大法官在第 580–GO 号声明异议案中所指出的，这样的判决不但本身是模棱两可的，而且还会造成州法院案件的大量积压，以及检察官和检察院的超负荷工作。我们同意 Carlos

① "推动性宪法"这一说法是受 Canotilho 的启发。"保障性宪法"是指 20 世纪初的那种传统宪法。

Velloso 大法官和 Sálvio de Figueiredo Teixeira 大法官的法律观点。巴西确实到了应该更加重视第一审级的司法官员，摒弃"政府官员"只能在第二审级接受审判的这种扭曲的精英论式观点的时候了。

在此，我们有必要再次引用 Celso Antônio Bandeira de Mello 教授 [①] 的一段话：

> 法律不应成为特权或迫害的根源，而应该是规范社会生活的工具，需要平等地对待所有市民。这是已被平等原则吸收和一般宪法文本法律化，又或者已被现行法律体制所同化的政治意识形态方面的内容。

舞弊不是责任罪。其实行政舞弊不是犯罪，而是特殊的违法行为，需要由各州或联邦法官予以审查。对腐败行为的打击需要越来越多的资源、司法组织、效率及公众辩论。我们只能寄望于将来，当联邦最高法院的组成发生变化时，在面对类似的案件时，Velloso 法官的观点能够占据上风。

在尊重相反见解的前提下，我们认为这个观点其实才是更为符合宪法及其价值的。最后，这样的判决似乎也与联邦最高法院想要树立自己作为真正（纯粹）的"宪法法院"形象的愿望背道而驰，当然，前提是这个愿望真正存在。

七　结语

2005 年，巴西加入《联合国反贪腐公约》（英文简称为

---

① 《平等原则的法律内涵》（第三版），Malheiros 出版社，2004，第10 页。

腐败与邪恶：对拐点的思考

/ 203 /

UNCAC）。这个公约在全世界共有 100 多个缔约国，正在改变着腐败的全球现状。我们有预防和监管腐败的法律和机制。唯一欠缺的是政治意愿，而这是没有人能够给予的，必须征服。

这个公约建立了国与国之间在追踪、冻结以及返还非法获得的金钱方面的国际合作机制。总部设在维也纳的联合国毒品和犯罪问题办公室的全球反贪计划负责人司徒·基曼（Stuart Gilman）在刊登在 2007 年 12 月 9 日《圣保罗页报》上的一篇文章中曾经这样指出：

1. 巴西一直以来都在通过包括联邦监察总署在内的诸多强力政府部门、检察院及司法机关来反腐，但市民也不能对此采取事不关己的态度，所有人都应对腐败说"不"，而且肯定会得到国家和社会的支持。不能滋长腐败的文化，因为腐败行为每年在全世界已经造成上万亿美元的经济损失。

2. 联合国毒品和犯罪问题办公室成功追缴了尼日利亚的政府腐败官员在一些较为富裕的国家所藏匿的超过 130 亿美元的赃款。一些东欧国家当初在加入欧盟时承诺的条件就是在国家内部开展反腐行动，然而目前它们都难以履行当初许下的承诺。

3. 追回的资产可以用于资助社会项目或者基础设施的建设。从技术上来讲，我们拥有最为先进的反腐手段，而且还有公共审计员的协助。

4. 腐败最大的害处在于它对人类的危害。它腐蚀了社会链条，损害了公共机构的公信力，弱化了投资环境。而受影响最大的还是生活在社会底层的人。这就是腐败的实际成本：儿童无法接受教育，病人无法享受医疗，小企业不能生存。

5. 现在我们有机会大胆地打破过去的这种循环。彻底消除腐败是不可能的，但是我们可以对它进行控制和预防。借用维克多·雨果形容未来的一句名言，《联合国反贪腐公约》的推行在软弱的人看来是不可企及的，然而对于勇敢的人来说却意味着机遇。

这也就是我们所面临的拐点：要么（国家和社会）在反腐的努力与成效方面取得巨大突破，要么继续承受这种坏现象所带来的巨大恶果。

巴西：危机、调整和改革
——从债务危机到卢拉政府

马尔库斯·皮利斯

一 引言

　　最近几年，事实一再证明，巴西经济的表现引发了无论是私人抑或是多边重要国际组织的关注①。在不远的过去，高通货膨胀率高居不下，巴西经济面对外部冲击表现出脆弱性。而与之不同的是，现在，巴西具有新的活力并将其传导给它的经济，国际储备增加，出口的地理分布多元化，收入差别下降（尽管是微小的），用生物燃料进行生产和消费，特别是近期在巴西的大陆架的盐下层发现了丰富的石油储备②。

　　巴西经济近年的表现——2003~2008年平均增长率4.13%——似乎表明，经济长时期的停滞已走向终点，这不禁使巴西人重新点燃了"巴西是未来的国家"这一希

① 准确地说，有关巴西的不同看法产生于高盛银行一项研究发表的结果，也有其他因素使然。这项研究题为"同金砖国家一起做梦：走向2050年""全球经济论文"N.99，2003年10月。http://www2.goldmansachs.com/ideas/brics/brics-dream.html。在这项研究中，该行经济学家对几个大型发展中国家在未来世界新变化中的地位进行预测。这几个国家涉及巴西、印度、俄罗斯和中国。
② 很不幸，也有一些坏消息。诸如收入集中、城市暴力、对无地农民的暗杀、富人犯罪逍遥法外和森林滥伐。但是这些问题在我们历史上一直存在，我们需要另文讨论。

望。事实上，在 20 世纪大部分时间，巴西经济表现出高增长率，但是这种情况自 20 世纪 80 年代初到 21 世纪之初便趋于停滞。根据 Maddison(2007) 估计，1950 年到 1980 年之间，巴西人均收入增长了 210%。但是，在 1980 年至 2003 年之间，人均收入仅增长 7%。换言之，实际上并没有增长。同一时期，中国的人均收入在 1950 年至 1985 年间增长了 113%，1980 年至 2003 年增长了 295%。当观察两国所在的拉美和东亚地区时，情况也大致如此：在 1950 年至 1980 年间，拉美的收入增长了 117%，而在 1980 年至 2003 年间仅增长 6%。而亚洲国家的收入在 1950 年至 1980 年间增长了 179%，在 1980 年至 2003 年间增长了 138%。

一般而言，综合数据倾向于隐藏部分真实情况，而突出其他方面。在图 1 中分析每个地区情况时，每个国家的具体情况因平均而拉平。在 1950 年至 1980 年间，亚洲人均收入所得之大部分来源于日本、中国香港、新加坡、中国台湾和韩国的迅速增长。自 1980 年后，一些人口众多、人均收入较低的国家，诸如印度和中国，变成了亚

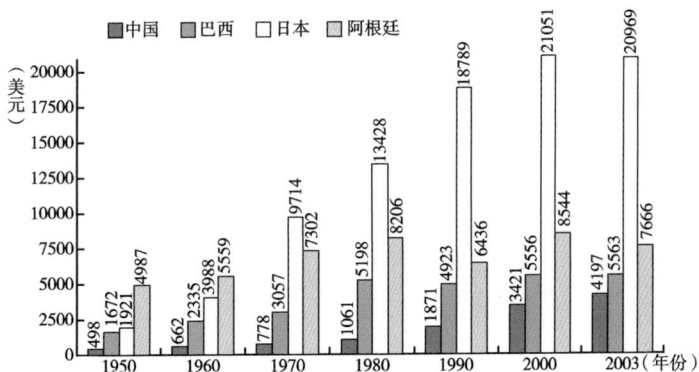

图 1 中国、巴西、日本和阿根廷人均收入变化（1950~2003 年，1990 年国际 Geary-Khamis 美元）

资料来源：作者据 Angus Maddison(2007) 资料制表。

洲经济的"领头羊",而日本则显示出增长枯竭的征兆。在拉丁美洲,阿根廷的表现相当特别,其人均收入早在20世纪60年代就陷入停滞,而巴西增长活力的耗尽仅始于1980年。

这些资料反映的情况非常重要,因为它可以将思考围绕在地区范畴而不是国家,即这些地区自20世纪70年代以来如何因应世界经济的强有力的转变做出调整。从一定意义上说,每个地区主要国家所确立的模式可以解释各自发展战略的成功和失败。在巴西的个案中,军事独裁时期所实行的"负债增长"模式致使国家在下一个周期中遭遇政治、经济和社会的僵局。

当我们特别注意考察1980年至2006年巴西经济表现时,我们看到一个经济波动的间歇模式。其特征是"停停走走"(stop and go),即短时期增长之后便是强势的倒退。这一点反映出巴西国内经济面对国际经济波动而表现的脆弱性以及缺乏反周期的机制。这是国家财政不稳定以及对国际收支不断进行限制所造成的。图2所展示的是一段时期内巴西国内生产总值增长率的变化情况。

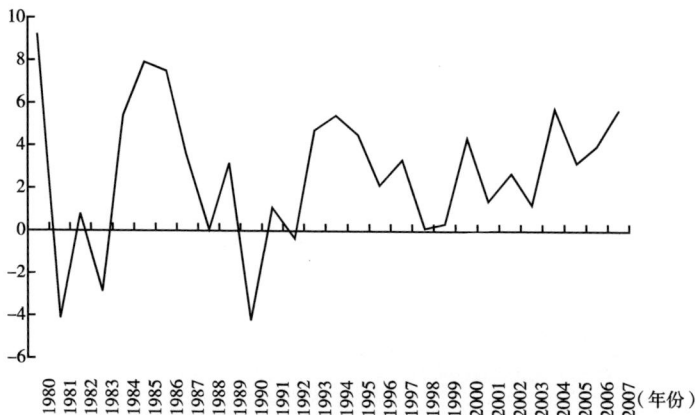

图2 巴西国内生产总值变化(1980~2007年)

资料来源:IBGE\SCN2000Anual—SCN_PIBG,可参考 www.ipeadata.giv.br。

在 1980 年至 1984 年间的波动符合外债危机立即产生的冲击。在 1985 年至 1993 年期间，外部限制持续且货币稳定计划失败相结合。1994 年至 2002 年的波动是同汇率方面的错误政策所引起的外部冲击以及当时致使世界经济动荡的金融危机同时发生的。最后，对 2003 年至 2007 年这一周期做出结论为时尚早。

以生产周期浮动为标志划分的时期为基础，在这篇文章中，我们致力于说明这一经济长周期的经济形势特点。这一长周期始于 1980 年，当时以尖锐形式表现出的外部抑制，致使 1964 年所建立的军事独裁制度所确立的经济模式的功能殆尽。这一时期结束于路易斯·伊纳西奥·卢拉·达席尔瓦总统 2006 年第一任期结束。当时出现的征兆表明，停滞的长周期似乎已经结束。

在此，我们将讨论的形势区别为明显不同的四个时期。第一部分论及军政时期增长模式的枯竭和 1980 年至 1985 年间的外债危机。第二部分讨论 1986 年至 1992 年间再民主化初期经济稳定计划的失败。第三部分讨论在经历数十年高通货膨胀后最终实现货币稳定的雷亚尔计划以及新自由主义流派的改革。这种改革通过私有化和放松管制而改变了国家结构。最后，我们讨论卢拉政府处理宏观经济的正统性限制、社会需求以及全国计划制定中的困境。

二 军政时期增长模式的枯竭和外债危机：1980~1985 年

1979 年 3 月，若奥·B.O. 菲格雷多将军就任总统，他提出了一个相当大胆的经济计划：筹划大幅度经济增长，赎回"社会债务"，但是并不忽视抗击通货膨胀。其内阁的组成反映出这种形势。盖泽尔政府的原财政部长马里奥·恩里克·西蒙森被任命为计划部长，拥有广泛的权力来制定国家增长新阶段的适宜政策。而任命为财政部部长的是知名度不高的卡洛斯·海茵茨·里谢比埃特，他负责日常的管理。

尽管拥有最初的指示，西蒙森所领导下的经济政策却背离了总统的初衷。强调打击通货膨胀使菲格雷多逐渐失去支持，不得不开始应对更有组织的主要来自工会部门的政治反对派。反对派经过10年之后，利用了更加自由的气氛，重新开始要求恢复权利的斗争。

1979年8月15日，西蒙森请求辞职，继任者是安东尼奥·德尔芬·内托。德尔芬由农业部长转任计划部长致使企业界欣喜若狂，人们期盼他再次把巴西带入1968~1973年"经济奇迹"的黄金时期。德尔芬是当时的经济沙皇。在1979年8月至1980年10月期间，巴西实现了有力的经济增长，1979年为6.7%，1980年为9.2%。但是，这些指数只不过反映了该增长模式最后一部绝唱（Bresser Pereira，1987：242）。

实际上，巴西政府没有正确认识外部的负面预兆，尽管国际条件不断恶化，诸如利率明显上升、美国新货币政策引发流动性下降，但还是谋求加速增长。政府力争消除对外账户的负面影响，以汇率最大贬值的方法鼓励出口。1979年12月，汇率贬值了30%。同样，巴西政府采取可以扩大出口能力的刺激措施，特别是初级产品如粮食与矿产品。德尔芬的"发展主义"战略并未取得共识：在1980年1月17日，卡洛斯·海因茨·里谢比埃特辞去财政部长职务，其职位由埃尔内埃·加尔维雅斯取代。

1980年10月国际银行家拒绝外债"展期"，德尔芬的扩张政策发生逆转。随后，政府采取了一系列措施以冷却国内的经济活动，以使国家适应信贷缩小的新形势。与此同时，中央银行抽干货币供给，提高利率；联邦政府决定削减直属行政单位和国营企业的投资，解除先前的价格控制以抑制通货膨胀。此类政策实施的结果在 1981 年造成国内生产总值明显下降，跌幅为 4.3%，工业生产跌幅为 11%。

1981 年至 1982 年所实行的收缩政策未能使巴西经济适应新的国际条件。1982 年 8 月，墨西哥宣布延缓支付到期债务，致使国际金融体系对与墨西哥情形相似的其他国家（诸如巴西）停止放贷。但是，巴西政府等待了 3 个月才向国际货币基金组织寻求帮助，因为巴西将要举行自 1964 年政变以来最重要的大选。巴西民众对政府同国际货币基金组织达成协议的看法相当负面，这将意味着国家失去自主并将受制于更多限制性政策。

于是，在 1982 年 11 月选举结果公布之后不久，巴西政府便向国际货币基金组织申请紧急援助。当时，德尔芬·内托从国际货币基金组织获得 44 亿美元贷款，计划分四批支付，但实际上巴西只获得了两批资金。其余部分贷款发放要取决于巴西政府履行"意向书"中所承诺实行紧缩经济政策的情况而定。在 1983 年 1 月，财政部长埃尔内埃·加尔维雅斯同国际货币基金组织签订了第一份意向书。因此，在随后的 2 月份，巴西政府实行克鲁塞罗一次新的最大贬值，与 1979 年的情况一样，其幅度同样是 30%。巴西由此开始了一系列与国际货币基金组织长期的谈判、检查和意向书签订。在 20 世纪 80 年代，国际货币基金组织监控巴西经济，强加了苦药剂，并在当地观察监督巴西政策的进展（Bacha & Malan, 1988: 223）。

起初，国际货币基金组织的政策是巴西需接受意向书的规定，即巴西承诺缩减公共赤字、消除补贴和实行有效的货币贬值以刺激出口。但是，巴西当局拖延了问题的解决，只好遵从国际货币基金组织的这项或那项的方针。

国际货币基金组织对增长实施基本的限定因素是为了使负债方重新获得支付能力。经济调整的主要目标是平衡国际收支。国际货币基金组织在成为一个多边组织之前，已然成为债权国家强迫外围国家接受债权国适当宏观经济政策的一个纯粹工具。因此，它的调整药方是尽力地麻醉"病人"，以便使"病人"更顺从，而非更有效地给予病人更有利的条件，使其应付世界经济的扭曲。

政府对付危机的方法对于民众而言是相当痛苦的。在1983年，巴西经历了共和国历史上最糟的经济危机。相继出台的"经济计划"给国民造成了很大的牺牲，体现为失业、贫穷和人均收入下降。在这种情况下，菲格雷多政府的声望被侵蚀而大大下降。罢工和示威游行充斥全国。企业家、中产阶层和劳动者通过反对党开始进行大规模社会运动以推翻军事制度。这种社会不满引发1983年末有组织的"立即直选"运动，即要求对共和国总统进行直接选举。一年后，动员取得了巨大的规模，实际上影响着再民主化的进程。

在1984年，巴西似乎克服了国际收支问题。巨额的贸易盈余减轻了对外账户的压力。Castro & Souza（1985）强调，1983年至1985年期间所取得成果之大部分是由于：（1）盖泽尔总统所采取的进口替代政策；（2）实行出口产业计划。以他们的观点，以上两方面使得菲格雷多政府的缩小进口和增加出口的政策得以继承，从而实现了国际收支的新平衡。在外贸结算中，增加盈余政策的确立之所以能成为可能，是因为在《第二个全国发展计划》中生产结构发生了转变。

图3反映了贸易结算的结果和经常项目的差额。首先，值得强调的是，在1978年至1980年间，贸易存在逆

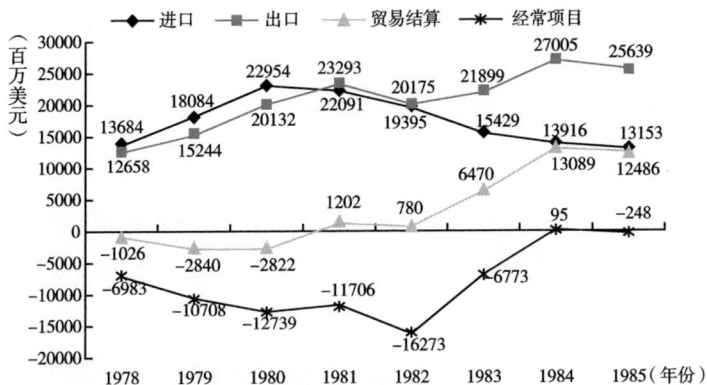

图3　巴西国际收支：出口、进口、贸易结算和经常项目（1978~1985年）

资料来源：BCB Boletim\BP—BPN_STC，可参考 www.ipeadata.gov.br。

差，而到了1983年至1985年间已实现了巨额的贸易盈余。一方面，根据巴罗斯·德卡斯特罗的分析，值得注意的是，在第二个全国发展计划期间所确立的进口替代政策对出口方针的影响，出口努力在1975年至1985年间达到68%。另一方面，由于国内生产活动的下降以及再次受到1975年至1979年间投资计划的影响，进口大量收窄，因此，贸易盈余可以应对巨额的外债付息。所以，与1982年160亿美元相比，巴西在1984年至1985年间所取得的结果是相当令人满意的。

　　确立贸易盈余政策的一个有趣方面是确定经济战略更现实的因素，即坚持自由化和国际化。贸易结算盈余政策的建立不进行下列呼吁是不可能的：（1）可进口产品级别的划分；（2）适宜的出口政策；和（3）明显采用支持替代进口的政策。上述政策的结合总是比任何一项国际化式的削减更有利于国内积累。

　　正如以往，这项更具有技巧性的政策最终在1979年至1984年巴西所处的形势下实行，其实这也是不得已而为之。在债务处于拖欠的情况下，巴西政府得到了某些外部宽容，只要可以使对外债务利息重新进行浮动，便可实施乃至采取看似非正统的措施。但是，为了让美元流出，必须流进所谓的"新钱"。这一点唯有获得贸易盈余才有可能成为现实，实现贸易盈余是国外购买力重组的出发点。

虽然20世纪80年代前半期巴西对外贸易表现较好，但是外部桎梏继续使巴西经济在利息支付和债务分期偿还方面面临压力。另一方面，美元的内部再循环导致货币基础严重扩张。国内生产总值增长率变化不定，时而扩张，时而收缩，确切地勾画出宏观经济的管理问题。本节所列表3之内容足以证明。

再民主化的进程和军事独裁21年之后第一位民选总统的就职，为危机过程注入了新的元素。民主自由、先前被取缔的政党的重组和一个新的制宪大会使危机中政府管理的难度远远高于正常情况。

三　再民主化时期的后续政策与经济稳定计划的失败：1986~1992 年

始于外债危机的经济危机破坏了军事独裁的支持基础。在第一时间，反对独裁的力量，诸如工人工会、民族与左倾思想流派，便联同了自由派、部分民族企业家及因经济衰退而丧失购买力的中产阶级的大多数结合在一起。因此，反对军事政府的斗争不仅包括推翻这一特别的制度，而且力争实现一个民主和更加正义的社会。在因反对军事政府而形成的广泛阵线中，每一个社会团体都有各自关于民主政府的观点。对于某些派别而言，重建自由民主制度的可能性是在"西方"模式范畴中进行争论；对于另外一些派别来说，民主代表向社会主义方向前进的可能性；对于第三类派别来说，民主是就业、健康、高工资和土地改革的同义词。

军事独裁结束之后，在制宪大会（1987~1988 年）的辩论中，有三大经济挑战显得尤为突出。它们是：（1）外债，（2）公共赤字，和（3）通货膨胀。如果分析当时经济政策努力实行的结果，我们可以得出结论，在所有这几个问题上，政府接二连三地发生错误。首先，它没有能够独立自主地、可持续地解决外债问题。其次，公共赤字失控，原因是外债支付负担加剧且 1988 年宪法所规定的额外开支导致支出增加。最后，尽管在 1985 年至 1992 年间实行了诸多经济计划，但通货膨胀并未被战胜。

关于最后一点，值得一提的是巴西通货膨胀的性质。从理论上讲，问题的解决要依靠对它正确的诊断。首先，根据古典学派或货币学派对通货膨胀现象的解释，通货膨胀的发生必然是流通中的货币量过多，从而激发需求，引起商品价格上升。同样，依此观点，通货膨胀现象的解释可归因于国家预算不平衡，即支出超过收入，从而造成经济结构的失衡。根据货币学派的观点，与通货膨胀做斗争必须依赖公共支出和货币供给。为此，需要通过提高利率限制信贷、冻结银行资产，与此同时，提高强迫储蓄且银行应当将此存放到中央银行中。这些政策的结果将导致需求的萎缩，进而出现价格指数的下降。

当分析上述政策执行时期的经济指数时便可发现，实施货币主义学派教科书所宣称的限制措施，并未使巴西通货膨胀指数出现预想的结果。尽管巴西政府采纳了货币学派的解释，在 1979 年至 1985 年间，巴西的通货膨胀率仍一如既往地上升，1979 年 1 月为 4%，1985 年 3 月为 10%。

在问题严重化的 1985 年至 1992 年间，所有的经济学派均有机会实践他们的理论。弗朗西斯科·多内莱斯（1985）属于正统学派；迪尔森·富纳罗（1986~1987）和布雷塞尔·佩雷拉（1987）属于"无力的"异端学派；迈尔松·德诺布雷加（1988~1990年）时而正统，时而异端；泽利亚·卡多佐（1990~1991年）介乎于异端—正统学派中间；马西利奥·马克斯·莫雷拉（1992）属于正统学派。他们将巴西经济变成错误思想的试验室。

多内莱斯的目标集中在降低通货膨胀，把支持增加对外贸易盈余措施的重要性排在第二位。实行收缩政策造成了国营企业的牺牲，从而引起物价剧烈失控，财政部长多内莱斯同计划秘书若奥·萨亚德之间频发冲突，最终使多内莱斯管理工作受到负面影响。一方面，他所做的调整未达到国际货币基金组织的期待值。另一方面，作为当时巴西的主要政党——巴西民主运动党的领导认为，在选举对抗的大环境下，诸如在1985年选举首府城市市长和1986年选举决定州长及全国制宪大会的人选，多内莱斯过度紧缩措施不可能使他久居政府要位。1985年8月，多内莱斯的下台，开启了经济政策大试验的时期，其高潮是1986年由迪尔森·富纳罗抛出的《克鲁扎多计划》。

1985年8月，富纳罗就职财政部长意味着"异端"学派对于"正统"学派在萨尔内政府经济政策制定中的胜利。选择富纳罗即选择通过国内市场增长来战胜通货膨胀。这项战略在1986年2月28日所颁布的克鲁扎多计划中被认同。该计划的主要措施是：（1）引进新货币——克鲁扎多（Cruzado-Cz$）Cz$1=Cr$(克鲁塞罗)1000；（2）不定期冻结物价与工资；（3）以最近6个月平均数转换工资，预支8%（最低工资为16%）而后冻结；（4）每当通货膨胀率达到20%时将启动工资机制；（5）汇率固定在2月27日的水平上，摆脱货币最大贬值的必要性；（6）禁止不足1年的货币调整，此规定延伸至所有预先确定的金融资产，把这些债券的实际利率转化为名义利率；（7）对事前确定的协议（日贬值 0.45%，对应于 1985 年 12 月至 1986 年 2 月的日通货膨胀平均值）公示规定 ①；（8）货币政策要适应货币需求增长的需要（为稳定目的降低货币流通速度——收入，使用利率作为经济流动性程度调整的变量）；（9）基于 1985 年 12 月的财政改革（提高金融活动资本的所得税）进行财政调整。

通过冻结物价中断通货膨胀进程得到了大多数民众的同情。消费者经常持有由全国供给管理局制订的物价表格。当时是所谓的"萨尔内财政政策"时代。在冻结之前对工资所做的重新调整引发了消费爆炸。此外，储蓄收入票面价值的下降使得许多投资者选择以花钱来代替收取"明显"的低利息。有鉴于此，商品开始在货架上消失。当商品出现时，商品往往采用新的包装、样式或重量，其价格便会提高。冻结导致许多产业对付滞后的价格，因此引致供给短缺或商品规格包装频调。另外一些产业，即使没有价格滞后的理由，也要面对更大需求和增加利润的可能性而变换商品的形式。

当年 7 月，财政部试图通过限制政策但不改变冻结来遏制通货膨胀压力，"小克鲁扎多"计划应运而生。首次推出对汽油、酒精、汽车和国际旅游的强制贷款。其目的是针对两个问题：（1）依据经济学家的期盼，通过降低可支配收入来冷却需求；（2）劝募资金支持新的公共投资，这反映了萨尔内总统的意愿。对于当时的经济学家来说，"小克鲁扎多"控制消费的作用收效甚微。事实上，"小克鲁扎多"措施未能承担替克鲁扎多计划这一大坝阻挡排水的功能。但是，对国民而言，代表巨大牺牲的措施面对选举争执的紧急关头而被抛弃。

在消费增长的同时，1986 年国内生产总值增长了 7.5%。但是，财政形势恶化，外部不平衡的问题再次凸显，（当

---

① 使用的表格是用来进行紧缩提供金额及协议价格，因为这些因素已经为未来灌注了通货膨胀。

克鲁扎多计划实施的时候，国家的外汇储备只有100亿美元）。显然，对于大选而言，澄清克鲁扎多计划是政府面对莱昂里内·布里佐拉进攻的主要突破口。布里佐拉时任里约热内卢州州长，他谴责克鲁扎多计划是选举的欺诈行为，看起来也的确如此。在那次选举争论中，支持萨尔内总统的政党大获全胜。巴西民主运动党人在22个州当选州长，而自由阵线党仅在一个州，即塞尔希培州当选，该州也是萨尔内的同盟。

选举之后，颁布了《克鲁扎多计划 II》，旨在通过提高公共税率和间接税来控制公共赤字。12月，月通货膨胀率达到7%，于是到了检验工资调整机制成效的时刻。实际上，计划已完全失效。1987年1月，通货膨胀率达到17%，冻结已开始融化成水。2月，政府正式宣告结束冻结措施，国库券被纠正，一系列指数又坚定地回归了，工资需按月进行调整。

此外，国内消费与进口的增加引起了支付危机。国际储备降至只有60亿美元多一点，贸易盈余从1984年至1985年的接近130亿美元下降至1986年约80亿美元。1984年至1985年贸易结算所得不至于使巴西过分紧张，从而在与债权国谈判时拥有一点讨价权。但是，1986年，由于前述情况恶化，巴西被迫做出新的让步。因为外汇缺乏，巴西于1987年2月宣布单方面延期偿还债务。

尽管在国内，富纳罗部长没有取得建立能确保经济增长的宏观经济战略，延期支付债务使巴西赢得了几个月时间以便重新确立外债国的立场。克鲁扎多计划失败之后，巴西政府并没有长期计划。萨尔内政府的经济政策艰难地支撑到其任期结束。不管是富纳罗的继任者路易斯·卡洛斯、布雷塞尔·佩雷拉，还是再后来的继任者迈尔松、德诺布雷加，都实施了同样结局的经济计划，通货膨胀在物价解冻之后屡创新高。

布雷塞尔·佩雷拉主政财政部工作时，曾寻求解决外债问题。在处理货币稳定和财政危机时，巴西政府在对外方面还有另外一个不光荣的战斗，即对付外债和经由国际货币基金组织及世界银行听取意见的债权国的压力。他强调所谓"外债过程的技术性"，采取复杂的惯例以指导不同时期的谈判，并且面对外部经验表现出巴西在这方面的成熟老到。但是，在国内，佩雷拉部长则缺乏对他提议实施所必需的政治支持。他经常遭到敌视，甚至被跨国公司控制的卡特尔打击威望。在没有取得具体成果及面对通货膨胀新的失控形势下，布雷塞尔部长于 1987 年 12 月辞职。

迈尔森·德诺布雷加于 1987 年 12 月 18 日就任财政部长。他没能改变巴西经济的困难形势。其起初的政策"豆子与米饭"是基于对货币与财政政策正统观点的操控。"豆子与米饭"政策造成了利率和通货膨胀上升。他的异端计划，即《夏季计划》造成了使月通货膨胀率接近 3 位数，这标志着萨尔内政府在通货膨胀战线的溃败。

1990 年 3 月，费尔南多·科洛尔·德梅洛政府为管理巴西经济带来了新元素：华盛顿共识的新自由主义日程。除了与通货膨胀做斗争的非传统政策（如《科洛尔计划》）之外，新政府提出通过出售国营企业、果断的行政改革和突如其来的贸易开放所带来的"现代性冲击"进行财政危机调整。依据科洛尔计划，预先确定对物价和工资的纠正幅度，重新冻结物价，查封活期存款和金融投资，对浮动汇率和金融活动增税。在科洛尔计划颁布时，共和国总统曾说，"通货膨胀这只虎仅用一枪就可以打死"，以此来吸引国民对新计划的支持。然而，这只"老虎"的反抗表现得更加有力，尽管国内生产总值下跌了 4.35%，在 1990

年下半年，通货膨胀的威力又重攀新高。根据 IPCA 的测定，1990 年 12 月通货膨胀率为 18.45%，年通货膨胀率达 927.4%。

面对这种情况，1991 年 1 月，巴西又实行了另一个稳定计划，即《科洛尔计划 II》，政府再一次出手冻结物价和工资，统一工资调整基期，还采用新的紧缩货币及财政措施。新的失败已确定无疑。上述反通货膨胀措施的结合，再加之不清晰的结构重组，使巴西在 1990 年至 1992 年期间遭遇严重的衰退。国内生产总值的下降近 10%、失业增加、实际工资下降和工资收入群体减少。《科洛尔计划 II》实施的结果乏善可陈。根据 IPCA 测算，1991 年的通货膨胀率为 375%，月通货膨胀率超过 20%。

《科洛尔计划 II》的失败导致泽利亚·卡多佐·德梅洛部长辞职。1991 年 5 月 10 日，巴西驻华盛顿前大使马西利奥·马克斯·莫雷拉就任经济领域的掌门人。在他领导经济部期间，一些正统的政策被采纳，其中抗击公共赤字成为首要工作。以对外关系的观点看，莫雷拉力图加强同债权国和国际货币基金组织的关系，以便重新进行外债谈判。当时，在布雷迪计划"减让"内容中，许多拉美国家已重新就外债进行谈判且重新融入国际金融流动。1992 年 6 月，谈判重新开始，当年 9 月宣告结束。当月 INPC 所测定的通货膨胀率为 21%，显然，反通货膨胀再次失败。弹劾费尔南多·科洛尔·德梅洛的过程标志着人们对许多实验循环、通膨率高居不下及对国家重回增长之路的彻底绝望的最终回应。

四　雷亚尔计划和新自由主义调整

罢黜科洛尔后，他的副手伊塔马尔·佛朗哥就任总统。

佛朗哥虽然反对由前任推行的私有化和经济开放进程，但是并没有力量或政治意愿来改变同国际货币基金组织谈判所制订的政策。伊塔马尔政府的不稳定性可由财政部长的频繁更换所体现：古斯塔沃·克拉乌斯、保罗·阿达、埃利塞乌·雷森德，最后是费尔南多·恩里克·卡多佐。卡多佐竞选总统时，由鲁本斯·里古柏罗和西罗·戈梅斯相继接替。显然，上述变化反映了一场无声的幕后剧，支持伊塔马尔政府的集团意见相左、争论不休。

这场战斗中胜利者是捍卫华盛顿共识的财政部长费尔南多·恩里克·卡多佐，他于1993年5月就任财长，于6月14日提出了一个经济计划，即《立即行动计划》，以稳定经济。后来该计划被认为是雷亚尔计划实行的第一步。

雷亚尔计划是再民主化时期反通货膨胀最成功的经验。与以往计划的不同之处在于，"冲击"（休克）和"出其不意"等方式被抛弃，取而代之的是与社会政治和经济力量达成协议。时任财政部长宣布将不实行新的冻结，而会引入一种不引起大创伤的新货币。

如前所言，雷亚尔计划实行的第一步是颁布《立即行动计划》，目标是对抗巨额公共赤字，使用的途径包括通过控制支出和成设立紧急社会基金，与向州与市再转移的资金相分离。第二步是引进一种机制——实际价值单位（URV），1994年3月1日实施，使国内物价美元化，并作为使用新货币的过渡。实际价值单位的创立应当"向经济人提供一个过渡时期以实现物价稳定"。由费尔南多·恩里克·卡多佐本人在1993年8月2日所建立的货币克鲁塞罗—雷亚尔处于迅速贬值状态，引发了国民经济中的物价与工资不断上升。1993年6月，通货膨胀率超过30%，这意味着通货膨胀年率为2300%。尽管基于前月通货膨胀率进行工资调整，且价格制定者已事先做出预测，并在调整之前再次计算价格，但是，月调整要根据比过去的通货膨胀更低的指数来进行，所以工资仍然会缩水。

实际价值单位的引进是为了恢复因通货膨胀而被破坏的作为货币计算单位的稳定作用，同时为物价与工资提供参考。中央银行每日发布有关克鲁塞罗—雷亚尔贬值及实际价值单位牌价的报告。一个实际价值单位相当于1美元。这样，实际价值单位为贸易确定的价格，执行协议和决定工资，并不受因通货膨胀引起货币贬值的影响，换言之，引起了经济的普遍指数化。

雷亚尔计划的第三步是于1994年7月1日引入一个新币种——雷亚尔。雷亚尔计划措施体现在对国民生活的直接影响包括：（1）货币单位的改变，新货币被命名为"雷亚尔"，每1雷亚尔价值相当于2750克鲁塞罗—雷亚尔。克鲁塞罗—雷亚尔纸币改由雷亚尔纸币替换。（2）所有预先以实际价值单位计量的协议转换为以雷亚尔计算。（3）自1994年7月1日起，货币纠正的限度以IPCR（以雷亚尔计算的消费者价格指数）的变化为依据。有趣的是，雷亚尔相对美元获得了增值。随后，这一现象被称为"汇率民众主义"。一个人为的牌价即1美元兑换0.84雷亚尔开始了！

需要指出的是，雷亚尔计划吸取了先前的墨西哥稳定经济和阿根廷《卡瓦略计划》的成功经验，二者均以国际货币基金组织方针为指导，其基础是"汇率锚"。换言之，自当时起，那些国家的货币开始同美元挂钩。总的来说，雷亚尔计划同它们的差别不大。实际价值单位是对国内物价美元化一个婉转的措辞。在雷亚尔计划动机说明上（1994年），里古柏罗部长并未将其疑问放置一边。请看如下表述：

汇率比价将遵循US1.00=R$1.00，时间不定。为了不使汇率固定在法律上，因为此举将损害在快速变化的世界经济中，国家汇率政策的主权运用，财政部长将必须向共和国总统呈报全国货币委员会应服从的标准。这些规定涉及对雷亚尔的担保、货币临时发行和构成货币担保的国际储备管理，以及汇率比价之变更。

当我们以控制通货膨胀的角度观察雷亚尔表现时，1994 年以来所采取的经济政策在阻止物价失控方面取得了成绩，如图 4 所示。

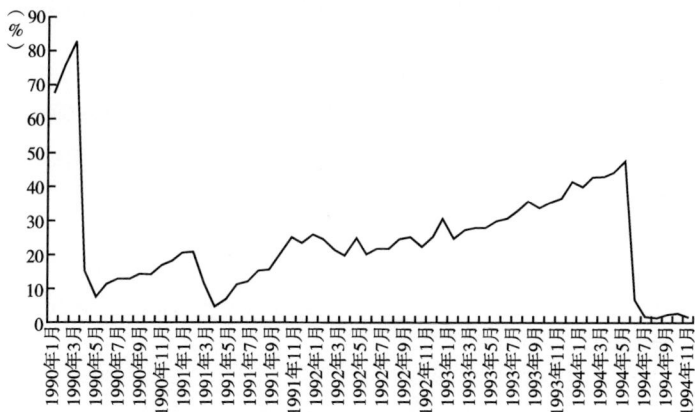

图 4　巴西物价月指数——IPCA（1990~1994 年）

资料来源：IBGE，可参见 www.jpeadata.gov.br。

在 1990 年头几个月，月通货膨胀率超过 80%。通货膨胀率三次突然下降是 1990 年 3 月实行的科洛尔计划、科洛尔计划 II 以及 1994 年 7 月雷亚尔计划效果的反映。前两次下降的原因是价格冻结，而雷亚尔计划则不同。该计划，正如前述，是 1993 年起逐步建立而完善起来的。

但是，雷亚尔计划不仅仅是一个经济稳定计划，还是一个改革纲领。它寻找一个国内机制以适应国际新秩序的需要。在这种意义上，这一举措使巴西经济向国际贸易和金融流动开放，通过私有化和放松管制来改革国家，并削减社会开支以使国家"更有效率"。这个改革纲领作为可持续发展的唯一道路向公众提出。

经济开放的有效手段是雷亚尔计划实施后所采取的货币升值政策。有关这方面，请看这项措施的设计者之一、古斯塔夫·佛朗哥的意见（1999：115）：

> 雷亚尔计划筹备开始，开放的速度得以恢复。值得提及的是，巴西正走向"横向一体化"模式，尽管其速度非常缓慢。如果我们逐个对付这些障碍（以采用新的工业化模式），同相关产业谈判，改变对变化的自然抵制，消灭过去的及已沉淀多年的特权，我们将需要一个庞大的自由者大军，要历时多年的活动和很大的耐性。这些资源在当时无一是充裕的。雷亚尔计划带来了出乎意料、范围极广的措施，它一次性地破坏了所有的圈套，剧烈地改变了巴西企业当时受保护的程度。雷亚尔计划是新外汇政策。随着货币升值，从前所有阻力都变小了，巴西最终可重获此前多次被推迟得到的机会：重新定义国家主义与国际主义的贸易条件。

实际上，1995年之后，最终产品与中间产品的进口猛增，它对巴西工业的影响迅速表现出来，企业要么倒闭要么经历了非国有化。汇率升值也使中产阶层的购买力一时提高。突然，中产阶层可以比国内相似产品更低的价格购买大量的外国消费品。1995~1998年，巴西进口增加，出口下降。另一方面，由于雷亚尔的升值，出国旅游人数猛增，造成对经常项目更大的压力。这项政策以"汇率民众主义"而知名，它使费尔南多·恩里克·卡多佐获得了连任，也使巴西遭遇了 1999 年的汇率危机。

汇率升值的另一个方面也使巴西遭遇了是以外币表示的国内资产价格的下跌。这有利于国外集团。国外集团收购面临竞争营利性下降的巴西企业。这些企业往往拥有名牌产品、销售网络和高素质人才。德尔芬·内托（1998：145~146）对于这一过程做过如下补充描述：

> 开放对于提高劳动生产率非常关键，尽管在这一过程中存在汇率升值和税收方面不理智的行为。错误有很多。税收并没有被作为工业政策的工具，而是被作为惩罚巴西生产者的工具而使用。我们是在利率高至荒诞无稽的时候开放我们的市场。我们进口产品可在 18~24 个月付款，年利率为 6%~7%，而巴西生产者必须要接受 30% 的利率，且在 1 个月内付款的情况。我们企业难题之大部分与劳动生产率无关。结论很简单，是经济政策的严重失误，需要数月时间来纠正。

德尔芬·内托所做的有关政府如何对待本国生产者的结论，为古斯塔夫·德朗哥（1999）所辩驳。在他看来，"休克疗法"对于帮助已习惯受国家保护的本国企业实行工业现代化是必需的。

除了开放市场之外，科洛尔和卡多佐政府还进行了金融开放。在科洛尔取消资本流动限制之后，卡多佐进行了银行业重组，放松管治（给予本国银行与外国银行同等待遇），鼓励国际银行集团进入巴西，为香港汇丰银行、ABN-AMRO、BBVA 和 SANTANDER 银行等收购巴西银行提供便利。

有利于国家金融开放的另一项措施向对外资银行开放

巴西市场，并取消了先前对等的要求。在这一过程中，著名的 CC5 往来账户的使用被广泛推广。CC5 是指 1969 年巴西中央银行颁布的第 5 号通函。在开始时，这些特别的账户针对非巴西居民的自然人和企业。但是，随着全国货币委员会第 1832/91 号决议附件 IV 的颁布，CC5 账户的持有者可以在巴西的股票和债权市场上进行投资。过去曾有一种怀疑，在 CC5 投入的大部分资金属于巴西的国民和企业，但这些外汇已非法转移至税务天堂，诸如乌拉圭、开曼岛、泽西岛或巴哈马群岛。而他们带回了自己的资金，从巴西政府创造的市场新机遇中获益。

金融开放也造成了大量公共债务的国际化。借助操纵国内利率，政府发行带有纠正汇率的债券，将其提供给"蝗虫资本"。蝗虫资本是指在全世界游荡以寻找高利率的资本。随后，自 1995 年开始，当贸易赤字明显严重时，国家便越来越依赖智慧资本的证券投资，这种投资对于弥补经常项目巨额赤字是必要的。当存在国际清算时，政府便骄傲地宣称拥有大量的国际储备盈余。墨西哥危机（显示出那种金融体系的脆弱性）也未能使巴西政府改变经济政策方向。我们再次引述德尔芬·内托的意见（1998：147）：

幼稚孩童相信两个伪公理。第一，汇率升值产生竞争力，实际上是开放产生竞争力。第二，在一个资本自由流动的世界，经常项目赤字不再那么重要，因为总会有人融资。因此，国际收支方面不会有太多的限制。处在这种情况的国家是美国，因为直到现在，全世界愿意为其融资。而我们没有这个条件。世界经济近期所发生的变化已证明第二个公理不能立住脚。随着 1997 年 10 月的惊恐出现，一些公鸡变成了雏鸡。

"幼稚儿童"的说法，是德尔芬·内托对某些人的嘲弄。在他看来，他们的错误在于认为巴西经济类似于美国的经济。美国总能找到资助者来支付庞大的公共债务，而且美国只需支付低息。而如巴西这样的国家则必须支付高利率才能找到投机者，其结果是内债爆炸、生产活动徘徊不前和国内生产总值增长停滞。

改革计划另一项内容是私有化进程。它除了能增加收入外，出售国营企业意味着在巴西市场控制方面发生具有重大经济意义的财产改变。某些产业部门，特别是与电信和钢铁相关的部门，私有化进展很快。另外一些部门诸如铁路运输和电力部门成功则不明显。在银行业，几乎所有的州银行体系都被私有化了。主要的买家包括属于国有资本的 Itau 银行和 Bradesco 银行；收购了 Banespa 银行的西班牙资本 Santander 银行。在巴西各州，私有化涉及公路、电力及燃气经销产业的特许经营。

当分析这些政策执行结果时，人们发现，实际上，反通货膨胀取得了很好的成绩。自 1995 年起，通货膨胀率并未重复接近 1980~1994 年的水平。但是，在 1989 年至 2002 年期间，经济政策的其他目标未取得类似的结果。没有确定工业政策的单边经济开放导致巴西发生了大规模非国有化。即使在今天，2009 年，发达经济体依旧不愿意开放它们的国内市场，为了使其开放，需要做出很多的让予。WTO 多哈回合谈判连续失败便是说明。

1995 年至 2002 年间，巴西国内生产总值增长率稍高于人口增长率，达到 2.66%，对人民生活水平的改善没有重要意义。这一时期的失业率处于共和国历史上较高水平。尽管实行私有化，1995 年至 2002 年间，内债规模翻了 6 倍，占国内生产总值之比重跃升至 58%。投资率表现平平，进入巴西经济的资本优先进入投资组合市场，诸如债券、股票或收购已私有化了的企业。在国际形势动荡时，投机资本离开，使巴西当地经济无力偿还债务。正如1997年、1999年和2002年所发生的情况那样，国际货币基金组织未进行干预。实际上，卡多佐政府许诺使巴西进入"第一世界"的改革进程与此有关。

五 卢拉政府：宏观经济正统经济学与国家计划之间

由雷亚尔计划开始的经济稳定进程实现了货币稳定，但也付出了经济严重扭曲的代价，诸如国内生产总值低增长、外部脆弱性、内、外债急剧增加和严重失业，这些都是限制性货币政策实施的结果。来自外部的冲击导致巴西经济危机，这表明依据华盛顿共识的思想模式具有脆弱性。

这种形势使路易斯·伊纳西奥·卢拉·达席尔瓦当选总统成为可能，从而使巴西获得较大的经济与政治稳定。卢拉得到一个广泛的政党阵线支持。这个阵线由下列政党组成：一些为进步派，如劳工党、巴西社会主义党、巴西共产党（PCdoB）和巴西的共产党（PCB）；另一些属于保守派，如自由党和巴西民主运动党的一部分。但是，存在于卡多佐政府中的许多自由主义概念，比如正统的宏观经济政策，则几乎毫无改变地保留下来。

由于巴西幅员辽阔，我们可以把它比作一艘超级油轮——很难驾驭、惯性强大且转向困难。也许正因为如此，巴西是拉美地区最后一个完全拥护自由主义共识的国家。即使在当前（2009年）世界经济危机情况下，巴西也是最后一个脱离自由主义共识的拉美国家。但这并不意味着卢拉政府与卡多佐政府没有区别，保守派希望把卢拉政府的成就同卡多佐正统经济政策的连续性相关联，而左派则因为长时间未看到社会改革政策的实现对前任政府感到失望而进行贬低。两种观点都不尽然。

自 2003 年就职以来，卢拉政府拥有较小操作空间，一方面，鉴于此前国家职能的缺失需要回应迫切的社会需求，另一方面，应对金融团体（本国与国际）的压力，采取"连贯的"宏观经济政策。否则，国际金融组织及其风险评估可以对巴西经济进行负面评价，从而引起对雷亚尔的投机性攻击或抬高国家风险，造成巴西政府和企业无法进入信贷市场。

另一方面，应当考虑国会中支持卢拉政府联盟之构成。左派包括劳工党、巴西社会主义党、巴西共产党和民主工党，可以支持推行更连贯的社会改革，但它们在议会中占少数席位。政府管治转为依靠中一右政党支持，如巴西民主运动党、巴西工党、共和国党或者进步党（进步党的前身支持军政统治）。此外，反对派（巴西社会民主党、民主党、社会主义人民党）对于任何改变现状的深入改革均表现出很大的保留。反对党得到主要通信企业集团的决定性支持。他们总是力图使联邦政府处于困境。考虑到两大阵营对立，卢拉政府可以被视作拥有两个灵魂的人：由财政部和中央银行负责推行正统经济政策；由工业政策和社会计划支持推动发展政策，如《家庭救助金计划》《所有人的大学计划》《全民照明计划》，尤其是《提高最低工资计划》。

（一）中央银行的正统经济学与卡多佐政府政策的连续性

正如我们所分析的，面对卡多佐政府所遗留下的危机，卢拉政府仅有很小的操作空间。某个被称为"民众主义的"

经济政策可能使他的任期付出代价。鉴于此，经济团队的选择需要格外小心。对于财政部长的职位，"可信赖的"前市长安东尼奥·帕洛西被选中。他在以前任职的市里实行的经济政策非常适合市场的胃口。恩里克·梅雷莱斯被任命为中央银行行长。他是戈亚斯州巴西社会民主党暨联邦众议员、波士顿银行前任行长。

总而言之，经济团队力求预算平衡、提高初级盈余至国内生产总值的5%。通货膨胀目标政策和浮动汇率政策维持不变。在这方面，2002年超值的美元牌价，促使对外账户改善和出口增加。从货币政策角度来看，以"保持通货膨胀于目标之内"为理由，基础利率有较大的提高，使得2003年1月至2006年12月间内债的名义增加达到20%。但是，应当注意到，就债务与国内生产总值的相对关系而言，其比例由2002年12月的50.4%降至2006年末的44.7%。实体经济服从于货币总量控制的紧缩政策使国内生产总值的增长超过卡多佐政府时期的平均值。在卢拉政府第一届任期内，国内生产总值平均增长率为3.97%，卡多佐政府期间平均为2.66%，同期其余金砖国家平均超过7%。

这些政策对于减少国际金融机构对巴西经济不信任做出了贡献。此外，国际储备的积累政策为巴西创造了一个理想的清偿能力，避免了投机资本攻击雷亚尔的风险。自2003年卢拉就任总统之后，开始了一个雷亚尔对美元升值的强劲运动。在卢拉第一任期内，巴西的国际储备增加126%，达到850亿美元。图5显示2000年至2008年期间国际收支情况。在2002年至2006年期间，发生了一个趋势连转的现象，不论是在经常项目上，还是在资本与金融账户方面，都有这样的表现。这是由国内高利率以及在海外直接投资的机遇所促成。但是，这一时期雷亚尔升值

30%，已表明出口动力的下降和进口的增加，对经常项目会产生负面影响。

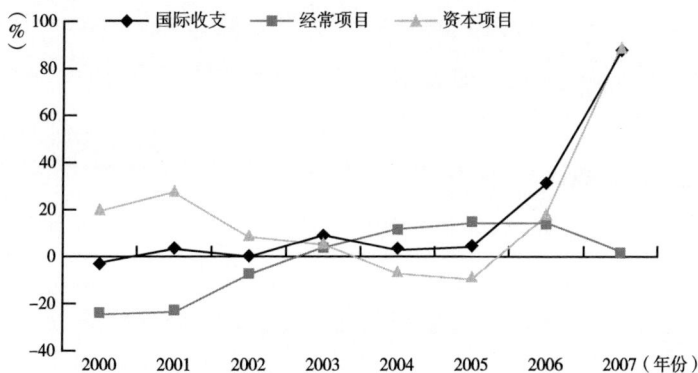

图5中，横轴为年份（2000~2007年），纵轴为百分比（%），图例包括：国际收支（黑色菱形实线）、经常项目（灰色方块实线）、资本项目（灰色三角浅线）。

图5 巴西国际收支、经常项目、资本与金融项目（2000~2007年）

资料主源：Bacen-Boletim Balanco de Pagamentos，可参见 www.ipeadata.com.br。

卢拉在第二任期内仍采纳的经济正统政策被视为不利于国家增长，它使私人投资负担加重并限制国家投资能力。如果基本利率接近于当时的其他国家，那么财政的努力可能会减少。平均而言，卢拉政府的年基本利率为近17%，卡多佐政府期间为23%。尽管税收负担居高不下，接近国内生产总值的35%，但在这一时期，国家投资微不足道，大约只是国内生产总值的1%，公共服务质量未有明显改善。我们若仅仅从这方面看，那么卢拉政府与其前届政府将没有很大区别。幸运的是，进步体现在另一方面。

（二）卢拉政府时期的社会与经济发展

在巴西实行的社会救济与社会包容政策并非始于卢拉政府。早在军政府期间就存在通过劳动阵线援助东北部旱灾民众的机制。随后，在再民主化时期，巴西在全国范围内向贫困民众发放基本菜篮子。卡多佐政府颁布了许多纲领，诸如反对使用童工、鼓励就学、反对辍学、帮助购置厨用天然气和处于社会风险的家庭。但是，卢拉政府的社会计划，如家庭救助金计划、全民照明计划等，涉及范围之广前所未有。这些措施产生十分重要的经济影响，使巴西最贫困的东北部地区呈现出较好的经济增长指数。

家庭救助金计划是有条件的收入直接转移计划。该计划使贫困家庭（人均月收入在 60.01 雷亚尔与 120.00 雷亚尔之间）及赤贫家庭（人均月收入不超过 60.00 雷亚尔）受益。这项计划所遵循的方针是：（1）通过把收入向家庭直接转移来促进立刻减轻贫困；（2）通过遵守相关条件强化健康与教育领域的基本社会权利，从而使贫困家庭打破代际之间的贫困循环；（3）以家庭发展为目标，与补充计划相协调，从而使家庭救助金计划的受益者能够战胜弱势和贫困的状况。与家庭救助金相补充的计划包括：创造就业和收入计划、成人扫盲计划、提供民事和其他文件登记计划。我们可以列举上述计划的某些条件限制：（1）教育方面：在 6 岁至 15 岁的儿童与青少年上学率最低要达到 85%；在 16 岁至 17 岁的青少年最低上学率达到 75%。（2）健康方面：7 周岁以下儿童的疫苗接种与成长；14 岁至 44 岁年龄段的孕妇及营养监控。（3）社会救济方面：年龄在 15 岁以下、处于风险或被作为童工的儿童与青少年接受社会教育总学时最少达到 85%。家庭救助金计划涉及将近 1100 万个家庭，平均每个家庭得到的帮助为 70 雷亚尔。

具有"收入倍数效应"的家庭救助金计划的创新之处在于救助是资金，而非食品。此前，最贫困的地区产业主要是生计农业，基本菜篮子同本地生产者竞争，从而导致当地不再生产食品。当那些贫困家庭拥有收入之后，便为当地生产创造出消费市场，刺激该地区的就业和收入增长。此外，资金在地方经济中的流转激活了大众商品的贸易，使刚产生的中间阶层受益并有利于这些市的税收。

在某些地区，家庭救助金计划的效果通过全民照明计能得以扩大。全民照明计划的目的是给农村居民提供电能，并让他们免费使用。那些尚未使用电能的家庭大部分位于人文发展指数较低的地区和低收入家庭。这些家庭中约90%收入低于3个最低工资，且80%位于农村。电的到来使此计划与其他社会计划方便地合为一体。这些家庭获得了卫生医疗、教育、供水以及排水服务。再有，当农民开始开电时，无论是打井取水，还是购置水泵用于灌溉，农业生产率会倾向提高。

卢拉政府政策另外一个重要方面是在政府的范围内重新引进计划经济概念。在卡多佐政府期间，一些很激进的专家认为，工业政策是赘生物，只有自由市场才会产生更好的增长战略。改变的信号始于2003年，当时巴西石油公司一项大型投标被中止，为的是要把某些国有化指标纳入投标公告中。自此，巴西石油公司的需要可能使造船设备工业重新拥有活力。

2004年，政府颁布了工业、技术和对外贸易政策指令，其目的是恢复巴西国家制定计划及协调能力、确定综合行动以改变民族工业状况，作为应对竞争和扩大国家海外参与战略，促进科学技术的创新和发展。2008年，政府颁布《生产发展计划》，旨在将国家的多个机构整合纳入经济关键产业政策战略之中。这些关键部门包含生物燃料、石油、机器与设备、核能、纳米技术等。

在加强基础设施方面，政府启动《加速发展纲领》，以协调能源、运输、排水、住房和水资源方面的公共权力部门、混合企业和私人企业的行动。该纲领尽管是在卢拉总统第二任期内出台，但有可能以建立公私合营的方式来支持。政府向私人企业提供担保，使其参与经济—金融可行性较低的工程。该纲领 2007 年至 2010 年期间预计投入资金 5030 亿雷亚尔，具体分配如下：物流、基础设施为 583 亿雷亚尔；能源方面为 2748 亿雷亚尔；社会与城市建设领域为 1708 亿雷亚尔。

最后一方面，应当强调的是卢拉政府收入分配政策的影响。尽管相关指数与收入类似的其他国家（诸如墨西哥、中国或者俄罗斯）相比十分不理想，但巴西基尼系数（见图 6）呈现出（巴西）社会不平等呈缩小的态势，尽管这一程度很有限。这种情况发生，部分归因为社会政策诸如家庭救助金计划，部分归因于最低工资提高的政策（巴西一半以上的劳动力收取最低工资）。自 2003 年开始，购买力显著提高。从图 7 可以看出，在 2006 年 12 月，巴西购买力提升指数达到 41%。

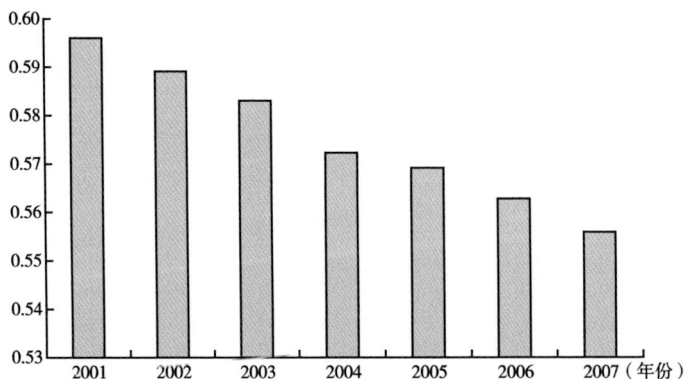

图 6　巴西收入集中——基尼系数（2001～2007 年）

资料来源：IPEA-DISOC_RDCG，可参见 www.ipeadata.com.br。

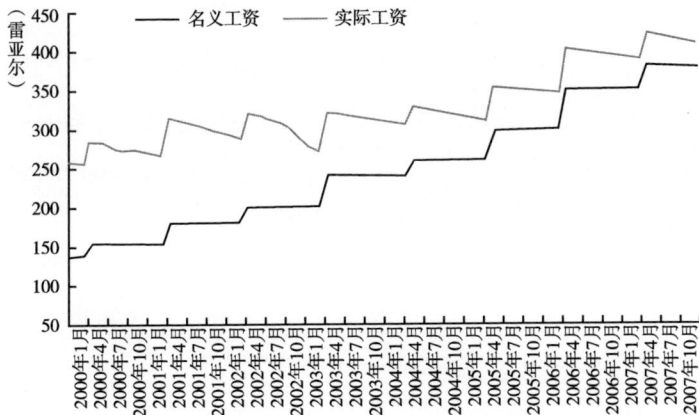

图7　巴西最低工资变化：实际与名义（月工资）
（2000～2007年）

资料来源：IPEA-CAC12_ CALMINRE12，可参考 www.ipeadata.gov.br。

六　结论

当我们回顾1980年至2006年期间巴西经济的调整过程时，可以看出领导精英以自主和创造性的方式来适应世界经济的变化面临多么巨大的挑战与艰难。显然，障碍有很多：外债危机（它压缩了针对增长的经济政策执行的空间）；再民主化进程中的政治争论（社会阶级与阶层只力求使其自身眼前的利益最大化，而不考虑全局战略）；再分配冲突（由稳定货币的失败经验所引起）；基于自由主义计划却没有为务实行动留下操作空间的观念以及国际金融机构的压力（迫使巴西采纳更有利于发达国家的政策，如《专利法》和不对等的金融贸易开放）。

目前，如果卢拉政府的宏观经济政策受到正统模式的限制是事实的话，那么，政府某些领域正走向所谓的"小政府"的反面，也是事实。社会救济政策在国家欠发达地区的实行，产生了收入"凯恩斯乘数效应"。此外，公立银行在经济中拥有很大的流动性，能够进行长期性生产投资、扩大不动产产业和通过贷款增加耐用品消费。像巴西石油公司和富尔纳斯这样的企业为需要大量设备的本国的生产部门提供了活力。以前，这些设备在国外购买，而低价位是这些企业采购的唯一决定因素。由于开放，在巴西几乎消失的一个产业是造船业。但是，海上石油平台和石油船只的建设又为造船业带来了新的活力。《加速投资计划》保证扩大基础设施并增加在重型工程的投资。

要评价这些政策的效益目前仍为时尚早，特别是世界经济至今仍遭受严重的衰退影响。此次衰退来自于2008~2009年的金融危机。有关分析要求我们更加深入。当我们展开历史进程时，我们可以把实践经验上升为理论，然而，我们需要考虑，在几十年以后，巴西出现了新的曙光，理论的磐石已被更加实用的经济政策所打破。

参考文献

Arida, Pérsio e Rezende, André Lara. (1986). "Inflação inercial e reforma monetária no Brasil" in: Pérsio Arida (org). Inflação zero: Brasil, Argentina e Israel. Rio de Janeiro: Paz e Terra

Bacha, Edmar & Malan, Pedro. (1988). "A dívida externa brasileira: do milagre ao fundo". in: Alfred Stepan (org.) Democratizando o Brasil. Rio de Janeiro: Paz e Terra.

Banco Central do Brasil. Boletim Balanço de Pagamentos – BPN_ STC. Disponível em: www.ipeadata.gov.br.

Batista JR., Paulo Nogueira. O Plano Real à luz da experiência mexicana e argentina. in: Estudos Avançados, São Paulo, n 10 (28), 1996.

Brasil. Ibge – Sistema de Contas Nacionais. /SCN 2000 Anual – SCN_PIBG. Disponível em: www.ipeadata.gov.br.

Brasil: Instituto de Pesquisa Econômica Aplicada. Ipedata: www. ipeadata.gov.br.

Brasil: Ministério da Fazenda. Exposição de Motivos da MP do Plano Real. 30/06/1994. Extraído do site http://www.fazenda.gov.br/portugues/real/realem.html.

Brasil: Ministério de Orçamento e Gestão. IPEA - DISOC_RDCG. Disponível em www.ipeadata.com.br. Os dados dos anos 1980, 1991,1994 e 2000 foram estimados por interpolação.

Brasil. Pac .Plano de Aceleração do Crescimento. Quinto Balanço. Disponível em: http://www.brasil.gov.br/pac/balancos/5balanco/ .

Brasil: Secretaria do Tesouro do Ministério da Fazenda. Lei de Responsabilidade Fiscal – LRF. Disponível em: http://www.tesouro.fazenda.gov.br/hp/lei_responsa bilidade_fiscal.asp . Acessado em 12/09/2008.

Bresser Pereira, Luiz Carlos (1987). Desenvolvimento e crise. São Paulo: Brasiliense.

Bresser Pereira, Luiz Carlos. A teoria da inflação inercial reexaminada. In José Marcio Rego, org. (1989) Aceleração Recente da Inflação. S.Paulo, Editora Bienal. Disponível em: http://www.bresserpereira.org.br/view.asp?cod=1210.

Bresser Pereira, Luiz Carlos. Economia brasileira: uma introdução crítica. São Paulo: Editora 34, 1998. 3ª ed..

Bresser Pereira, Luiz Carlos. Entrevista sobre o Plano Bresser. O Estado de São Paulo, 01/06/2007. Disponível em: http://www.bresserpereira.org.br/view.asp?cod=2362

Cardoso, Fernando Henrique. Entrevista concedida à Revista Conjuntura Econômica, junho de 1993.

Castro, Antonio Barros de; Souza, Francisco Eduardo Pires de (1985). A economia brasileira em marcha forçada. Rio de Janeiro: Paz e Terra.

Delfim Netto, Antônio. "O desemprego é a âncora do Real" . in: Adhemar dos Santos Mineiro e outros. *Visões da crise*. Rio de Janeiro: Contraponto, 1998.

Franco, Gustavo. *O desafio brasileiro*: ensaios sobre desenvolvimento, globalização e moeda. São Paulo: Edito 34, 1999.

Goldman Sachs. Dreaming with BRICs: The Path to 2050. Global Economics Paper No. 99: October, 2003. Disponível em: http://www2.goldmansachs.com/ideas/brics/brics-dream.html.

Maddison, Angus. Historical Statistics for the World Economy: 1–2003 AD. Disponível em: http://www.ggdc.net/Maddison/Historical_

Statistics/horizontal-file_03-2007.xls

Paulino, Luis Antonio. O governo Lula (2003-2006/2007-2008). In: PIRES, Marcos Cordeiro. Economia brasileira contemporânea. São Paulo: Saraiva (prelo).

Pires, Marcos Cordeiro. De que estado se necessita após o ajuste liberal? A experiência brasileira recente. Anais do Colóquio Internacional Brasil—México. Universidade de Guadalajara. 2008—15 p.

Sachs, Jeffrey. (1987) "As soluções para a crise da dívida". In: Luiz BRESSER PEREIRA. Dívida externa: Crise e Soluções. São Paulo: Brasiliense.

United Nations. Human Development Report 2006 table 15 Inequality in income or expenditure. Disponível em: http://hdr.undp. org/hdr2006/pdfs/report/HDR06-complete.pdfpage=335 . Acessado em 17/09/2007.

Volcker, Paul & Gyohten, Toyoo. A nova ordem internacional. Porto Alegre: Ortiz, 1993.

全球化世界中的中国与巴西

魏 丹

一 概述

在全球化世界中的今天，金砖国家（巴西、俄罗斯、印度、中国和南非）在世界经济总量中占有重要份额，正在发挥日益重要的作用。金砖国家的崛起已经成为国际社会的一个事实。中国是亚洲最大的发展中国家，巴西是拉丁美洲最大的发展中国家，两国都积极参与世界经济一体化进程，并成为有竞争力的经济体，在各自所在区域以及国际舞台上扮演着重要的角色。早在 1988 年，邓小平就曾说："人们说二十一世纪将是亚太地区的时代，但我相信也将是拉丁美洲的时代。"[①] 中国、巴西与其他发展中国家的崛起，将改变国际经济关系的格局并促进多极化世界的形成。

本文首先揭示全球化为发展中国家带来的机会与挑战，并分别剖析了中国与巴西的现代化进程，尤其是两国参与国际贸易的策略，最后对两国多边与区域一体化的不同经验进行比较。

[①] 中国国家主席胡锦涛 2004 年 11 月 12 日在巴西国会发表演讲时，回忆起邓小平在 1988 年对巴西时任总统若泽·萨尔内访华时说的这句话。

尽管中国和巴西在自然条件、经济、政治与机制方面存在差异，各自采用的贸易政策也不尽相同，但两国经济存在高度的互补性。中国与巴西都具有相同的经济与社会发展目标，拥有广泛的共同利益。各种分析表明，中巴双边关系是一种战略伙伴关系，而非竞争与冲突的关系。两国可取长补短、相互借鉴。尤其是在贸易摩擦方面，两国应着力求同存异，共同实现长远利益。本文尝试指出如何实现两个新兴经济体国家利益的策略，并分析中国与巴西的崛起为其他发展中国家提供了何种启示，两国如何进一步促进世界多极化和一个更加公平、民主的全球化秩序。

二　全球化的世界与新兴经济体的时代

（一）全球化的机会

21 世纪的全球化体现在经济越来越开放、经济相互依存度越来越高、经济一体化越来越深入等方面。

根据国际贸易的古典与新古典理论以及关于经济增长的研究表明，贸易自由化和投资自由化导致的经济全球化可以有效促进经济增长，例如，资源配置的效率可以更高，可以吸引外国投资，新技术和新的管理方法具有溢出效应等。全球化为发展中国家减少与发达国家在经济上的差异提供了一条重要途径。近年来，随着全球化进程不断深入，发展中国家在整体上都获得了社会福祉的提高，在融入世界经济和提高人均收入方面均取得了发展。发展中国家与其怀有自给自足的心态并创设贸易保护主义壁垒，不如为加速经济的趋同做好充足的准备，以深化国际分工，在一个还远远称不上是均衡对称的全球化世界中更好地维护自身的国家利益。

（二）全球化的挑战

时至今日，全球化的利益未能在所有国家之间平衡地体现，南北差异仍旧在继续扩大。世界经济很像一个实力不均衡的竞技场，其主要特点表现为资本与科技创新主要集中在发达国家，发达国家对国际贸易和服务施加着强大的影响力。国际秩序的不对称大体表现在以下几方面：

首先，各个国家经济依存度并不均衡。在 21 世纪经济全球化的时代，所有国家在经济活动中都表现出你中有我、我中有你的联系。但是，发展中国家更加依赖于发达国家作为出口市场 [1] 和资本与技术转移的来源地 [2]。

另外，发展中国家面对外界的冲击与影响时，表现得更为脆弱和易受伤害。德国的社会学家贝克认为，当代的世界是一个充满风险的世界。人类还不能从容面对各类风险，往往对全球化带来的猛烈变革防范不足。国家所面临的各种经济风险和安全风险与参与外部世界的互动密切相关。随着经济开放度不断提高，特别是世界金融自由化不断推进，发展中国家在世界经济周期的运动中表现得更为脆弱和易受伤害，国际货币主要是发达国家发行，国际短期资本会引起汇率的变动，影响发展中国家的货币政策和利率。发展中国家面对这些经济风险的承受力不及发达国家。

再有，国际市场的相互依存度不断加强，可是，国际规制手段的改革和修订并没能同步跟上。在全球体制中，富裕与贫穷的参与者的成本和代价的分配显然不一致 [3]，

---

[1]　Galeano, Eduardo：《人类发展报告 2005》，第四章，2005，http://hdr.undp.org/statistics/data/。

[2]　Ocampo, José Antonio 和 Martin, Juan：《全球化与发展：拉美与加勒比的视角》，斯坦福社会科学共同出版物，由斯坦福大学出版社和世界银行共同印刷，2003，第 113 页。

[3]　Ocampo, José Antonio 和 Martin, Juan，2003，第 119 页。

而现今生效的一些多边规则还可能加剧现有的不平衡，这与各国适用这些规则的能力不同以及国际规则对国内经济产生的不同影响有关。其中，比较明显的例子是农产品自由化进程缓慢、医药产业知识产权的国际保护和欠缺有效机制规范国际资本流动等。

如果全球化要获得成功，需要有公正的条件使得经济增长更加均衡，保证公平与可持续性，同时也需要考虑更贫穷国家的不同需求以及诸如发展、消除贫困这些核心价值。

（三）新兴经济体的作用

当我们把全球化的当前阶段和 20 世纪 80 年代相比较时，我们可以看出全球化成为国际经济关系重组的催化剂，新兴经济体 [①] 更多地参与商品与服务的国际交换，也通过知识、信息和技术转移获得重要利益。新兴经济体成为世界级的主要贸易伙伴以及吸引外资的主要场所。这些国家具有巨大的潜力，其经济增长速度高于高收入国家，在世界经济和政治平台的影响力越来越大。

正如国家传统的收入再分配职能旨在保证机会均等，如果各国参与国际事务时能加强合作并能受到公平、公正的规则的规范与调整，全球秩序中主要的不平衡现象有望逐步消除。目前，令人振奋的现象是，新兴经济体正在把自身的经济影响力转化成更大的地缘政治的影响力 [②]，在全球经济治理的机制改革日程中，扩大了自身的话语权，

① 一般认为，新兴经济体处于过渡时期，介乎发展中国家与发达国家之间，经济增长迅速，经济和政治重要性大的国家。参考《经济学人》，2008 年 9 月 18 日，"Acronyms BRIC out all over"，见 http://www.economist.com/specialreports/displaystory.cfm?story_id=12080703。

② Times online，见 http://business.timesonline.co.uk/tol/business/markets/russia/article3941462.ece.

要求全球经济治理的守卫者——世界贸易组织、世界银行和国际货币基金组织——开展机构和宪政化改革。

（四）中国与巴西：多种理论的探讨

1. 经济分析

目前，全世界约有 30 个新兴市场[①]，约对应着世界生产总值的 50%[②]。其中，经济增长最快、经济规模最大的是巴西、俄罗斯、印度和中国。以购买力平价计算，这四个国家的经济总量在 2007 年就达到了世界生产总值的 22.2%[③]。其中，中国与巴西分别是亚洲和拉丁美洲最大的新兴市场。

根据 Dominic Wilson、Roopa Purushothaman[④] 以及高盛[⑤] 的预测，40 年之后，中国将成为全球最大的工业制成品供给国，而巴西将成为原材料主要提供国。虽然两国经济基础不同，中国与巴西的全球排名却有很多相似之处。2007 年，中国是世界第四大经济体，巴西是第十大经济体（见表 1）[⑥]。

与 20 世纪 70~80 年代相比，中国与巴西的经济经历了巨大的转变。2009 年 1 月，中国国内生产总值构成中，40.2% 为服务业，49.2% 为制造业，10.6% 为农业。巴西国

---

① 参考新兴经济体报告 (http://www.emergingeconomyreport.com) 和摩根士丹利新兴市场指数 (Emerging Markets Index MSCI Emerging Markets) (http://www.mscibarra.com/produtos/indices/licd/em.html#EM)。

② FTSE 国家分类，2008 年 9 月，http://www.ftse.com。

③ 参考 http://en.wikipedia.org/wiki/List_of_Countries_by_GDP_(PPP)。

④ Wilson, Dominic and Purushothaman, Roopa：《金砖国家之梦：通向 2050 年的道路》，收录于 Subhash C. Jain 主编《新兴市场和国际经济转型》，Cheltenham, UK and Northampton, USA：Edward Elgar 出版社，2006，第 3 ~ 45 页。

⑤ 高盛研究报告，见 http://www2.goldmansachs.com/hkchina/insight/research/pdf/BRICs_3_12-1-05.pdf。

⑥ 世界银行：世界发展指数数据库，2008 年 9 月 10 日。

表 1　世界排名 (2008 年统计)

项　　目	中国	巴西
国　　土	3	5
人　　口	1	5
国内生产总值（名义）	3	10
国内生产总值（购买力平价）	2	9
出　　口	2	21
进　　口	3	27
外国直接投资	5	16
外汇储备	1	7

资料来源：Pocket World in Figures, *The Economist*。

内生产总值构成中，66% 为服务业，28.5% 为制造业，5.5% 为农业 [①] 。巴西在20世纪80年代就完成了农业向制造业转化的进程，比中国在时间上更早。中国和巴西的市场规模巨大，活力充沛，提供着巨大的商机。中国在世界经济中的商业重要性主要体现在许多产业增长速度快上。巴西拥有世界最大的农用土地，其中大部分都还没有开垦。巴西是咖啡、大豆、橙子、甘蔗、铁矿和其他自然资源的世界生产和出口大国。对于国际投资者来说，中国和巴西可谓21 世纪的两个火车头，成为进入亚洲市场和西方市场的重要门户。

2. 现实主义与新现实主义理论

国际经济关系的重组并不能通过市场自身来完成，还需要政治层面的介入。GarthLe Pere 认为经济全球化集中体现在权力上，即主权国家管理国际市场的权力，而且这些权力与贸易自由化的技术问题同等重要 [②] 。按照现实主

[①] 　数据可参考 http://www.exxun.com/afd_hy/China/ec_gdp_composition_sector.html 以 及 http://www.exxun.com/afd_hy/Brazil/ec_gdp_composition_sector.html。还可参考世界贸易组织对中国贸易政策审查的报告——WT/TPR/G/199 和 WT/TPR/S/212。

[②] 　Pere, GarthLe:《新兴市场——全球经济治理的变化参数》，载于 *Internatationale Politikund Gesellschaft*, 2/2005，2005，第 38 页。

义 ① 或者新现实主义 ② 的理论，国际政治的本质是权力的艺术以及权力调整的一套程序。无论是小国还是大国，谋求国家利益都是为了自身生存与发展对外关系的需要。为了实现这一目标，国家应加强自身经济能力、保持强大的国防能力并与其他国家建立一种平衡的权力关系。全球化世界中，新兴经济体的崛起使得主权国家体系之间出现了一种权力的再分配，真正的权力已超越了"国土内的物理性控制"，而体现在国际舞台上参与国际事务的领导力和影响力。

虽然美国依旧是国际社会的主角，但其影响力已逐步降低，而中国、巴西等发展中国家的逐步崛起，也在加速多极化世界的形成。与此同时，愈发紧密的南南合作在某种程度上也挑战着目前由发达国家扮演主要角色的国际制度，有助于建构一种更加均衡的国际权力体系。换句话讲，新兴经济体对传统国际秩序已然机制化的权力布局构成了新的挑战。

中国和巴西都具有传统经典的权力构成要素，诸如领土、人口和经济规模。中国拥有丰富的劳动力资源、充足的外汇储备和非常稳定的内部环境，其综合资源在世界总数中占据重要的比重 ③ 。根据 Amrita Narlikar 的观察，在邓小平时代，中国的对外政策方针主要是"韬光养晦"，在江泽民时代，中国的外交思想是"加强自信、减少困难、扩大合作、避免冲突"。随着国力的不断增强，中国正在

---

① 代表人物如 Carr, Morgenthau, George Kennan, Quincy Wright e Raymond Aron 等。

② 代表人物如 Kenneth M. Waltz。

③ Armijo, Leslie Elliott:《作为分析类型的金砖国家：幻景或眼光？》，载于《亚洲视角》(*Asian Perspective*) 2007 年第 31 卷第 4 期，第 19 页。在 2001 年，中国综合资源占世界总数的比例为 13%，位列世界第二，居美国之后（美国综合资源占世界总数的比例为 15%）。

逐渐展现其"全方位的微笑"①，并已然拥有有效或者潜在的必要条件来对国际社会产生重要的影响。巴西不仅是拉美地区的大国，也是在世界具有影响力的大国，拥有极为丰富的能源和战略性的工业矿产资源储备。巴西在国际上的影响力主要通过"软实力"体现，巴西一直避免发展"硬实力"，即军事力量②。自 20 世纪 90 年代，巴西开始寻求一种新的合作方式，采取一些更加脱离南北关系范畴的行动，或者是在一些特殊范畴的议题上采用更灵活的组织联盟③。在 21 世纪，用巴西前外交部长塞尔索·阿莫林的话来说，巴西的外交战略是"改善我们同非洲、中国和印度的联系，但我们并不对美国和欧盟持敌对情绪，这些国家和我们之间有一种得天独厚的对话。另外，我们也无须看美国和欧盟的脸色来发展同中东及非洲的关系"④。

如果我们采纳现实主义或者新现实主义的理论，就可以看出，中国与巴西等新兴经济体的崛起与昔日那些帝国或超级大国崛起的模式完全不同。作为亚洲最大和拉美最大的国家，中国与巴西正在携手抓住全球化的机遇，"在国际政治经济舞台上争取与自身经济规模与人口规模相适应的更广泛的空间"⑤，但并不要求成为具有霸权的主角，也

---

① Narlikar, Amrita：《崛起中的谈判：新兴国家如何测试它们在国际秩序中的勇气》，载于 *Multipolar World* 2008 年秋季刊，第 99 页。

② Lima, Maria Regina Soares 和 Hirst, Mónica：《作为中介国家和地区性大国的巴西：行动、选择和责任》，载于 *International Affairs*, 2006, 82 (I)，第 21 页。

③ Saraiva, Miriam Gomes：《巴西 1993 年至 2007 年的外交政策中的南南合作战略》，载于《巴西国际政治杂志》（*Revista Brasileira da Política Internacional*）2007 年第 50 (2) 期，第 42 页。

④ Pecequilo, Cristina Soreanu：《二十一世界巴西的外交政策：横向与纵向相容的轴线》，载于《巴西国际政治杂志》（*Revista Brasileira da Política Internacional*）2008 年第 51 (2) 期，第 151 页。

⑤ Fernando, Luiz Fernado：《巴西中国关系：一个新局面》，载于《战略观点》第二年度特刊，2004 年 5 月，第 21 页。

不采取冲突手段，而是寻求合作、共识、共同利益及互惠互利。

3. 新自由制度主义理论

为了回应新现实主义的挑战，新自由制度主义随之形成。根据新自由制度主义的理论，国际秩序中的所有参与者相互合作以达到共赢的局面，国际社会需要国际机制的存在，而国际机制主要可以表现为一系列明示或非明示的原则、规范、规则和决策程序，以协调不同参与主体的期待[①]。国际机制只有在国际制度的参与者理解、认同并期待其行为的合法性和道德性的情况下才存在。也就是说，国际机制的存在取决于共同的认知与合意，国际机制并不构成约束国际社会参与者的行为条条框框，而是作为一种社会行动力，例如，推动国际组织形成自己的特质与关切，或者促成一种"社会氛围"，使各个国家的代表对自身的利益获得新的理解与认识。从这个意义上来讲，国际机制可以对国家行为产生影响。

中国与巴西的崛起不仅直接促成国际秩序的重组，也将为其中的制度注入新的力量。

在认知层面和意志层面，中国与巴西与其他发展中国家共同捍卫国际社会的核心道义，并且关心世界绝大多数人口攸关的全球公正与分配正义。在建构主义者看来[②]，中国、巴西和其他新兴经济体为国际关系的研究贡献了特

---

① 新自由制度主义代表了机制理论研究的主流思想。这一流派大体上接受现实主义提出的各种假设的前提条件，但却希望可以找到一种已建立的合作秩序不被第三国扰乱的保证。此流派最著名的代表有 Krasner, Stephan D., Hasenclever, Andreas, PETER, Mayer 等。国际机制理论体现了自由主义理论的特点，成为自 20 世纪 60 年代以来国际政治学的主流派别。

② 建构主义认为，国际关系是一种继信仰与行为之后的动态的社会建筑。在其自身的建构中，道德原则起到了一个极重要的作用，文化、认同、规范等因素也对国际关系的调整起到了作用。

有的理论 ①，例如，不对抗主义、普遍主义、共处原则、和平主义、维护国家主权原则等。

在这些价值观的指导下，在行动方面，中国与巴西展现出更大的兴趣来改善国际机制、加强更民主的全球治理、在国际谈判中团结发展中国家的力量，扮演着强国与弱国之间"调解人的角色"，而且维护发展中国家的权利 ②。例如，在多哈回合谈判中成立的发展中国家 20 国集团 ③、自2009 年以来持续召开的金砖国家峰会、作为国际经济合作论坛的 20 国集团等。

随着崛起中的大国（例如巴西和中国）对国际制度的构建，我们看到一种区别于 20 世纪 60 年代的南南合作战略的新型的南南关系的范式。这一新的范式意在国际秩序之中，为发展中国家建设一个更强的立场，让这些国家能够获得外国直接投资、国际资本、先进的技术、全球生产链以及更大的政治重要性。

三　参与全球化的不同经验

（一）中国

1. 中国的发展进程

1800 年以前，中国曾是一个贸易大国，也是世界上最富有的国家。中国主要的出口产品有瓷器、丝绸、棉纺织品、茶叶、铜器、锌器等。中国曾拥有贸易顺差，通过出

---

① Saraiva, José Flávio Sombra：《世界一体化：巴西概念的形成》，载于《巴西国际政治杂志》（*Revista Brasileira da Política Internacional*）2007 年第 50（2）期，第 163 页。

② Lima, Maria Regina Soares 和 HIRST, Mónica, (2006)， 第 28 页；Lafer, Celso：《巴西的国际特征与巴西政策》，圣保罗：Perspectiva 出版社，2001。

③ 详细信息可参考 http://www.g-20.mre.gov.br/index_port.asp。

口获得了外国大量的白银流入①。

20世纪初，中国的发展经历了拐点，国力开始衰落。还在1798年之际，中国在世界制成品总数中的比例达到了33%，然而，这一数字在1913年时下降到只有4%②。中国国力衰败的原因在很大程度上与闭关锁国、采取贸易保护主义政策和拒绝外国科学技术的态度有关。与1800年之前的情况截然不同，中国此后的对外出口锐减，因此，无法通过参与国际分工和生产的专业化累积财富。

继一系列战争之后，中华人民共和国于1949年成立，开始了经济的复兴。中国经济的发展战略经过了以下几个不同阶段：

20世纪50年代，中国主要采用了经济赶超战略，即主要工业制成品总量应该在短期内达到或超过发达国家的水平。这一发展战略的主要特点表现为：第一，中国的发展目标优先集中在工业，尤其是资本密集型和能源密集型的重工业；第二，实施了一系列国有化措施，确立了国家经济制度，特别是大规模资本密集型的国有企业；第三，确立了高积累、低消费的模式；第四，采取了进口替代策略来试图减低与发达国家的技术差距。在那段时期，受到保护的产业增长是建立在价格扭曲的基础之上，并得益于政策的优先倾斜，实际上是没有竞争力的。而其他产业由于没有发展所需的资金，也不具备竞争力。大多数人生活在贫穷之中。

20世纪60年代，开始实施"四个现代化"，即在2000年之前，中国应该实现工业、农业、科技和国防的四个现代化。在1978年之前，中国农村人口比重超过总人口的

---

① Frank, AndreGunde：《再看东方：亚洲时代的全球经济》，伯克利和洛杉矶：加州大学出版社，1998，第112~127页。

② Nolan, Peter：《位于十字路口的中国》，Polity Press，2004，第122页。

80%，农民占国家总劳动人口的 70%，人均生产总值远低于世界水平。偏离经济一体化战略使中国付出了极大的努力，却收效甚微。

自从 1978 年以来，中国逐渐采取了开放与改革政策。正如邓小平所强调，独立自主不是闭关自守，自力更生也并非盲目排外。对外贸易并不仅仅为了提供稀缺的产品，也是中国连接世界的一座桥梁。

1993 年，中国通过修订宪法，确立了社会主义市场经济。此后，中国主要通过四个方面超越经济发展所面临的对内和对外限制：第一，通过减低进口关税、消除非关税壁垒实施贸易自由化；第二，在贸易和投资领域实现国民待遇；第三，根据市场经济的要求推进汇率改革；第四，朝着法治化的方向建立现代法律制度。

30 多年来的改革为中国的经济注入了活力。开放的不断深化不仅限于对外经济（包括对外贸易和外国投资）方面，也包括国内制度和政策。根据世界银行的统计，以购买力平价计算，中国对世界经济增长的平均贡献率在 2001 年加入世界贸易组织之后达到 13%[①]。今天，中国已经成为外国投资最青睐的目的地以及亚洲其他经济体的"火车头"。

2. 经济全球化与区域一体化作为优先战略选择

1986 年，中国递交了恢复关贸总协定缔约国地位的申请，随后开启了漫长的加入世界贸易组织的谈判。中国加入世界贸易组织、参与多边贸易体系是中国政府的一个战略性决定。由于经济规模和国内市场的增长潜力，中国成为世界贸易组织的一员，有助于世贸组织的完整性和多边

---

① 在 1980 年至 2000 年之间，中国对世界经济增长的平均贡献率为 14%，低于美国（20.7%）但高于日本（7%）。在同一时期，中国对世界贸易增长的平均贡献率为 4.7%，位于美国（14.4%）与日本（6.9%）之后。可参考 http://houston.china-consulate.org/eng/nv/t52487.htm。

主义的发展。与过去的做法不同，中国可以获得非歧视性待遇，并使用多边体系的争议解决机制。此外，中国政府采纳国际规则和国际承诺来调整国内政策，推动国家的经济和政治改革。

中国为加入世界贸易组织做出的承诺比任何一个发展中国家都要大。平均进口关税从 1992 年的 42% 下降到加入世界贸易组织之后的 9.7%，传统的非关税壁垒减至不足5%。与其他发展中国家的标准相比，中国对贸易的保护水平较低。在服务贸易方面，正如贸易政策审查机构的评价那样，"中国承担的承诺比其他发展中国家都要广泛"①。在多哈回合谈判中，中国、巴西与印度和其他发展中国家20 国集团成员一道，支持建立在全面考虑所有成员国不同及差异的基础之上的多边体系。

加入世界贸易组织之后，签订区域自由贸易协定成为中国融入全球化的一种新形式。除了参加亚太经合组织之外，中国在 2001 年签署了第一个优惠安排——《曼谷协定》（后被更名为亚太贸易协定），在 2003 年与东南亚国家联盟（ASEAN）谈判构建一个自由贸易区。也是在 2003 年，中国内地与香港特别行政区、澳门特别行政区签署了《更紧密经贸关系安排》。目前，中国还与一系列国家签订了双边自由贸易协定，包括巴基斯坦、新西兰、新加坡、秘鲁等，且正在和 29 个国家或地区商谈优惠贸易安排②。

（二）巴西

1. 巴西发展历程简要回顾

巴西自 1822 年独立之后，在 19 世纪中后期到 19 世纪

---

① 中国贸易政策审查主席总结发言，2006 年，http://www.wto.int/english/tratop_e/tpr_e/tp262_crc_e.htm。

② 可参考中国商务部网站，http://fta.mofcom.gov.vn/index.shtml。

末，由于对外出口诸如咖啡、橡胶等传统原材料产品，国内经济开始复苏和繁荣。直到 1930 年，巴西凭借"主要出口"模式 ① 获得增长，并在很大程度上从参与国际贸易和国际劳动分工中受益。

在 20 世纪 30 年代至 60 年代期间，由于受国际资本主义危机和贸易收支平衡赤字的影响，巴西加强了贸易保护，采取了汇率低估和进口替代的政策。虽然此间经济和工业化保持了高速增长，进口替代战略引起了一系列的扭曲。在实施这一战略的初期，工业增长主要靠生产非耐用消费品实现，在相当程度上，也得益于持续生产中间产品和资本产品。然而，在这段时间里，耐用工业品的比例大幅减少，巴西经济在 60 年代初陷于停滞，贸易逆差、外债和通货膨胀持续增加。

从 20 世纪 50 年代开始，自瓦加斯总统第二任期到军政府时期，巴西经济思想受到发展主义学派的影响 ②。在儒塞利诺·库比契克执政时期，经济学术著作把这段时期描绘为依赖于进口中间产品进行生产的模式 ③。进口替代的模式即使被强调出口所修正，仍然被巴西军政府所沿用。在 60 年代初，巴西进口替代的战略完全失去了活力。

自 1964 年以后，巴西引入了一系列旨在减少通货膨胀、取消产业扭曲和实现资本市场现代化的改革措施。这些措施帮助巴西实现了 1969 年至 1973 年巴西经济史最高增幅的"经济奇迹"。在此期间，巴西的发展模式是外向

---

① Pereira, Luiz Carlos Bresser：《巴西发展新模式》，载于《数据》杂志 1973 年第 11 期，第 122 页。

② 可参考 Raul Prébisch、Samir Amim、Celso Furatado 等人的相关作品。

③ Almeida, Paulo Roberto de：《巴西 1950 年至 1980 年的国际经济关系》，载于《巴西国际政治杂志》（*Revista Brasileira da Política Internacional*）2007 年第 50 (2) 期，第 67 页。

的。巴西对外贸易增长远远高于国内经济整体增长，出口数量显著大幅增加，出口产品快速地实现了多元化，劳动密集型或者资源密集型产品的出口增幅巨大 [①] 。

为了应对两次石油危机和 20 世纪 70 年代的世界经济衰退，巴西选择采用进口替代的改善战略和经济多元化的战略，以谋求经济的快速增长。在 20 世纪 70 年代中期实施的国家发展计划旨在减少对能源和其他基础产品的依赖、创造在化工及冶金产业的新比较优势、在基础设施方面加大投资以及促进出口。由于出口额的降低、石油和其他原材料价格和国际利率上涨，巴西国际收支平衡赤字严重，通膨问题也相当突出。同时，巴西政府采取了保护色彩非常浓重的贸易政策。

与上一个十年的情况大相径庭，20 世纪 80 年代是巴西"迷失的十年"。巴西的货币不稳定，经济衰退，通膨指数居高不下 [②] 。自 20 世纪 90 年代初，巴西通过实施一个以新自由主义为导向的模式，国内经济更加开放，进口引起的竞争使生产力得以提高，于是，经济开始全面复苏。然而，不恰当的税收和货币政策却导致增长和开放的收益蒙受重大损失。时任伊塔马尔·佛朗哥政府的财政部长费尔南多·恩里克·卡多佐推行了雷亚尔计划，获得了巨大成功，有效控制了通货膨胀。毫无疑问，雷亚尔计划对于巴西经济产生了重要作用，它切断了巴西几十年来未能有

---

① 由于汇率政策及一些优惠的税收、信贷措施，巴西工业出口自 1963 年的 14 亿美元增长到 1973 年的 62 亿美元。更加详细的资料可以参考 Baer, Werner《巴西经济：增长和发展》，Westport 和 CT：Praeger 出版社，2001，以及世界银行《巴西国别简报》，http://web.worldbank.org。

② 根据 Stephen Kanitz 的观点，"实际上，中断经济增长的原因并非是我们过度借贷，也不是巴西经济的无序，而是美国政府银行规管的一个错误"。参考 Kanitz, Stephen Charles《巴西会成功：一个新的增长周期》，Makron 丛书，1994，http://brasil.melhores.com.br/o-brasil-que-d-certo.html。

效控制的通膨恶性循环，并为巴西长期实现经济增长和现代化创造了基础，为巴西经济带来了外部的稳定 [①]。此外，在 20 世纪 90 年代之后，巴西坚定地开放贸易，降低了关税和非关税壁垒。短短几年，包括巴西、阿根廷、巴拉圭和乌拉圭组成的南方共同市场变成了一个现实。在 21 世纪初期，巴西经济增长速度加快，外债得到控制并远离了通膨的威胁。自从 2005 年后，巴西实现了国际收支经常项目顺差。继上个十年饱受金融全球化的负面影响、货币贬值和通货膨胀新高之后，巴西的经济最终实现了"渴望的稳定性" [②]。

2. 全球化战略：多边主义与区域一体化

在对外贸易方面，巴西一直是全球多边体制的主角之一。巴西曾是 1947 年关税和贸易总协定的缔约国。在 20 世纪 50 年代，由于采取了贸易和汇率政策的新原则，巴西重启了加入关税和贸易总协定的谈判。巴西是发展中国家中最积极倡导创设 1964 年成立的联合国贸易和发展大会的推动国之一 [③]。

阿马多·路易斯·赛尔沃在其论文《对外政策：从卡多佐到卢拉》中这样评论 [④]：

> 卡多佐政府吸取了很多国际关系分析家关于建设一个由透明、公正并尊重所有成员的规则组成的国际秩序的观点。卡多佐梦想着一个由关贸总协定和世界贸易组织之类的规范，一个没有障碍的国际贸易体系，

---

①　详细论述可见 Filgueiras, Luiz《雷亚尔计划的历史》，圣保罗：Boitempo 出版社，2000。

②　Almeida, Paulo Roberto de, 2007，第 78~79 页。

③　Almeida, Paulo Roberto de, 2007，第 73 页。

④　Cervo, Amado Luiz：《对外政策：从卡多佐到卢拉》，载于《巴西国际政治杂志》（*Revista Brasileira da Política Internacional*）2003 年第 46（1）期。

　　其中一切都是可预见的，而且贸易往来使得所有成员
获益……卢拉政府的目标是国际秩序重组为一个多极
化的世界。卢拉的外交政策是希望世界以美国为中心
的单边体制发展演变为一个更加平衡的多极体制，其
中有主要国家扮演催化剂的作用。

　　卡多佐政府和卢拉政府在外交谈判各有不同的侧重点，
其原因是巴西在十多年中，主要的贸易伙伴发生了变化，
且贸易扩张的导向各有不同，但是，可以肯定的是，卡多
佐政府和卢拉政府在巴西融入全球化的战略里，均把多边
主义奉为最优先的地位 ① 。卡多佐政府把"南北"纵向的
对外政策调整到南美洲，把新兴国家团结在一起制定多边
规则，而卢拉政府更加强化了这一立场，把"南南"谈判
确定为优先方向。

　　一方面，在多哈发展议程谈判中，巴西作为发展中
国家的代言人，提交了大量多哈发展议程所关注的建议
文案，包括服务贸易自由化、农产品贸易自由化、非农
产品的市场准入谈判、规范谈判小组和知识产权等议
题 ② 。

　　另一方面，巴西积极使用世界贸易组织争端解决机制，
曾是世贸组织中第四位，也是最积极使用这一机制的成员
（与印度一起排名第四，继美国、欧盟和加拿大之后）。巴
西的贸易总量不到国际贸易的 1%，却参与了世界贸易组织

---

① 　世界贸易组织文件 WT/TPR/M/140。

② 　世界贸易组织文件 WT/TPR/S/212, S/CSS/W/139, WT/MIN(03)/W/6
（农业框架提议，由巴西、中国和其他一些发展中国家提出，坎
昆），WT/MIN(05)/ST/8（香港部长级会议巴西塞尔索·阿莫林致辞），
TN/MA/W/87（非农产品—11，发展中国家小组，日内瓦），WT/
GC/W/564/Rev.1, TN/C/W/41/Rev.1（多哈工作计划——关于与贸易
有关的知识产权协定及生物多样性公约关系未解决事项，巴西、中
国与其他一些发展中国家的发言）。

将近 10% 的案件争议。在 1995 年之后，巴西在 24 个案件中作为原告，在 14 个案件中作为被告，在 49 个案件中作为第三方加入。巴西积极地参与争端解决机制反映了巴西运用相关规则的自信，并希望借此保证在多项协定中成员国义务的切实履行[1]。巴西积极利用争端解决机制对发展中国家的经济和贸易利益具有重大的意义。在不少由巴西提起的争端解决案件中[2]，巴西获得了多次胜利，尤其是农产品（棉花）补贴以及其他对国际贸易产生扭曲的措施方面，产生了深远的影响，在发展中国家多边谈判过程中贡献了重要的领导作用[3]。

在巴西看来，区域一体化并不排斥多边贸易协定[4]。还在 20 世纪，以劳尔·普雷维什为代表的拉美经济委员会就建议进行有利于国内市场一体化的政策协调。一体化的计划通过 1960 年成立拉丁美洲自由贸易协会得以实施。区域一体化的进程在卡多佐时代开启，并在卢拉施政时得到加强。巴西是南方共同市场的创始成员，并通过参与南方共同市场与智利、玻利维亚、墨西哥、秘鲁、哥伦比亚、厄瓜多尔、委内瑞拉和古巴订立了生效的区域贸易安排；作为拉丁美洲一体化协会的成员，与圭亚那和苏里南签订了部分经济互补协定。与印度和以色列签订的自由贸易协定在巴西还没有生效。

从贸易价值的角度来看，占整个拉美工业产值和出口总值超过一半的南方共同市场是巴西最为重要的区域贸易

---

[1] 引自世界贸易组织文件 WT/TPR/G/212 和 WT/TPR/S/212。

[2] 例如世界贸易组织争端解决案例 DS4, DS71, DS267 和 DS269，参见 http://www.wto.org/english/tratop_e/find_dispu_cases_e.htm#results。

[3] Barral, Welber 主编《世界贸易组织的争端解决》，巴西利亚，外交部：亚历山大·兹·古斯芒基金会，2007，第 9 页。

[4] Furlan, Luiz Fernando 在世界银行国际研讨会上的演讲——《多边协定和优惠贸易安排以及在国际贸易中拉丁美洲的新角色》，2004 年 10 月 1 日。

协定。其实，巴西与其他三个南共市成员之间的贸易额仅占巴西货物贸易的 10%[1] 。

（三）中国与巴西实践的比较

1. 发展模式

全球化迫使国家作为规范主体和促进社会经济福祉的主体的传统功能面临概念性的重塑。在经济方面，政府的决策需要受到市场的监督。随着市民社会的影响力不断加强，政府实施其意志的权限有所衰弱，但是，政府仍然具有激励社会可持续发展、实现良政的原动力，并且在全球化的挑战面前，要承担更大的责任来做好本国的"家庭功课"。

中国与巴西都是全球化和贸易政策改革相对较晚的参与者。然而，两国的经验证明，发展中国家即便有大规模的国内市场，为了减少与发达国家的差距，必须要积极地参与世界经济一体化和充分地利用国际分工所带来的比较优势。

以巴西为例，自从 20 世纪 50 年代，巴西采取了较封闭的、以进口替代来完成工业化的策略，大量进口资本产品和科技产品来满足受保护工业的需要。只是从 1964 年以后，巴西政府的态度才转为更加开放并决定促进出口。然而，这一战略在 70 年代就遭到放弃。经历了"迷失的十年"之后，继华盛顿共识推荐的政策之后，整个南美的经济和社会现状变得更加"艰难和前途堪虞"[2] 。有证据表明，在 21 世纪，巴西实施了一种不同于以往的融入世界经济的战略，即建立在国际劳动分工基础上的鼓励出口战略，

---

[1]　世界贸易组织文件 WT/TPR/S/212。
[2]　Bandeira, Luiz Alberto Moniz：《南美洲国家危机表现》，载于《未来世界中的巴西》，第一届对外政策和国际政策国内研讨会，巴西利亚，外交部，2007，第 99 页。

同时伴随着一些宏大目标，诸如提升巴西出口基础的竞争力、增加出口产品的附加值、扩大出口基础、拓展出口市场以及增加服务出口 ① 。

在新中国成立之后的前 30 年间，封闭国内市场，采用反比较优势和进口替代战略未能实现经济追赶的目标，反而加剧了经济的落后。自 1978 年以来，中国主动实施对外开放。开放与改革使中国全面融入全球化的发展并充分在全球化所引起的重大变革中获利。

在理论界中，并不缺少针对巴西与中国分别采取的"华盛顿共识"与"北京共识"的发展模式做详细比较研究的专家学者。我们认为，如果说确实存在"北京共识"的话，那么它意味着每一个国家都有权利在国际背景下根据自身的国情来制定自己的发展模式。在最近几年，新兴经济体的经验很好地体现了这个观点，也就是说，并不存在一种既定的社会发展模式，也没有一种放之四海而皆准的发展模式。

由外贸推动的经济增长并不是发展的终极目标，发展体现在人均收入的累积增长和与之相伴的结构和机制的改变。随着中国与巴西经济和出口的增长，国内产业内生出不少劳工、环境与收入差异的问题。在中国，当前较为突出的工作是解决农业、农村、农民的三农问题。农民在中国社会族群中的人口比重最多，但是，相对而言，却没能从经济繁荣中平等地获益，没有得到均等的机会、待遇和社会地位，成为弱势及受歧视的群体。在巴西，政府近年来启动了"零饥饿计划"和"家庭补助金计划"，使大量的人脱离贫困。虽然中国与巴西所经历的发展历程各不相

---

① 巴西发展、工业和外贸部：《巴西出口战略》。在 2007 年，巴西政府启动了加速增长的计划，将在物流、能源、基础设施和改善城市和社会服务方面投资。

同，但是两国面对未来的挑战却是相似的，即社会的公平和正义。在机制化和民主化方面，值得一提的是，在最近20年，巴西的经验也许值得中国借鉴[1]，中国还处在社会主义初级阶段，生产力仍不发达，社会制度仍不健全，不完善[2]。

2. 多边主义层面

巴西与中国更积极地融入世界经济能加强多边主义、促进贸易自由化和世界的相互依存。

在不同时期，两国都逐步推进了贸易自由化。当我们比较中国与巴西根据世界贸易组织协定单边做出的自由化承诺时，可以看出，在总体上，巴西的贸易保护程度比中国高。在进口关税方面，中国平均关税水平在2007年就降到9.9%，世贸组织定义的农产品平均关税为15.3%，非农产品的关税则为9.0%[3]。巴西在2008年的平均关税水平是30.2%，其中35%的最高关税集中适用在4%的产品上，包括轮胎、纺织品、成衣和汽车[4]。巴西比中国更频繁地使用贸易救济措施，直到2008年10月，巴西已经采取了63项仍然生效的反倾销措施、2项仍然生效的反补贴措施和1项保障措施[5]。

自从1995年世界贸易组织成立以来，中国和巴西都遭受了发达国家贸易保护主义影响。中国与巴西纳入多边体制可视作对世贸组织"丛林法则"的一种抵制。目前，全球经济放缓为中国与巴西经济提出了新的挑战，两国在很大程度上都依赖世界市场进行出口。许多研究都指出，发

---

[1] Armijo, Leslie Elliott, (2007)，第2页。

[2] 温家宝：《中国社会主义初级阶段的历史任务和对外政策的一些问题》，《人民日报》2007年3月1日，http://spanish.peopledaily.com.cn/31619/5428873.html。

[3] 世界贸易组织文件 WT/TPR/S/199。

[4] 世界贸易组织文件 WT/TPR/S/212。

[5] 世界贸易组织文件 WT/TPR/S/212。

展中国家有必要采取更主动的措施并做出更大的减让承诺。如果发展中国家只强调发达国家向它们开放市场，而同时倾向于保持本国市场开放的现状，就会失掉很多南南合作的益处。根据一项近期的研究，发达国家市场的开放将为发展中国家带来每年 220 亿美元的收益，而消除发展中国家之间的贸易壁垒将在此基础上多产生 60% 的收益 [①]。从这个意义上思考，除了在多边日程上优先保持发展中 20 国集团的紧密合作外，为了应对新的挑战，巴西需要继续为贸易自由化做出更大的努力，在多哈回合上做出更大的减让承诺，尤其是非农产品的市场准入方面，需要更接近"瑞士公式" [②]。

中国也可以通过学习巴西使用世界贸易组织规则的经验，完善法律制度并提高解决贸易争端的能力。

3. 区域一体化层面

中国和巴西在亚洲和拉丁美洲分别扮演推动区域经济一体化的核心角色。在这两个地区，区域一体化呈现出灵活性和渐进性的特点。中国和巴西区域一体化方面的经验高度相似。

第一，像其他发展中国家一样，中国与巴西并没有把贸易政策的焦点仅限于世界贸易组织。两国都支持区域贸易安排这一全球趋势来加深与世界经济的一体化。为了消除经济全球化对发展中国家的负面影响，区域贸易协定成为一种排除不均衡和歧视做法的有效途径。对于像中国和巴西这样的大国而言，多哈回合谈判所取得的共识十分有

---

① Fugazza, Marco 和 Vanzetti, David：《南南生存战略：发展中国家之间的贸易潜力》，《国际贸易与商品研究系列》第 33 期，纽约和日内瓦，联合国，2006，第 3 页。

② Moreira, Mauricio Mesquita：《巴西贸易政策：老问题和新问题》，载于 Lael Brainard 和 Leobardo Martincz-Dias 主编《经济超级大国的巴西？理解在全球经济中巴西的角色转换》，华盛顿特区：布鲁克林学院出版社，即将出版。

限，区域一体化俨然是对通过世界贸易组织进行的多边贸易自由化缓慢进程的一种回应。在两国看来，区域主义和多边主义两者具有互补性。

第二，中国和巴西都支持开放的区域主义，目前生效的各个区域协定并不旨在把相关成员与全球经济隔离开来。南方共同市场涵盖了 2.5 亿人，是目前全世界重要的区域集团，且是新兴经济体中人均收入最高的市场之一。根据分别统计所得到的数字可以看出，巴西加入南方共同市场后并没有减少与第三国或者其他地区的贸易，相反，出现了贸易创造效应 [①] 。类似的结论也同样适用于中国—东盟自由贸易区，在建成后会拥有惠及 19 亿人口、国民生产总值达到 6 万亿美元、由发展中国家组成的世界最大的自贸区 [②] 。中国应促进开放的区域主义，以实现所有国家的进步和各个区域的发展 [③] 。

第三，中国和巴西的区域贸易协定在两国的对外贸易总量中，仅对应着较小的比重 [④] 。从这个意义上来观察，中国与巴西的区域主义对整体对外贸易的影响有限。对中国和巴西而言，区域一体化协定虽然没有形成一个十分宏大的市场，但至少使本国的企业积累了与外部市场联系的重要经验。目前，东盟和阿根廷分别是中国和巴西重要的贸易伙伴。

第四，与其他发展中国家一样，中国与巴西向相距更

---

① 有关统计可参考巴西发展、工业和外贸部网站，http://www.desenvolvimento.gov.br。

② 东盟—中国经济合作专家组：《建立 21 世纪更加紧密的东盟—中国经济关系》，东盟秘书处，2001。

③ 《东亚合作应透明和开放：中国总理访谈》，《人民日报》2005年 12 月 14 日 网 络 版，http://english.people.com.cn/200512/14/eng20051214_227892.html。

④ 南方共同市场在贸易平衡中的比重持续增加。巴西向南共市其他成员的出口占巴西全部出口的 10%，巴西从南共市其他成员的进口也占巴西全部进口的 10%。详细数据可见 http://www.desenvolvimento.gov.br。

远的贸易伙伴比邻近的贸易伙伴出口更多 ① 。根据理查德·鲍德温的多米诺理论 ② ，区域协定的数量激增和扩散会损害不参与区域协定的那些国家的利益。中国与巴西，除了寻求与本地区的贸易伙伴签订优惠贸易安排协定外，对与本区域之外的其他贸易伙伴发展优惠贸易关系的兴趣也与日俱增。到目前为止，两国都还没有正式与美国和欧盟建立任何区域贸易的安排。巴西（通过南方共同市场）与南共市的其他伙伴成员在 1995 年与欧盟签订了一个基础协定，双方目前仍在洽谈签订一个自由贸易区协定的可能性。中国很多都是通过双边协定推进经济的更加开放，中国把双边协定视为一种更加快速获得国际市场准入的形式。中国已经与新西兰签订了自贸区协定，这也是中国首次与发达国家达成的区域贸易安排。中国正在和澳大利亚、以色列、瑞士等国家 ③ 进行自贸区协定的谈判。根据福布斯的观察，在贸易自由化的"奥林匹克竞赛"中，中国继美国之后，得到了属于自己的第一枚金牌，首次与发达国家签订了区域贸易协定并形成了自己的双边贸易伙伴的俱乐部。然而，区域协定数量的持续增加和国际谈判的复杂性使得一些系统性的问题，例如"意大利面条碗"现象 ④ ，不应该被忽视。

① Morin, Jean Frédéric：《与巴西、南非、印度和中国共舞：发展中大国和双边主义》，载于 Idées pour le Débat《全球治理》2008 年第 2 期。巴西对美国的出口是对阿根廷出口的将近两倍，见世界贸易组织 2008 年贸易统计数据。

② Baldwin, Richard：《区域主义的多米诺理论》，研究论文第 4465 号，剑桥，麻省，国家经济研究局，1993。

③ 可参考中国商务部的资料，http://fta.mofcom.gov.vn/index.shtml。

④ Bhagwati, J.N. :《美国贸易政策：醉心于自由贸易区》，载于 J. Bhagwati 和 A.O. Krueger 主编《向优惠贸易安排的危险漂流》，华盛顿特区，美国公共政策研究企业，1995。"意大利面条碗"现象是指各类不同的关税优惠待遇和原产地规则为同一个协议中的贸易伙伴提供了具有歧视性的待遇和一系列的例外，其效果可导致交易成本增加甚至有利于贸易保护主义。

第五，大多数与这两国签署区域协定的贸易伙伴属于小型经济体，在发展水平和履行承诺方面存在差异。在一些已生效的协定中，可以看出这种不对称的特点，例如南方共同市场 ① 、中国—东盟自贸区和中国签订的其他双边自贸协定，尤其是中国与新西兰的协定规定，双方同意在合适的时候使用不对称的方法。然而，另一方面，中国与巴西的区域主义需要更多的努力来深化一体化并避免个别的冲突。

第六，区域协定的形成是由一系列的原因促成的，包括经济方面的（寻求更广阔的市场、与其他经济更深入的融合、获得发达国家的市场准入等）、政治方面的（提高在多边谈判中的能力）和安全方面的（加强边境和区域安全）等因素。中国与巴西也不例外。有时候，政治方面的考虑和地区安全的原因是谈判产生的原因。在其他时候，虽然经济考量常和其他目标交织在一起，但是经济利益是优先方向。通常情况下，中国与巴西的现有区域协定加强了南南合作并凸显了共同发展的重要性。正像中国有句俗语描述的一样，"一枝独秀不是春，百花齐放春满园"。

关于两国在区域一体化实践上表现出的差异，尽管两国在各自所在地区都具有重要性，拉丁美洲的"轴辐结构" ② 不如亚洲明显 ③ 。在亚洲的区域主义中，中国处于"轴"的位置。

巴西的区域主义比中国的机制化更强。南方共同市场除了可以实现内部的商品、服务、人员和资本的自由流动

① Senhoras, Elói Martins：《巴西和加拿大在区域主义和多边主义趋同战略国际体系中的发展》，《巴西与加拿大的接触》2006 年第 6 期，大河州，第 312 页。

② Wonnacott, R.J.：《轴辐系统中的贸易和投资与自由贸易区》，载于《世界经济》1996 年第 19 卷第 3 期，第 237~252 页。

③ 笛池雷基金会：《拉丁美洲的潜力是否能变为现实？》，2008，http://www.ditchley.co.uk/page/332/latin-america.htm。

外，还建立了统一的对外关税，在宏观经济政策上进行协同。而中国的区域协定只采取了自由贸易区这一唯一的方式。

此外，与中国早前几个订立的区域协定相比，例如亚太贸易协定①、内地与香港及澳门更紧密的经贸关系安排②、中国—智利自贸区协定③，南方共同市场中的冲突解决机制的条款体现在《奥利沃斯议定书》中，在解决争议方面显然更有建制、更为完善且更加系统，并保证了机制拥有更大的可操作性。南方共同市场新争端解决机制可以使南共市的规则得到统一的解释，通过纳入更加稳定的仲裁员，建立了指定仲裁员的标准并规定了仲裁协议的执行和补偿措施，并且在临时仲裁制度中采纳了一项审查机制。新机制可以成为永久解决争议制度的雏形④。

四　双边贸易

中国—巴西贸易在双边关系中的作用越来越重要。自2000年至2008年之间，两国的贸易额增长了约15倍，从23亿美元增加到360亿美元⑤。目前，巴西是中国在拉丁美洲最大的贸易伙伴，中国是巴西在亚洲的最大贸易伙伴。2008年，中国成为巴西在亚洲主要的出口市场和继美国和

---

① 协定的文本可参考 http://fta.mofcom.gov.cn/yatai/xieyijiangjie.shtml。第21条是关于成员间争议解决的唯一一条款。

② 相关文本可参考 http://tid.gov.hk 和 http://www.economia.gov.mo。两个更紧密经贸关系安排的第19条并不保证争端解决机制的可操作性。

③ 中国—智利协定文本可见于 http://fta.mofcom.gov.vn/index.shtml。其中第81条规定，和解与调解是请求仲裁庭仲裁必经的正式程序。第92条规定，仲裁庭的最终报告并非终局性，且双方应该同意解决争议。

④ 可参见 http://www.desenvolvimento.gov.br。

⑤ 数据来源：MDIC/SECEX。

阿根廷之后的第三大进口市场①。2009 年，中国超越了美国，成为巴西最大的贸易伙伴②。

无论是出口还是进口都为双边贸易额的增长做出了贡献。自从 2003 年以来，巴西购买中国产品比巴西向中国出口产品的增幅快，所以，在连续六年保持贸易顺差之后，在双边贸易中，巴西在 2007 年和 2008 年录得了逆差。巴西向中国出口从 2000 年占其全部出口的 1.9% 上升到 2008 年的 8.3%，巴西向中国进口自 2000 年占其全部进口的 2.2% 上升到 2008 年的 11.6%③。在中国的对外贸易中，在 2000 年到 2008 年之间，巴西的份额从 0.5% 增长至 1%。④

在双边贸易结构方面，巴西向中国主要出口农业和矿产原材料，初级产品占巴西对中国出口产品的 70%⑤。铁矿和大豆大约占巴西出口总量的 65%⑥。2007 年，初级产品在出口总额中占 73.8%，半制成品占 18%，制成品只占 8.2%⑦。而中国出口到巴西是具有更多附加值的产品，例如电子产品、机电产品、机器和设备、石油及衍生品等。根据巴西发展、工业和外贸部的统计，2007 年，巴西向中国

---

① 巴西联邦共和国:《中国日程：中国巴西经济贸易关系积极行动》，2008，巴西发展、工业和外贸部部长米盖尔·乔治撰写的序言部分。

② 参考巴西发展、工业和外贸部 2009 年 4 月的外贸进出口统计以及巴西联邦共和国总统路易斯·伊尔那西奥·卢拉·达·席尔瓦在 2009 年 5 月 19 日中国北京"巴西—中国研讨会：战略伙伴的新机会"闭幕式上的讲话。

③ 数据来源：MDIC/SECEX。

④ 数据来源：MDIC/SECEX。

⑤ 巴西联邦共和国:《中国日程：中国巴西经济贸易关系积极行动》，2008，第 17 页。

⑥ 数据来源：MDIC/SECEX。

⑦ 巴西联邦共和国:《中国日程：中国巴西经济贸易关系积极行动》，2008，第 18 页。还可以参考 Neves, Luiz Augusto de Castro:《巴西—中国关系：必须面对的挑战》，载于《未来世界中的巴西》，第一届对外政策和国际政策国内研讨会，巴西利亚，外交部，2007，第 350 页。

的进口中，大约76%的产品是资本产品、原料和中间产品。

随着双边贸易额的增加，更多的贸易摩擦也自然随之出现。中国目前是巴西贸易救济措施最多针对的国家。在贸易救济手段中，暂时还没有反补贴的调查。在1995年和2007年，巴西一共启动了5项保障措施调查，其中1项是关于玩具，2项是关于玩具的复审。虽然巴西的保障措施影响所有的国家，但中国是世界最大的玩具出口国，无疑也受到了影响。在反倾销措施方面，根据发展、工业和外贸部贸易救济部门的统计，在1988年至2007年间，巴西一共开展了针对来自中国产品的49项反倾销调查，共计最终实施了37个反倾销措施[①]。根据中国加入世贸组织议定书，巴西还可以针对中国特殊产品采用特别保障措施，巴西为此公布了两项法令，分别是2005年10月5日第5556号法令和2005年10月5日第5558号法令。特保措施在2013年失效。在2006年，巴西和中国曾经就纺织品自动出口限制达成了一项协议[②]。自然，关于巴西实施特别保障措施以及对中国产品反倾销措施的谈判引起了中国的不满，中方认为当巴西还在双边贸易额中保持顺差的情况下就实施贸易保护主义[③]，在回应巴西提出的相关要求时，中方反驳巴西的产业应"做好功课"，以便能在国内市场和国

[①] 巴西发展、工业和外贸部对外贸易局贸易救济处：《贸易救济处年度报告》2008年第11期，第30~44页。实际上，通常中国受影响的企业的态度相当被动，不回答巴西贸易救济处发出的问卷调查。还可参考 Cardoso, Renado Silva：《巴西中国关系中的贸易救济》，载于 Fernando de Magalhães Furlan 和 Thomas BenesFelsberg 主编《巴西中国：贸易、法律和经济》，圣保罗：Aduaneiras 与 LEX 出版社，2005，第104~105页。

[②] Neves, Luiz Augusto de Castro, 2007，第351页。还可参考魏丹《使用特别保障措施是否是目的？——巴西中国关系案例研究》，载于《一体化研究》2005年第20期以及魏丹《巴西中国贸易争端的解决》，《法学论丛》2007年第4期，澳门大学法学院，第153~173页。

[③] Cardoso, Renado Silva, 2005，第111页。

际市场与中国的产品竞争。

我们认为，双方在贸易上的利益之争与两国在某些产业上开展竞争所产生的一些负面影响，是可以通过双方经济的互补性来弥补或抵消的。为了加强两国的贸易联系，我们做出以下建议：

首先，两国应继续推动贸易关系和自由化，逐步取消所有形式的贸易保护主义（关税壁垒、非关税壁垒、技术壁垒等）。贸易增长符合两国的共同利益。

其次，中国和巴西的出口企业应努力更好地了解对方市场的特殊性。加强中国与巴西的相互了解是两国经贸关系深化的基础。出口企业可以考虑在对方国家进行投资，减少单纯贸易引发的摩擦，加强经济的依存度，做到互惠双赢。

再次，中国与巴西应该共同努力尝试，以减少双边贸易中量与质的不平衡问题[1]，尤其是两国政府应促进产业结构的调整，改变贸易增长的模式，从量的增长转为质的增长。巴西发展、工业和外贸部设立的"中国日程"工作小组就是一个很好的例子。其他的合作还应包括海关的合作和统计方法的协调。

五 结论

巴西是第一个与中国建立战略伙伴关系的发展中国家[2]。两国间高度的政治互信和政治合作的真诚愿望有利于双边经济与贸易的关系发展。

---

[1] 巴西联邦共和国：《中国日程：中国巴西经济贸易关系积极行动》，2008，巴西发展、工业和外贸部主管外贸的副部长伟尔博·巴浩撰写的序言部分。

[2] 有关中国与巴西关系更深入的分析，可参考 Becard, Danielly Silva Ramos《巴西与中华人民共和国：外交政策比较合双边关系1974年至2004年》，巴西利亚，外交部：亚历山大·兹·古斯芒基金会，2008。

　　1990 年之后，随着巴西经济的开放和中国更好地融入全球经济，两国的贸易关系逐步加强。从各自的比较优势和极大差异的要素禀赋来看，中国与巴西的经济高度互补，双边经济合作具有稳定的基础和巨大的潜力。

　　在一些时候，双边贸易关系也存在一些困难和摩擦，主要表现在巴西出口产品附加值低、来自中国制成品的竞争和巴西对中国产品采取的贸易救济措施。除了这些摩擦之外，中国和巴西合作的前景是十分乐观的。根据最近两国外长所做出的联合新闻公报 ① ：双方表示，愿共同努力进一步促进两国经贸健康稳定发展，扩大双边贸易规模并使之多样化，鼓励和促进相互投资，拓展务实合作，不断为两国关系发展注入新的活力。双方表示，为进一步加强两国各领域互利友好合作，愿就制定两国政府共同行动计划进行积极有益的探讨。

　　分别作为东西方最大的发展中国家的中国与巴西应该求同存异，实现长期共同发展的目标。在国内发展和制度化建设中，两国可以相互学习和借鉴对方的经验。

　　在双边关系方面，巴西的发展为中国开启了一扇机会之窗，中国的崛起也为巴西的发展带来了实实在在的好处 ② 。

　　在国际层面，中国与巴西的合作构成了南南伙伴关系的重要组成部分。中国与巴西在金砖国家、在世贸组织发展中国家 20 国集团、在 20 国集团全球金融峰会等国际舞台的协同合作，可促进实现联合国千年发展目标，推动世界经济的复苏和建立更加公正、平衡的国际秩序。

　　在今天的世界，每一个国家的发展都离不开对全球化

---

① 　联合新闻公报，中国和巴西外长共同发表，2009 年 1 月 19 日，http://br.chineseembassy.org/por/zbgx/t540354.htm。

② 　Neves, Luiz Augusto de Castro, 2007，第 347 页和第 352 页。

的参与。对于发展中国家而言，过去它们曾以一种被动的模式参与全球化，更易受伤害且不得不做出结构性的牺牲；而今，它们独立主动地参与全球化，能提出平衡发展、共享成果的建议并付出行之有效的行动 ① 。中国与巴西逐步采纳了积极主动的开放战略，这使得两国在世界政治经济舞台上拥有了更为广阔的空间，可以为世界经济的增长和实现共同发展做出更大的贡献。

最后，我们谨以费尔南多·恩里克·卡多佐教授的话来总结中国和巴西参与经济全球化的经验 ② ：

> 国家利益不再和贸易保护主义和进口替代混为一谈。在寻求如何以更合理的方式参与全球化的经济时，国家利益的概念更为显著地重新出现了。在战术上，我们可以选择不同的道路，但是在战略上，我们却只有一个正确的选择，那就是要在不断扩张的国际经济中增加我们在必需产品的产能和出口份额，在一个希望减少贫困及更加公正合理的全球化社会中要有我们更多的参与。

---

①   Cervo, Amado Luiz 2003.

②   Cardoso, Fernando Henrique：《国家利益和全球化》，《圣保罗州》公开评论专栏，2003 年 9 月。

图书在版编目（CIP）数据

全球化世界中的葡语国家与中国 / 魏丹主编 . —北京：
社会科学文献出版社，2014.7
ISBN 978-7-5097-6145-8

Ⅰ.①全… Ⅱ.①魏… Ⅲ.①中外关系—国际合作—
研究 Ⅳ.① D822

中国版本图书馆 CIP 数据核字（2014）第 126465 号

全球化世界中的葡语国家与中国

主　　编 / 魏　丹

出 版 人 / 谢寿光
出 版 者 / 社会科学文献出版社
地　　址 / 北京市西城区北三环中路甲 29 号院 3 号楼华龙大厦
邮政编码 / 100029

责任部门 / 全球与地区问题出版中心（010）59367004　　责任编辑 / 王玉敏　张志伟　沈　艺
电子信箱 / bianyibu@ssap.cn　　　　　　　　　　　　　责任校对 / 赵敬敏
项目统筹 / 王玉敏　　　　　　　　　　　　　　　　　　责任印制 / 岳　阳
经　　销 / 社会科学文献出版社市场营销中心（010）59367081　59367089
读者服务 / 读者服务中心（010）59367028

印　　装 / 北京京华虎彩印刷有限公司
开　　本 / 787mm×1092mm　1/16　　　　　　　　　　　印　　张 / 17.75
版　　次 / 2014 年 7 月第 1 版　　　　　　　　　　　　彩插印张 / 2
印　　次 / 2014 年 7 月第 1 次印刷　　　　　　　　　　字　　数 / 223 千字
书　　号 / ISBN 978-7-5097-6145-8
定　　价 / 279.00 元